KB211928

AI 시대의
플랫폼
비즈니스

플랫폼 비즈니스의 성공 법칙

AI 시대의 플랫폼 비즈니스

김기훈 지음

토트

나의 꿈과 세 아이를 품은
아내에게

서 문

아마존처럼 구매자와 판매자 그룹을 연결하는 플랫폼을 처음 접한 것은 2006년, 스탠퍼드 박사 과정 재학 시절이었다. 당시 Introduction to Dynamic Systems라는 과목의 조교를 맡으면서 강의 주제 중 하나인 플랫폼 경쟁을 접하게 되었다. 그 당시 박사 과정 논문 주제를 찾고 있었던 나에게는 눈이 번쩍 뜨이는 순간이었다. 플랫폼 비즈니스의 특성 자체가 흥미로울 뿐 아니라 플랫폼의 성장을 수학적 모델로 분석하여 타당한 결론을 도출해 낼 수 있다는 사실에 매료되었다.

이처럼 플랫폼 경제에 대한 관심이 생기면서 네이버 지식iN과 같은 지식 공유 플랫폼 간의 경쟁을 박사 논문 주제로 정했다. 시장을 주도하는 플랫폼이 있는 상태에서 후발 플랫폼이 생존할 수 있는지를 분석했다. 경쟁의 결과로 지식 변화 속도가 느린 역사나 수학 같은 분야일수록 후발 플랫폼이 생존하기 어려움을 확인했다. 이미 축적된 답변을 통해 대부분의 궁금증을 해결할 수 있기에 후발 플랫폼을 이용하려는 유인이 작기 때문이다.

지식 공유 플랫폼이 했던 역할을 이제는 ChatGPT 등 생성형 AI가 대신하고 있다. 더는 질문을 올리고 다른 사용자의 답변을 기다릴 필요가 없다. 세상의 다양한 자료를 학습한 생성형 AI가 즉시 답변을 제공하기 때문이다. 생성형 AI를 잘 활용하면 개인의 학습 능률과 업무 효율을 높일 수 있다. 일부 대기업은 디지털 전환의 일환으로 계열사에 맞는 생성형 AI를 개발하여 연구 개발 업무의 효율을 높이고 있다.

개인적으로 대부분의 플랫폼 비즈니스를 '혁신적'이라고 단정 짓지는 않는다. 플랫폼은 근본적으로 2개 이상의 집단을 중개해 주는 서비스여서 설령 없어지더라도 우리의 삶은 지속될 수 있다. YouTube가 없다고 해서 삶이 크게 힘들어지지 않으며 아마존이나 쿠팡이 없다면 물건을 사는 것이 불편해질 뿐이다. 이런 플랫폼이 가져온 변화는 자동차나 전화기가 이루어낸 혁신에는 미치지 못한다.

그렇지만 AI 서비스는 혁신적일 수 있다. 생성형 AI는 며칠에 걸려 작성할 보고서를 단 몇 시간 만에 끝낼 수 있도록 도와준다. 외국어를 몰라도 인공지능이 탑재된 스마트폰만 있으면 해외여행을 하는 데 큰 무리가 없다. 고객이 주문할 제품을 딥러닝을 이용하여 미리 예측함으로써 배달 시간을 급격하게 단축할 수 있다.

그렇다면 이러한 AI 서비스는 플랫폼의 경쟁력에 어떤 영향을 미치게 될까? 선도 플랫폼이 인공지능을 성공적으로 사용한다면 그들의 경쟁력은 당연히 향상될 것이다. 예컨대 시장을 주도하는 아마존과 YouTube는 인공지능에 기반하여 고객이 필요로 할 만한 상품이나 영상을 추천해 준다. 이를 통해서 사용자들의 제품 구매나 콘텐츠 시청을 더욱 촉진하는 것이다. 이렇게 선도 플랫폼이 인공지능을 도입한다면 후발 플랫폼이 경쟁을 이겨 내고 생존하는 것이 더 힘들다.

만약 선도 플랫폼이 인공지능 도입에 소극적이라면, 후발 플랫폼이 AI 서비스를 통하여 생존 가능성을 높일 수 있다. 선도 플랫폼 사용자가 필요로 하는 가치를 제공한다면 그들은 후발 플랫폼을 방문할 것이기 때문이다. 예를 들어, 기존의 부동산 중개 플랫폼과는 달리 후발 플랫폼이 생성형 AI 서비스를 도입하여 고객의 요구 사항을 충실히 반영한 매물을 추천한다면 사용자를 어렵지 않게 유치할 수 있다. 단, 후발 플랫폼의 AI 서비스가 경쟁력을 갖추려면 충분한 매물을 확보해야 하며 이를 위해서는 다수의 부동산 중개업소를 유치해야 한다. 그런데 중개업소를 모으려면 일정 규모의 사용자 그룹을 확보해야 한다. 이렇게 일정 규모의 부동산 중개업소나 사용자 그룹을 확보하는 것은 신생 플랫폼의 생존을 위한 필수 요소이며 이는 인공지능이 도입되더라도 달라지지 않는다.

인공지능이 플랫폼에 어떤 변화를 가져올지 가늠하려면 플랫폼 경제에 대한 이해가 선행되어야 한다. 지난 20년간 플랫폼 관련 연구와 강의를 진행해 온 경험을 토대로 이 책 전반부에서는 플랫폼 비즈니스의 생존 및 경쟁 법칙을 자세히 소개한다. 독자들이 쉽게 이해할 수 있도록 관련 사례를 풍부하게 제시함으로써 플랫폼 비즈니스를 일관되고 보편적인 관점에서 통찰할 수 있도록 돕고자 한다.

이어지는 후반부에서는 주요 플랫폼이 구체적으로 어떤 과정을 거쳐 진화해 왔는지 살펴보고 일반 기업이 플랫폼 비즈니스로 전환하기 위한 구체적인 방법을 사례와 함께 제안한다. 많은 성공적인 플랫폼 비즈니스는 오랜 시간에 걸쳐 현재의 모습을 갖추었다. 아마존은 온라인 서점으로 시작한 뒤 7년 만에 온라인 시장으로 성장했고, 아메리칸 익스프레스는 설립 후 100여 년이 지나서야 신용카드 플랫폼 사업에 뛰어들었다. 이처럼 성공적으로 진화한 다양한 사례를 살펴봄으로써 제조업·건설업·금융업 등 전통 산업에 속한 기업이 어떻게 플랫폼 비즈니스로 확장할 수 있는지에 대해 함께 고민해 본다. 플랫폼 비즈니스를 꿈꾼다면 '혁신'보다는 점진적 '진화'의 관점에서 접근하는 편이 훨씬 다양한 비즈니스 모델을 구상하는 데 도움이 된다. 마지막으로 인공지능이 플랫폼 비즈니스의 성장과 경쟁에 미칠 주요한 영향을 짚어 본다.

책을 쓰는 과정은 쉽지 않았지만 언제나 응원해 주는 가족 덕분에 힘을 내서 마칠 수 있었다. 가족에게 '사랑한다'는 마음을 전하고 싶다. 그리고 책의 출간을 위해 기다려 주시고 애써 주신 김영범 사장님을 비롯한 토트출판사의 모든 분께 감사드린다. 이 책이 AI 시대를 살아가는 독자 여러분께 플랫폼 비즈니스의 핵심 원리를 안내하고 새로운 비즈니스의 영감을 줄 수 있기를 진심으로 기대해 본다.

- 김기훈

차 례

제 4 장

플랫폼 경쟁: 승자 독식과 멀티호밍

제 5 장

후발 플랫폼의 생존 전략

제 9 장
AI 시대의 플랫폼 비즈니스

플랫폼,
우리는 제대로 알고
있을까?

플랫폼은 이미 우리의 일상생활 속에 깊숙이 들어와 있다. 시간 날 때 읽는 신문이나 잡지도 알고 보면 플랫폼이다. 출퇴근할 때 사용하는 스마트폰의 내비게이션 앱도 플랫폼이다. 내가 자주 사용하는 티맵은 근래에 단순 내비게이션 앱에서 대리운전 호출, 주차장 검색, 렌터카 대여 등이 가능한 모빌리티 플랫폼으로 변신했다. 많은 사람들이 무엇인가 사야 할 물건이 생겼을 때 마트로 달려가기보다 온라인 시장 앱에 들어가서 주문한다. G마켓, 쿠팡, 11번가 이 모든 회사가 플랫폼이다. 중고 물품을 구매하거나 팔 때 쓰는 앱이나 사이트도 플랫폼이다. 어른뿐만 아니라 어린이들도 플랫폼을 이용한다. 초등학생들이 코로나19 위기 때 한창 즐기던 로블록스가 바로 플랫폼이다. 하나하나 열거하기 벅찰 정도로 현대인의 삶은 플랫폼에 상당 부분 의지하고 있다.

플랫폼 기업이 전 세계 경제에서 차지하는 비중도 매우 높다. 세계에서 시장가치가 가장 높은 기업 10개를 살펴보았을 때 6개 기업이 플랫폼 비즈니스를 하고 있다(그림 1-1 참조). 애플, 마이크로소프트, 알파벳(구글), 아마존, 메타 플랫폼스, 비자가 바로 그렇다.

이 중에서 당신이 사용하고 있는 플랫폼 기업은 몇 개나 될지 살펴보자. 아마 2~3개는 금방 넘을 것이다. 사람들이 사용하는 스마트폰 운영체제는 보통 안드로이드 아니면 애플 iOS일 가능성이 높으므로 구글 아니면 애플 중 한 개는 꼭 리스트에 포함된다. 전 세계 개

[그림 1-1] 시장가치로 본 글로벌 10대 기업

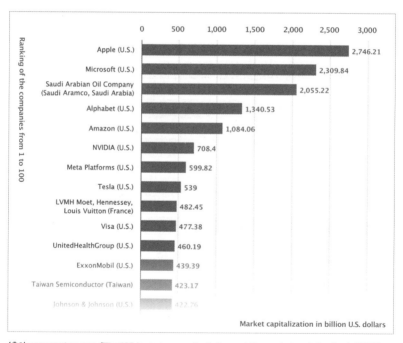

(출처: www.statista.com, "The 100 largest companies in the world by market capitalization in 2023")

인용 컴퓨터(Personal Computer: PC) 운영체제의 대부분은 윈도우이므로 마이크로소프트도 끼어 있다. 메타는 페이스북과 인스타그램의 모회사이기에 소셜미디어를 한다면 리스트에 들어간다. 경제생활을

[표 1-1] 시가총액 상위 20위 한국 기업

(2024년 3월 8일 기준)

순위	회사	시가총액 (달러)
1	Samsung	3,700억
2	SK Hynix	890억
3	LG Energy Solution	710억
4	Hyundai	450억
5	Samsung Biologics	450억
6	Kia	380억
7	Coupang	320억
8	Celltrion	280억
9	POSCO	250억
10	LG Chem	250억
11	Naver	210억
12	Samsung SDI	200억
13	KB Financial Group	200억
14	POSCO Chemical	180억
15	Shinhan Financial Group	170억
16	Kakao	170억
17	Hyundai Mobis	170억
18	Samsung Life Insurance	140억
19	Hana Financial Group	130억
20	LG Electronics	120억

(출처: companiesmarketcap.com)

하는 어른이라면 비자 로고가 찍혀 있는 신용카드 한 개는 보유하고 있다.

한국의 시가총액 상위권에도 여러 플랫폼 회사가 포함되어 있다. 2024년 3월 8일 기준으로 시가총액 7위인 쿠팡을 선두로 네이버와 카카오가 각각 11위와 16위를 차지했다(표 1-1 참조). 이 세 플랫폼 기업은 상위권을 차지할 만큼 한국인의 일상생활에 크게 영향을 미친다. 온라인 쇼핑을 하고 인터넷 검색을 하거나 친구들과 메시지를 교환할 때 이 세 기업의 서비스를 이용하는 경우가 대부분이기 때문이다. 물론 한국의 플랫폼 기업은 대부분 국내 시장에 의존하고 있어서 글로벌 플랫폼에 비하면 가치가 낮다. 미국의 아마존과 유사한 모델로 쿠팡이 한국의 온라인 시장을 이끌고 있지만 시가총액을 비교하면 아마존의 60분의 1정도. 미래에는 한국의 플랫폼 기업이 해외 진출을 통하여 더 큰 시장가치를 보유하기를 기대한다.

플랫폼 기업의 영향력이 이렇게 큰 만큼 플랫폼이라는 용어는 초등학생도 들어 보았을 정도로 누구에게나 익숙하다. 플랫폼에 대한 교양서를 간단히 살펴보면 플랫폼에 대해 금방 알 수 있다. 그런데 정말로 플랫폼이 무엇인지 우리는 잘 알고 있는 것일까?

재작년 봄 막내가 다니는 초등학교에서 5학년 학생들을 대상으로 플랫폼에 대하여 짧은 강의를 한 적이 있다. 강의 준비를 하면서 아이들이 플랫폼에 관심이 없으면 어떻게 해야 할까라는 걱정을 했다. 다행히도 걱정은 기우에 그쳤다. 막내가 코로나19 위기 때 즐겨 하던 로블록스라는 게임 사이트가 플랫폼이라고 설명하니 아이들은 놀라면서도 플랫폼 개념을 쉽게 잘 받아들였다. 그날 강의를 마치기 전에 다음과 같은 퀴즈를 마지막으로 냈다.

"로블록스, 쿠팡, 닌텐도 스위치, 신문 중에서 플랫폼이 아닌 것은 무엇일까?"

아직 플랫폼에 대한 정의를 내리기 전이라서 당연히 잘 모를 수 있다. 정답은 "플랫폼이 아닌 것은 없다"이다. 예시의 모든 것이 플랫폼이다. 아이들은 보통 정답이 한 개인 문제에 익숙해서인지 약간 당황하는 듯했다. 그래도 몇 번의 시도를 거쳐 정답을 맞추었다.

퀴즈의 예가 모두 플랫폼인 이유를 간략하게 설명하면 다음과 같다. 우선 플랫폼은 두 그룹을 연결한다. 로블록스는 게임하는 사람과 게임을 개발하는 사람을 연결한다. 로블록스 사이트를 살펴보면 제공된 도구를 이용하여 만든 수많은 게임을 볼 수 있다. 닌텐도 스위치도 비슷한 역할을 한다. 게임 개발자와 사용자를 연결한다. 쿠팡은 자사의 물건을 팔기도 하지만 다른 판매자의 물건을 구매자에게 파는 경우가 더 많다. 즉, 판매자와 구매자를 연결한다. 끝으로 신문은 구독자와 광고주를 연결한다. 수많은 광고가 있기에 구독자는 저렴한 가격으로 신문을 볼 수 있다. 플랫폼의 정의에 대해서는 2장에서 자세히 살펴본다.

플랫폼의 기본 개념을 잘 아는 경우에도 플랫폼에 대한 잘못된 지식을 가지고 있을 수 있다. 예를 들어 사람들은 종종 플랫폼이 경쟁하는 시장을 승자 독식의 법칙이 적용되는 곳으로 오해한다. 그래서 플랫폼 비즈니스를 하려면 먼저 시장을 선점하는 것이 중요하다고 이야기한다. 정말 그럴까? 몇 가지 예를 들어 보자. 페이스북은 현재 소셜미디어의 선두에 있다. 페이스북은 처음부터 소셜미디어의 선두 주자였을까? 그렇지 않다. 그전에 마이스페이스라는 소셜미디어가 이미 존재했고 시장을 이끌었다. 나아가서 페이스북은 차츰 후발 주자인 인스타그램에 밀리는 추세다. 쿠팡이 한국에서 온라인 시장에 진입한 것은 이미 G마켓과 옥션이 자리를 잡고 있던 2010년 이후다. 시장점유율 1위의 배달의 민족도 시장에 진출한 첫 번째 배달 앱이 아니다. 쿠팡이츠는 배달의 민족보다 한참 늦은 2019년에 시장 진출을 했지만 2023년에는 15퍼센트 정도의 시장점유율을 차지했다.[1] 이렇게 선점 효과(first-mover advantage)가 지속되지 않는 경우가 상당히 많다. 여기에 대해서는 4장 플랫폼 경쟁에서 상세히 다룬다.

플랫폼에 대한 또 다른 오해 중 하나는 플랫폼이 단기간에 엄청난 변화를 가져올 수 있다고 생각하는 것이다. 여기에서 이야기하는 플랫폼은 2개 이상의 그룹을 연결하는 중개자를 의미한다. 2장에서 다른 의미의 플랫폼도 설명할 것이다. 먼저 많은 플랫폼이 단기간에 성과를 낸 것은 아니다. 실제로 돈을 벌기까지 오랜 시간이 걸렸다. 배달의 민족은 첫 연간 흑자를 내기까지 11년 정도의 시간이 걸렸다. 쿠팡은 창업한 지 13년 만인 2023년에 처음으로 연간 흑자를 달

---

1 한다원, 시사저널e, 2023, "어차피 1등은 배민… 배달 앱 2위 수성 난타전 예고"

성했다. 둘째, 플랫폼이 일으키는 변화가 항상 엄청난 혁신이라고 말하기는 어렵다. 배달의 민족이 가져온 변화를 혁신이라고 할 수 있을까? 사용자와 식당을 연결하는 중개자 역할은 예전에도 있었다. 소위 전단지라는 것이 있어서 광고비를 받고 배달이 가능한 음식점을 소개했다. 지금 배달의 민족이 없어진다면 우리의 생활을 영위하는 것이 불가능할까? 그렇지 않다. 실제로 코로나19 위기가 끝나면서 배달 앱의 사용자 수나 빈도가 급격하게 줄어들었다.[2] 결혼 중개 플랫폼은 예전부터 존재했다. 오프라인 형태로 있던 것이 온라인 형태로 바뀐 것이다. 기계화에 따른 산업혁명에 견줄 만한 변화를 플랫폼이 일으킨 것이 아니다. 컴퓨터나 인터넷을 통한 정보혁명은 말할 것도 없다. 그러므로 플랫폼 비즈니스를 구상할 때 혁신적인 서비스를 만들어 내야 한다는 부담을 가질 필요는 전혀 없다.

플랫폼은 근래에 툭 튀어나온 새로운 비즈니스 모델이 아니다. 예전에 물건을 사고팔던 5일장이나 지하철에서 읽던 신문도 플랫폼이다. 100년이 넘는 기간 동안 진화의 과정을 거치면서 현재의 플랫폼 비즈니스 형태를 가진 경우도 있다. 신용카드 회사로 잘 알려진 아메리칸 익스프레스는 원래 특급 운송을 하던 물류 회사로 1850년에 설립되었다. 100년도 더 지난 1958년이 되어서야 신용카드 서비스를 시작했다. 아메리칸 익스프레스가 어떻게 플랫폼으로 진화했는지는 7장에서 설명한다.

---

2   신현보, 유지희, 한국경제신문, 2023, "'0건, 진짜 역대급입니다'… 고물가에 배달부터 끊는 20대들"

아메리칸 익스프레스가 진화한 것처럼 전통 기업도 얼마든지 플랫폼 비즈니스에 진출할 수 있다. 먼저 현재의 고객에게 제공 중인 서비스를 같이 할 만한 공급자가 있는지부터 살펴보면 된다. 예컨대, 1994년 온라인 서점으로 출발한 아마존은 고객이 늘어나면서 전자 제품이나 옷 같은 공산품을 팔기 시작했다. 고객이 계속 늘어나면서 그들이 원하는 모든 제품을 아마존이 직접 공급할 수는 없었다. 이에 아마존은 다른 판매자를 끌어들여 2000년 말에 온라인 시장 플랫폼으로 진화하게 된다. 둘째, 기존 고객이 필요로 하는 다른 서비스를 제공할 만한 파트너가 있는지 생각해 보자. 인바디는 체성분 분석 기계를 제조해서 판매하는 전통적인 제조 기업이다. 인바디는 가정용 기계를 판매하면서 동시에 측정 결과를 저장할 수 있는 앱을 제공했다. 앱을 사용하는 고객은 자신의 체성분 변화를 살펴보면서 운동이나 다이어트 효과를 눈으로 확인한다. 인바디는 이에 그치지 않고 앱을 통하여 고객이 체중 조절에 유익한 식품을 주문할 수 있도록 다양한 다이어트 식품 업체를 입점시켰다. 인바디 앱은 고객과 다이어트 식품 업체를 연결하는 플랫폼으로 진화한 것이다. 인바디와 같은 제조 기업이 어떻게 플랫폼으로 전환할 수 있었는지 8장에서 설명한다.

근래에 전통 단면 기업이 직면한 화두 중 하나는 디지털 전환이다. 디지털 전환은 여러 부분에서 다양하게 이루어진다. 새로운 디지털 기술인 클라우드 컴퓨팅과 블록체인 등을 적용하는 것부터 시작하여 21세기의 원유와도 같은 데이터를 분석하는 비즈니스 애널리틱스, 인공지능(Artificial Intelligence: AI)에 이르기까지 단면 기업이 신경 써야 할 것은 한두 가지가 아니다. 애초에 설립부터 디지털 기술로 무장한 테크 기업에 비하면 상대적으로 디지털 기술 적용이 늦기에 단면 기업은 디지털 전환에 총력을 기울여야 한다.

플랫폼 전환은 단면 기업이 반드시 고려해야 하는 디지털 전환의 한 축이다. 온라인 기업은 획득한 고객 그룹을 바탕으로 한 플랫폼 진화에 익숙하다. 아마존, 메타, 네이버, 카카오 모두 플랫폼 진화를 통하여 기업 가치를 끌어올렸다. 단면 기업은 오프라인 기업이기 때문에 이런 플랫폼 진화와는 무관하다고 생각하지 말자. 이미 온라인 기업의 위협이 가까이 와 있다. 플랫폼 뱅킹을 통하여 온라인 기업이 합법적으로 금융업에 진출할 수 있는 기회가 곧 다가온다. 이는 은행, 증권회사, 카드사 및 보험사를 포함한 전통 금융기관에게 큰 위협이다. 우버와 같은 차량 호출 플랫폼이나 쏘카와 같은 차량 공유 업체가 성장하면서 자동차를 소유하지 않는 사람들이 늘어날 수 있다. 이런 차량 호출 및 공유 업체가 완성차 업체의 큰 고객이 되면서 자동차 제조사와 최종 고객 그룹의 연결 고리가 차츰 헐거워질 수 있다. 완성차 업체는 고객 그룹을 바탕으로 진행할 수 있는 다양한 플랫폼 비즈니스 기회를 이런 호출 및 공유 업체에게 빼앗길 수 있다. 이런 일이 발생하지 않으려면 완성차 업체는 플랫폼 전환 기회를 노리고 미리 준비해야 한다.

이 책이 플랫폼 전환을 준비하는 기업과 플랫폼 비즈니스를 이해하고 싶은 개인 모두에게 도움이 되기를 바라는 마음으로 구성에 많은 신경을 썼다. 플랫폼에 대해 잘 모른다면 2장부터 6장에 걸친 플랫폼에 대한 기본 지식을 먼저 습득하고 7장으로 넘어가면 된다. 플랫폼에 대한 사전 지식이 충분한 독자는 7장 플랫폼의 진화부터 읽기 시작해도 무방하다. 7장을 통해서 주요 플랫폼이 어떤 방식으로 진화할 수 있는지를 알 수 있다. 8장은 전통 기업이든 스타트업이든 플랫폼 전환을 꿈꾼다면 꼭 알아야 하는 점을 설명한다. 전통 산업이라고 여겨지는 제조업, 건설업 및 금융업에 속한 기업이 어떻게 플랫폼으로 변환할 수 있는지 보여준다. 마지막으로 9장에서는 인공지능이 플랫폼 비즈니스에 미치는 영향에 대해서 생각해 보는 시간을 갖는다.

플랫폼에 대한 사전 점검 10가지

플랫폼에 대한 사전 지식이 충분한지 잘 모르겠다면 다음 문제를 풀어 보자. 총 10문제 중 7문제 정도를 맞춘다면 7장부터 읽기 시작해도 좋다. 각 질문에 대한 단서는 정답을 참고하면 된다.

1. 자동차 산업에서 이야기하는 플랫폼과 온라인 시장의 플랫폼은 동일한 개념이다.
2. 에어비앤비는 여행객보다는 집을 공유하는 주인에게 더 적은 수수료를 부과한다.

3. 아마존이나 쿠팡과 같은 온라인 시장은 판매자로부터 거래 금액의 일부를 수수료로 받아서 운영한다. 판매자로부터 수수료를 받지 않는 온라인 시장이 생긴다면 많은 판매자가 해당 온라인 시장을 이용할 것이다.

4. 쿼티 키보드와 같은 기술 표준 플랫폼 시장은 승자 독식 경향을 가지므로 먼저 시장을 선점하는 것이 중요하다.

5. PC 운영체제 시장을 윈도우가 독점했던 것과는 달리 스마트폰 운영체제 시장은 승자 독식 양상을 띠지 않을 것이다.

6. 인터넷 익스플로러는 과거 웹 브라우저 시장을 장악했다. 2008년경부터 인터넷 익스플로러의 시장점유율이 떨어지기 시작한 주된 이유는 인터넷 익스플로러의 성능이 다른 브라우저에 비하여 떨어졌기 때문이다.

7. 비디오 게임기 시장은 지난 수십 년간 마이크로소프트(Xbox), 소니(플레이스테이션), 닌텐도(Wii, 스위치)가 공유했다. 이것이 가능했던 이유 중 하나는 각 게임기마다 독점 계약을 맺은 게임이 상당수 있기 때문이다.

8. 온라인 시장을 운영하는 아마존도 구글의 주요 온라인 광고 경쟁자다.

9. 이베이는 미국에서 성공한 비즈니스 모델을 아시아 시장에 적용하여 큰 성공을 거두었다.

10. 플랫폼 비즈니스에 진출한 기업은 해당 플랫폼에 가입한 사용자의 수를 중점적으로 모니터링해야 한다.

정답

1. 거짓 (2장 플랫폼, 그것이 알고 싶다)

2. 참 (3장 플랫폼의 시작과 성장)

3. 거짓 (3장 플랫폼의 시작과 성장)

4. 참 (4장 플랫폼 경쟁: 승자 독식과 멀티호밍)

5. 참 (4장 플랫폼 경쟁: 승자 독식과 멀티호밍)

6. 거짓 (4장 플랫폼 경쟁: 승자 독식과 멀티호밍)

7. 참 (5장 후발 플랫폼의 생존 전략)

8. 참 (6장 플랫폼은 어떻게 돈을 벌까?)

9. 거짓 (7장 플랫폼은 혁명이 아니라 진화다)

10. 거짓 (8장 단면 기업의 플랫폼 전환)

제

2

장

플랫폼,
그것이 알고 싶다

지금부터 플랫폼이 무엇인지 본격적으로 알아보자. 앞에서 살펴본 것처럼 우리의 일상생활은 수많은 플랫폼에 의존하고 있다. 더욱이 플랫폼을 이용하면서도 그것이 플랫폼이라고 생각하지 못하는 경우도 있다. 아이들이 즐겨 찾는 로블록스는 언뜻 보아서는 게임을 모아 놓은 사이트로 보인다. 그림 2-1은 로블록스에서 아이디를 만들고 처음 접속했을 때 볼 수 있는 화면이다. Home 아래에 Fighting & Battle과 Survival이라는 문구가 있고 해당 장르의 인기 게임이 나열되어 있다. 이 게임들은 로블록스에서 제공하는 도구를 이용하여 사용자들이 만든 것이다. 로블록스는 게임 개발자와 사용자를 연결하는 플랫폼인 것이다. 이렇게 로블록스 사용자는 게임만 즐기는 그룹과 게임도 하고 만들기도 하는 개발자 그룹으로 나누어진다.

[그림 2-1] 로블록스 접속 화면

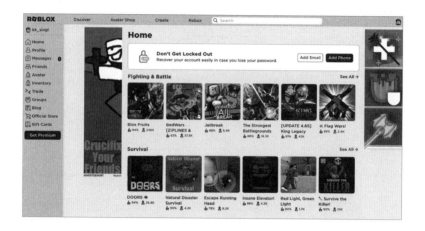

로블록스처럼 2개의 그룹으로 나뉘는 사용자를 가진 서비스로 2000년대 들어와 인기를 끈 네이버 지식iN을 꼽을 수 있다. 지금은 네이버 지식iN을 사용하는 경우가 예전보다 덜하지만 2000년대 초만 해도 한글로 된 웹 문서가 별로 없어서 정보를 인터넷에서 찾는 것이 쉽지 않았다. 이에 네이버는 부족한 한글로 된 정보를 대신할 수 있는 '집단 지성'을 활용하는 지식iN 서비스를 출시했다. 가령 기타를 배울 수 있는 근처 강습소를 찾고 있다고 하자. 지식iN 사이트에 가서 "서울 안암동에서 기타를 잘 배울 수 있는 강습소는 어디인가요?"라는 질문을 올린다. 그러면 강습소에 대한 정보가 있는 다른 사람이 답을 한다. 자신이 경험한 강습소를 알려 줄 수도 있고 누군가에게 들은 정보를 올릴 수도 있다. 지식iN 이용자는 질문자가 되기도 하고 질문에 대한 답을 하는 답변자가 될 수도 있다. 보통은 질문

만 하는 경우가 많지만 꽤 많은 사람들이 경제적 보상 없이도 답변자 역할을 자처했다.

네이버 지식iN 서비스의 인기를 알려 주는 일례로 2009년 10월 20일 YTN 온라인 뉴스에 나온 "네이버 지식인 '가짜 경험담' 불법 광고"라는 기사를 들 수 있다. 어떤 사람이 악기를 배울 수 있는 장소를 추천해 달라고 질문을 올렸더니 누군가 특정 학원을 지칭하며 본인의 경험담을 답으로 적었다고 한다. 그런데 이 사람의 경험담이 진짜가 아닌 돈을 받고 특정 학원을 광고하기 위해서 작성한 것이어서 불법 광고라는 점이 기사의 주요 내용이다. 이런 불법 광고로 번 수입이 1억 4,000만 원이고 200여 군데 업체에서 이런 불법 광고 서비스를 이용했다고 한다. 수입 규모만 보더라도 이 당시 네이버 지식iN 서비스가 소위 대세였음을 보여준다.

여기서 네이버 지식iN 서비스가 왜 이런 가짜 경험담을 이용한 불법 광고 매개체가 되었는지 생각해 보자. 학원을 알리기 위한 방법은 많다. 전단지를 돌릴 수도 있고 벼룩시장 같은 곳에 광고를 낼 수도 있다. 이런 방식은 불특정 다수에게 정보를 전하고 그중 관심 있는 사람이 있기를 바라는 방식이다. 응답률이 매우 낮다. 하지만 네이버 지식iN 서비스의 답변을 이용하면 정말 악기 배우는 것에 관심이 있는 사람을 손쉽게 공략할 수 있다. 한편 악기를 배우고 싶은 사람은 왜 네이버 지식iN에 질문을 올렸을까? 주변 사람에게 물어볼 수도 있지만 네이버 지식iN을 이용하면 빠른 시간 안에 좋은 답변을 얻을 수 있다는 기대감에 네이버 지식iN 서비스를 이용한다.

네이버 지식iN은 이렇게 질문자 그룹과 답변자 그룹을 연결하는 중개자 역할을 했다. 불법 광고 서비스는 이런 중개자 서비스를 악용하여 업체 관계자가 답변함으로써 해당 업체로 잠재 고객을 이끌려고 했던 것이다. 지금은 네이버 지식iN 서비스의 사용이 예전보다 활발하지 않지만 10여 년 전만 해도 인터넷에서 정보를 찾을 때 많은 한국 사람들이 네이버 지식iN 답변을 참조했다. 네이버 지식iN 사이트에 따르면 2002년 10월에 서비스를 시작하여 2004년 2월에는 1,000만 개 질문에 대한 답변이 쌓였고 10년이 지난 2012년 9월에는 1억 개의 질문이 포스팅되었다고 한다. 영어에 비하여 한국어로 된 정보가 인터넷상에 부족한 탓에 네이버는 지식iN 서비스를 이용해서 검색 결과를 보충했던 것이다.

로블록스나 네이버 지식iN 서비스는 2개의 서로 다른 사용자 그룹을 연결한다. 이런 서비스를 하는 주체를 플랫폼이라고 부른다. 단순히 중개자(intermediary)라고 할 수도 있지만 2000년에 접어들면서 산업계와 학계에서는 플랫폼이라는 용어를 쓰기 시작했다.

플랫폼이라는 단어는 원래 몇 가지 다른 의미를 가지고 있다. 먼저 지하철이나 열차를 타려고 사람들이 기다리는 승강장을 플랫폼이라고 부른다. 어떻게 보면 열차와 탑승자가 만나는 공간이라고 볼 수 있기 때문에 두 그룹을 연결하는 플랫폼과 어느 정도 뜻이 통한다고 볼 수 있다. 또는 단상이라는 의미로 편평하지만 주변 다른 부분보다 올라온 곳을 뜻하기도 한다. 지휘자가 단상에 올라 오케스트라를 지휘하는 모습을 상상하면 된다.

이런 사전적인 의미 외에도 여러 가지 다른 제품이나 서비스를 만들어 낼 수 있는 원천 도구나 수단을 플랫폼이라고 부르기도 한다. 예를 들어 현대자동차의 쏘나타와 기아자동차가 생산하는 K5는 동일한 플랫폼을 공유한다고 알려져 있다. 디자인은 다르지만 차의 기본 골격이나 설계 및 구성 요소가 동일하기 때문이다. 최근 전 세계적으로 판매가 늘고 있는 전기차의 경우에도 예전에는 기존 플랫폼을 사용했지만 근래에는 전기차 전용 플랫폼을 이용하여 생산한다. 이런 플랫폼을 중개자로서의 플랫폼과 구분하여 제품 플랫폼(product platform)이라고 부르기도 한다. 한편, 플랫폼의 의미가 명확하지 않은 경우도 있다. 다음 기사를 살펴보자.[3]

"정부가 블록체인·공유 경제 등 데이터 경제, 인공지능, 수소 경제 등을 플랫폼 경제 3대 전략 투자 분야로 지정하고, 관련 기술 개발, 인력 양성 등 기반 조성 사업에 정부 예산 1조 5,000억 원을 투자하기로 했다."

이때 이야기하는 플랫폼은 중개자보다는 기반 기술이나 토대를 의미하는 제품 플랫폼에 가깝다. 즉 이런 3대 기술 분야에 관련된 다양한 사업이 한국 경제를 앞으로 견인해 나갈 수 있다고 보는 것이다. 굳이 플랫폼이라는 용어를 쓰지 않아도 내용은 충분히 전달되었

---

3   정원석, 조선비즈, 2018, "정부, 블록체인 등 플랫폼 경제·바이오헬스 등 8대 사업에 내년 5조 투자"

겠지만 산업계에서 많이 쓰는 플랫폼이라는 용어를 사용하여 포괄적인 관련 생태계를 조성한다는 의미를 가진다.

중개자 및 제품 플랫폼 역할을 동시에 하는 경우도 있다. 컴퓨터를 동작시키는 운영체제가 바로 그 예다. 전 세계적으로 가장 많이 쓰는 윈도우는 수많은 응용프로그램이 작동될 수 있는 기반을 제공한다. 동시에 윈도우는 응용프로그램 개발자와 컴퓨터 사용자를 연결한다. 스마트폰 운영체제인 애플의 iOS, 구글의 안드로이드도 마찬가지다. 스마트폰 운영체제는 스마트폰 사용자와 스마트폰에서 구동되는 앱 개발자를 연결하는 역할을 한다. 동시에 앱을 실행시킬 수 있도록 스마트폰의 하드웨어를 제어한다. 출퇴근할 때 많은 사람들이 이용하는 내비게이션 앱도 스마트폰 운영체제 위에서 작동하는 것이다.

지금부터는 로블록스와 네이버 지식iN처럼 두 그룹을 연결하는 중개자 플랫폼의 사례를 통하여 플랫폼이 어떤 특징을 가지고 있는지 살펴보자. 단순히 중개자 역할만 해도 플랫폼이라고 부를 수 있을까? 아니면 또 다른 특징이 있는 것일까?

○

중개자 역할을 하는 플랫폼은
어떤 것이 있을까?

음식점이나 카페에서 맛있는 음식이 나오면 사진부터 찍는다. 그리고 이를 공유한다. 인스타그램과 같은 소셜미디어 서비스 이야기다. 소셜미디어 서비스는 흔히 Social Network Service(SNS)라고 불린다. 우리 아이들도 이 현상에서 예외는 아니다. 때로는 보기 좋은 음식이 나오면 잠시 기다려야 한다. 첫째나 둘째가 사진을 찍고 인스타그램에 올려 친구들과 공유하기 때문이다. 초등학생인 막내는 아직 스마트폰이 없어 그나마 편하게 바로 먹을 수 있다. 예전에는 대학생들에게 페이스북을 이용하는지 물어보면 제법 많은 학생들이 손을 들었지만 요즘에는 그 인기가 예전만 못하다. 페이스북이 이전의 마이스페이스를 앞섰던 것처럼 인스타그램이 페이스북을 밀어내고 있는 듯하다. 페이스북이 인스타그램을 2012년에 인수했기에 망정이지 그렇지 않았다면 페이스북은 SNS 시장에서 사라졌을지도 모른다. 물론 페이스북은 메타로 사명을 바꾸면서 메타버스라는 새로운 비즈니스 영역으로 초점을 바꾸는 중이다. 그런데 코로나19 팬데믹이 종료된 것도 있지만 아직 메타버스를 이용한 비즈니스는 갈 길이 멀어 보인다.

한편 마이스페이스는 광고가 사용자에게 미치는 영향을 간과하여 페이스북에게 자리를 내주었다. 마이스페이스는 2003년에 미국에서 만들어진 SNS로 가장 높은 시장점유율을 가지고 있었다. 마이스페이스는 방대해진 사용자를 토대로 광고주를 끌어들이기 시작했고 사용자들은 많은 광고에 노출되기 시작했다. 이에 반하여 페이스북은 SNS의 원래 목적인 사용자 간 온라인 네트워킹에만 초점을 두었다. 페이스북은 많은 사용자를 모았음에도 불구하고 광고주 그룹을 끌어들여 플랫폼이 될 시점을 최대한 미루었다. 그리하여 2008년 페이스북은 마이스페이스의 순 방문자 수를 따라잡았다.[4]

그러면 2023년 기준으로 소셜미디어 서비스 중 가장 많은 활성 사용자를 확보한 플랫폼은 무엇일까? 인스타그램이 페이스북을 앞섰을까? 그렇지는 않다. 그림 2-2에서 보듯이 소셜미디어 사이트 중에서 가장 많은 활성 사용자를 확보한 플랫폼은 여전히 페이스북이다. 거의 30억 명에 가까운 활성 사용자를 확보하고 있다. 그 뒤를 YouTube가 따르고 WhatsApp과 더불어 인스타그램이 20억 명으로 공동 3위다. 2018년에는 페이스북이 약 22억 명, 인스타그램이 약 10억 명의 활성 사용자를 가지고 있었다.[5] 5년 동안 페이스북은 약 7억 명, 인스타그램은 이보다 많은 10억 명의 활성 사용자를 더 확보했다.

페이스북이나 인스타그램과 같은 SNS는 기존에 가입한 사용자가 많을수록 더 많은 가입자를 끌어모을 수 있다. SNS는 기본적으로

---

4 박재욱, 동아비즈니스리뷰, 2011, "뒤바뀐 SNS 최강자의 운명, 페이스북 vs 마이스페이스"

5 Statista, "Most popular social networks worldwide as of July 2018, ranked by number of monthly active users(accessed August 16, 2018)"

[그림 2-2] 소셜미디어 사용자 수(2023년 1월)

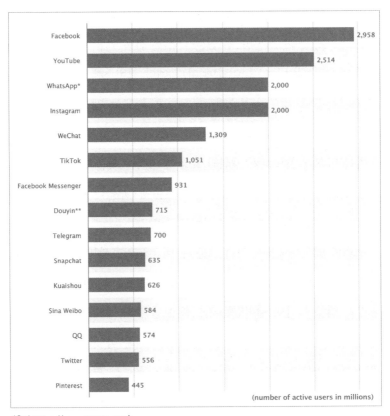

(출처: https://www.statista.com)

온라인상에서 친구를 포함한 다른 사람들과 소식을 주고받는 상호
작용 네트워킹 서비스를 제공한다. 음식을 먹기 전에 사진을 찍고 이
를 올려 일상의 일부분을 공유하는 것이다. 이를 더 많은 사람이 볼
수 있다면 개인적으로 느끼는 뿌듯함이나 효용이 더 커진다. 그렇기
때문에 이미 많은 사용자를 확보한 SNS가 새로운 사용자를 얻는 데
더 유리하다.

페이스북이 여전히 가장 많은 활성 사용자를 확보한 것도 이 때문이다. 사람들은 자신의 친구들이 이미 가입되어 있고 나아가서 더 많은 사람들과 소통할 수 있는 SNS를 선택한다. 이렇게 어떤 그룹에 가입된 사람들이 늘어남에 따라 해당 서비스에서 느끼는 효용이 커지는 것을 네트워크 효과(network effect) 또는 망 외부성(network externality)이라고 부른다. 즉 자신이 무언가를 하지 않아도 다른 구성원이 더 가입함으로써 자신의 효용이 커지는 것을 의미한다. 같은 그룹의 사용자가 많아지면 발생하기 때문에 그룹 내 네트워크 효과(within-group network effect)라고 부르기도 한다.

그러면 페이스북에는 이런 그룹 내 네트워크 효과만 존재할까? 페이스북에는 사용자들이 유용하게 사용할 수 있는 앱이 존재한다. 사용자는 앱을 통하여 재미있는 카드를 보낼 수도 있고 음악을 친구들과 공유할 수도 있다. 이런 앱은 페이스북이라는 플랫폼을 통하여 팔린다. 페이스북 사용자가 늘어날수록 앱 다운로드 횟수도 늘어나 앱 개발자의 경제적 이익이 증가한다. 한편, 페이스북 사용자는 더 많은 앱이 올라올수록 자기가 원하는 앱을 찾을 가능성이 증가하므로 효용이 증가한다. 이렇게 사용자 그룹의 크기가 커질수록 앱 개발자의 수익도 늘어나고, 앱 개발자 그룹의 크기가 커질수록 사용자의 효용도 증가한다. 이를 그룹 간 네트워크 효과(cross-group network effect)라고 부른다. 그룹 간 네트워크 효과를 지니면서 중개자 역할을 하는 플랫폼이 만드는 시장을 양면 시장(two-sided market)이라고 부른다. 그림 2-3은 페이스북의 사용자와 개발자가 거래할 수 있는 양면 시

[그림 2-3] 페이스북이 만들어 내는 양면 시장

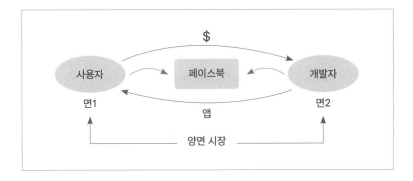

장을 나타낸다. 중개자로서의 플랫폼은 바로 이렇게 양면 시장에서 두 양면(그룹)을 연결하여 그룹 간 네트워크 효과를 이끌어 내는 역할을 한다.

페이스북은 서비스를 운영할 만한 충분한 수입을 앱 판매로부터는 얻지 못했다. 페이스북은 2018년 2분기에 132억 달러(1달러를 1,000원으로 환산할 때 원화로는 13조 2,000억 원)의 수익을 올려 2017년 2분기에 비하여 42퍼센트의 성장을 보였다. 2016년에 발생한 회원 5,000만 명의 정보 유출로 인한 스캔들에도 불구하고 엄청난 성장을 이루었다. 2014년 연간 수익 125억 달러보다 큰 수익을 2018년 한 분기에 거둔 것이다.[6] 대부분 온라인 광고로 벌어들인 수입이다. 앱 판매에 따른 수수료는 온라인 광고 수입의 1.5퍼센트 정도인 1억 9,300달러(1달러를 1,000원으로 환산할 때 원화로 1,930억 원)에 지나지 않았다. 이렇게 페이스북

---

6 2015년 페이스북 연간 리포트(accessed August 16, 2018)

은 대부분의 수입을 온라인 광고로부터 얻고 있다.

이는 곧 페이스북이 양면을 넘어서 3가지 다른 그룹(사용자, 개발자, 광고주 그룹)을 연결하는 다면 시장을 조성한다는 것을 의미한다. 페이스북은 이 세 그룹을 점진적으로 확보했다. 2004년부터 무료로 제공한 소셜미디어 서비스를 통하여 처음에는 하버드 대학생 그룹을 끌어들였다. 점차 다른 대학으로 서비스를 확대하다가 고등학생도 가입할 수 있게 했다. 나중에는 일반인에게도 서비스를 개방했다. 이렇게 형성된 사용자 그룹을 토대로 개발자 그룹과 광고주 그룹을 2007년부터 순차적으로 끌어들이기 시작했다. 페이스북의 이런 점진적 확대는 한쪽 그룹을 충분히 확보한 후 플랫폼으로 진화하는 전형적인 나누어서 정복하기(divide-and-conquer)의 모습을 보여준다.

[그림 2-4] 페이스북의 진화

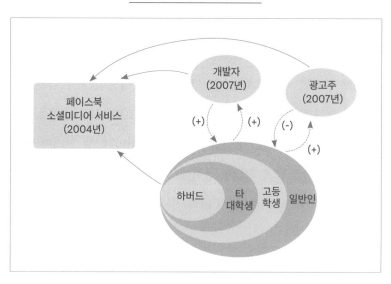

페이스북처럼 대부분의 소셜미디어 서비스 플랫폼은 온라인 광고가 주요 수입원이다. 소셜미디어 서비스를 제공함으로써 사용자를 끌어들이고 이를 바탕으로 광고주 그룹도 확보한다. 온라인 광고를 통해 세계에서 가장 많은 매출을 올리는 회사는 어디일까? 바로 구글이다. 구글의 온라인 광고 매출은 어느 정도일까?

구글의 경쟁자는 검색엔진 업체일까?

구글은 2018년 2분기에 광고 수입만 280억 달러로 페이스북 수입의 2배 이상을 기록했다. 2015년 1분기에는 5배 정도의 차이가 났던 것을 감안하면(구글 약 170억 달러, 페이스북 약 35억 달러) 온라인 광고 시장에서 페이스북이 빠르게 구글을 추격하고 있다. eMarketer의 자료에 따르면 2013년 5.82퍼센트에 불과했던 페이스북의 온라인 광고 시장점유율이 2016년에는 14.1퍼센트에 달했다. 구글의 2023년 광고 매출은 어느 정도였을까? 놀라지 말라. 대략 2,370억 달러다. 1달러를 1,000원으로만 환산해도 237조 원이다.

2016년, 한 가지 주목할 것은 온라인 광고 시장에서 구글의 경쟁자인 마이크로소프트와 야후가 중국의 검색엔진 업체인 바이두뿐만 아니라 인터넷 상거래 기업인 알리바바와 메시징 프로그램 위챗과 QQ로 유명한 텐센트에 밀렸다는 점이다. 이렇게 구글을 뒤쫓고 있는 주요 경쟁자는 검색엔진이 아닌 전자상거래나 소셜미디어 서비스를 제공하는 기업이다. 이런 경향은 근래에도 변하지 않았다. 2023년 전 세계 온라인 광고 시장의 대부분을 차지한 기업의 면면을 보면 구글 다음으로 페이스북, 아마존, 틱톡과 같은 비검색엔진 플랫폼이 차지하고 있다. 미국 내 온라인 시장 경쟁 상황을 살펴보아도 마이크로소프트를 제외하면 구글의 온라인 광고 경쟁자는 검색엔진 서비스를 제공하지 않는다.

구글의 주요 서비스는 검색엔진이다. 그래서 구글의 경쟁 기업으로 보통 검색 서비스를 제공하는 마이크로소프트나 예전의 야후를 생각하기 쉽다. 검색 서비스는 사용자와 온라인 콘텐츠 제공자 및 광고주 그룹을 연결하는 플랫폼 역할을 한다. 양질의 검색 서비스를 통하여 사용자를 유인하고 이를 바탕으로 광고주를 모집하여 수익을 창출하는 것이다. 그러므로 광고가 매출의 주요 기반이 되는 어떤 온라인 업체도 경쟁 상대가 될 수 있다. 따라서 소셜미디어 업체 페이스북과 텐센트, 전자상거래 업체인 알리바바와 아마존은 많은 사용자를 확보했기에 구글의 주요 경쟁자인 것이다.

지금부터 광고주와 사용자 간에는 어떤 그룹 간 네트워크 효과가 작용하는지 알아보자. 사용자가 많을수록 광고주는 더 많은 고객에게 자신의 상품이나 서비스를 선전할 수 있다. 그러므로 사용자 그룹은 광고주 그룹에게 양의 그룹 간 네트워크 효과를 발휘한다. 반면 광고주 그룹은 보통 음의 그룹 간 네트워크 효과를 사용자에게 준다. 더 많은 광고주가 모이는 것이 사용자에게 더 나은 효용을 줄 수도 있지만 이는 검색엔진이 얼마나 효과적으로 사용자에게 적절한 광고를 보여주느냐에 달려 있다.

만약 검색하는 단어에 맞춘 광고를 적절하게 보여준다면 광고주 그룹이 양의 그룹 간 네트워크 효과를 사용자 그룹에게 준다. 구글의 검색엔진을 사용하면 검색 결과의 상단에 'sponsored'라고 하는 유료 광고 제품이나 서비스 관련 사이트가 나온다. 구글이 광고비를 받고 보여주는 사이트가 사용자에게 유용한 정보를 줄 수 있다면 광고주가 늘어난다고 해서 사용자에게 음의 네트워크 효과를 주지 않는다. 구글이 잘하는 것은 광고비를 받은 사이트와 검색 결과를 적절하게 분배하여 사용자가 큰 불편을 느끼지 않도록 하는 것이다. 예전에 유행했던 팝업 광고나 웹사이트의 상당 부분을 차지했던 배너 광고는 사용자에게 음의 네트워크 효과를 주는 경우가 많았다. 반면 검색어에 기반한 광고는 사용자에게 유용한 정보를 줄 때도 있다. 가령 근처 꽃집을 검색했을 때 당신이 찾고 싶은 가게의 정보를 얻을 수도 있는 것이다. 이런 경우가 잦아질수록 음의 효과는 줄어들고 나아가서 양의 네트워크 효과를 주는 것이 가능하다.

페이스북도 개별 사용자에 맞는 광고를 함으로써 음의 네트워크 효과를 최대한 줄이고 있다. 페이스북은 애초에 가입할 때부터 사용자가 자신의 정보를 이용하여 광고하는 것에 동의해야만 한다. 구글 다음으로 전 세계 온라인 광고 시장에서 가장 높은 매출을 올리고 있는 페이스북이지만 페이스북 내 앱 시장을 활성화시키는 데는 실패했다. 반면, 비디오 게임기를 판매하는 닌텐도나 마이크로소프트는 게임기에 광고를 싣기보다 게임 타이틀을 판매하여 얻는 로열티가 주 수입원이다. 이렇게 주 수입원이 다른 비디오 게임기도 플랫폼으로 생각할 수 있을까?

사이좋은 비디오 게임기 삼총사

그렇다. 비디오 게임기 역시 플랫폼이다. 비디오 게임기(video game console)는 기술적으로 보면 TV와 연결하여 게임을 할 수 있도록 고안된 일종의 컴퓨터다. 나는 닌텐도 Wii를 가지고 있어서 아이들과 함께 슈퍼 스매시브라더스 같은 격투 게임이나 테니스와 같은 스포츠 게임을 즐기곤 했다. 단순하면서도 아기자기한 게임에 시간 가는 줄 모른다. Wii를 설치하는 방법은 간단하다. Wii에서 나오는 영상과 소리를 TV에서 보거나 들을 수 있도록 케이블을 연결하면 된다. 연결한 후에는 게임 DVD를 넣고 TV를 외부 입력 모드로 세팅하면 게임 시작 화면을 볼 수 있다. 그다음 컨트롤러를 통해서 몇 가지 설정을 하고 게임을 시작하면 된다. 비디오 게임기 중에서는 노트북처럼 들고 다니면서 게임을 즐길 수 있는 것도 있다. 소니 포터블이나 닌텐도 스위치와 같은 휴대용 게임기가 바로 그런 종류다. 근래 막내에게 닌텐도 스위치를 선물했다. 들고 다니기 편하고 TV와 연결했을 때의 화질도 닌텐도 Wii보다 뛰어나다고 좋아했다. 이런 비디오 게임기가 플랫폼인 이유는 무엇일까?

비디오 게임기는 우선 사용자와 개발자를 연결한다. 당연한 이야

[표 2-1] 소니 플레이스테이션 5 인기 게임 리스트

Game	Copies sold	Release date	Genre(s)	Developer(s)	Publisher(s)
Marvel's Spider-Man2	5 million	October 20, 2023	Action-adventure	Insomniac Games	Sony Interactive Entertainment
Elden Ring	3.64 million	February 25, 2022	Action role-playing	FromSoftware	Bandai Namco Entertainment JP: FromSoftware
Final Fantasy XVI	3.0 million	June 22, 2023	Action role-playing	Square Enix Creative Business Unit III	Square Enix
Demon's Souls	1.4 million	November 12, 2020	Action role-playing	Bluepoint Games	Sony Interactive Entertainment
Ratchet & Clank: Rift Apart	1.1 million	June 11, 2021	Platform, third-person shooter	Insomniac Games	Sony Interactive Entertainment

(출처: 위키피디아, https://en.wikipedia.org/wiki/List_of_bestselling_PlayStation_5_video_games)

기지만 비디오 게임기가 없다면 사용자는 스파이더맨 같은 비디오 게임을 할 수 없다. 동시에 비디오 게임기를 가진 사용자가 없다면 개발자는 심혈을 기울여 만든 게임을 팔 수 없다. 표 2-1은 소니의 플레이스테이션 5에서 가장 인기 있는 게임 5개를 보여준다. 500만 장이나 팔린 스파이더맨 2는 플레이스테이션 5에서만 할 수 있다. 그러므로 이 게임을 하고 싶은 사용자는 플레이스테이션 5를 구입해야 한다. 이 게임을 만든 Insomniac Games에게는 이미 많은 사용자를 확보한 소니의 플레이스테이션 5가 매력적인 플랫폼이었을 것이다. 사실 Insomniac Games는 현재 소니 엔터테인먼트의 자회사다. 전략적으로 플레이스테이션 5의 사용자를 확대하거나 유지하기 위해서 게임을 독점 공급했다. 반면 엘든 링을 만든 FromSoftware는 플레이스테이션뿐만 아니라 Xbox에도 게임을 공급한다. 각각의 게임기를 위한 버전을 따로 만들어서 플레이스테이션 5나 Xbox를 가진 사용자 모두에게 게임을 판매한다.

비디오 게임기 사용자 그룹과 개발자 그룹 간에는 네트워크 효과가 있을까? 특정 비디오 게임기 사용자가 많아질수록 해당 게임기에서 구동되는 게임을 개발한 회사는 더 큰 이익을 얻는다. 왜냐하면 더 많은 게임 타이틀을 팔 수 있기 때문이다. 그러므로 사용자 그룹은 양의 네트워크 효과를 개발자 그룹에 준다. 또한 특정 게임기에서만 할 수 있는 게임을 출시하는 회사가 많아질수록 그 게임기를 구매한 사용자는 더 다양한 게임을 할 수 있어 효용이 커진다. 개발자 그룹도 양의 네트워크 효과를 사용자 그룹에 준다. 즉 사용자 그룹과 개발자 그룹은 상호 간에 양의 그룹 간 네트워크 효과를 발생시킨다. 따라서 양의 네트워크 효과를 지닌 두 그룹을 연결하기에 비디오 게임기를 플랫폼이라고 부를 수 있는 것이다.

비디오 게임기 시장에서 한 가지 재미있는 현상은 2000년대 초부터는 마이크로소프트, 소니, 닌텐도 세 회사가 시장을 공유하고 있다는 점이다. 각 회사의 시장점유율은 계속 변하지만 세 회사 모두 20년 넘게 비디오 게임기 시장에서 버티고 있다. 그렇다면 소니, 마이크로소프트, 닌텐도 이 세 기업은 어떻게 오랜 시간 동안 비디오 게임기 시장에서 공존할 수 있었을까?

이유에 대해서는 4장 플랫폼 경쟁에서 본격적으로 다루겠지만 짧게 이야기하자면 사용자가 몇 개의 플랫폼을 동시에 이용하는지에 달려 있다. 먼저, 비디오 게임을 즐기는 사용자 중에는 세 회사의 제품 중 2개 이상을 가지고 있는 경우가 있다. 가령 그래픽이 우수한 플레이스테이션이나 Xbox를 가지고 있어도 가족과 쉽게 즐길 수 있는 닌텐도 Wii를 추가로 소장할 수 있다. 이렇게 2개 이상의 플랫폼을 동시에 소유하는 경우를 멀티호밍이라고 부른다. 멀티호밍 하는 사용자가 어느 정도 존재하기 때문에 어느 한 회사도 시장을 장악하지는 못했다. 언급한 FromSoftware처럼 게임 회사 중에서도 멀티호밍을 하는 경우를 쉽게 찾아볼 수 있다.

플랫폼이 분명하지 않은 전기 자동차 시장

북미, 유럽 및 아시아에 위치한 많은 나라의 정부는 전기차 시장을 활성화시키기 위하여 다양한 보조금 정책을 실시하고 있다. 전기차 시장의 활성화를 통하여 기존 내연기관차의 판매를 줄이는 노력을 한다. 노르웨이의 경우 2025년부터는 아예 내연기관차 판매를 금지할 계획을 가지고 있다. 한 기사에 따르면 2023년 노르웨이에서 판매된 신차의 80퍼센트 정도가 전기차다.[7] 상대적으로 전기차보다는 하이브리드 차량에 초점을 두었던 일본도 2030년까지 전기 자동차 시장점유율을 최대 30퍼센트까지 늘릴 계획을 세운 바 있다.[8]

7　정빛나, 매일경제, 2023, "노르웨이, 올해 신차 85%가 전기차…10년 만에 30배 '쑥' 고공 행진"
8　김기훈, 한국경영과학회지 39.3 (2014): 41-49, "전기차 시장의 활성화를 위한 정부의 금융

[그림 2-5] 전기차 시장의 다면 구조

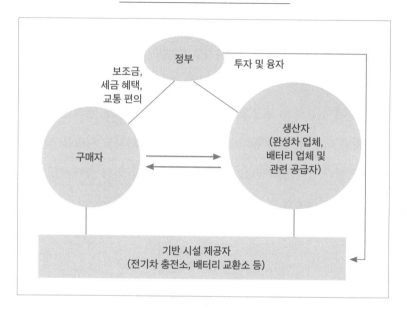

앞서 살펴보았던 소셜미디어 서비스나 비디오 게임기는 플랫폼으로서의 역할이 분명하다. 소셜미디어 서비스는 사용자와 개발자 및 광고주를 연결한다. 비디오 게임기는 사용자와 개발자를 연결하는 플랫폼이다. 반면 전기 자동차 시장은 구매자 그룹과 생산자 그룹 간 네트워크 효과가 존재하기는 하지만 플랫폼 역할을 하는 것이 무엇인지 명확하지 않다. 그림 2-5는 전기차 시장을 다면 구조로 단순화시켜 설명하고 있다. 전기차 시장이 활성화되려면 전기차를 사려는 구매자와 전기차 생산에 관여하는 회사의 수가 많아져야 한다. 즉,

지원 정책 분석"

전기차 구매자가 늘어날수록 전기차 생산자, 전기차에 들어가는 배터리 생산자, 그 외 다른 부품의 공급자 등이 가질 수 있는 수익이 증가하므로 더 많은 업체가 전기차 생산에 뛰어들게 된다. 역으로 전기차 생산자 및 전기차 부품 공급자가 늘어날수록 전기차 구매자는 더 다양한 전기차 중에서 선택할 수 있고 전기차 가격도 내려간다. 또한 전기차 생산자 간의 경쟁으로 인하여 주행거리나 충전 효율이 향상된 전기차를 구매할 수 있다. 전기차 구매 후 애프터서비스 마켓에서 구할 수 있는 부품도 원활하게 구할 수 있다. 이렇게 구매자와 생산자 그룹 간에는 양의 네트워크 효과가 있지만, 전기차 시장에서는 이 두 그룹을 직접적으로 연계하는 플랫폼이 존재하지 않는다.

그러면 전기차 시장에서 플랫폼 역할을 하는 것은 무엇일까? 전기차 시장의 성장은 정부의 지원 정책 없이는 불가능하다. 우리나라도 전기차 시장 초기부터 구매자에게 상당 금액의 보조금을 지급하고 있다. 전기차 시장이 활성화된 노르웨이 역시 각종 세금을 면제하고 도심지에는 전기차만 진입할 수 있도록 했다.[9] 정부의 구매자 지원 정책과 더불어 전기차 수요 확산에 큰 영향을 미치는 것은 전기차 전기 충전소나 배터리 교환소 등의 기반 시설이 늘어나는 것이다. 이 역시 정부 지원이 필요한 영역이다. 사실상 정부가 플랫폼 역할을 대신 수행하는 것이다.

---

9   한국산업기술기획평가원 자료, July 2016

플랫폼은 지금까지 볼 수 없었던 새로운 비즈니스 모델?

인터넷이 상업화된 1990년대 이후로 다양한 온라인 플랫폼이 만들어졌다. 소셜미디어와 검색엔진은 인터넷을 바탕으로 만들어진 플랫폼이다. G마켓이나 쿠팡과 같은 오픈 마켓도 플랫폼이다. 오픈 마켓은 판매자와 구매자를 연결시켜 주는 온라인 시장 역할을 하면서 전체 쇼핑 시장의 상당 부분을 차지하고 있다. 특히 코로나19 위기로 인하여 비대면 쇼핑이 증가하면서 이런 오픈 마켓의 성장이 가속화되었다. 그렇다면 이런 온라인에만 플랫폼이 존재하는 것일까? 중개자로서의 플랫폼은 기존에 없었던 새로운 비즈니스 형태일까?

꼭 그렇지는 않다. 중개자로서의 플랫폼은 아주 오래전부터 있어 온 비즈니스 모델이다. 사람들이 물건을 사고파는 전통 시장은 상인과 손님을 연결하는 플랫폼이다. 신문은 구독자와 광고주를 연결한다. 넓은 의미에서 보면 학교도 선생님 그룹과 학생 그룹을 연결하는 플랫폼이다. 단지 그룹의 크기가 한정적일 뿐이다. 은행은 돈을 맡기는 사람과 빌리는 사람을 간접적으로 연결하는 중개자 역할을 한다.

이런 중개자 역할의 플랫폼이 2000년대 들어 각광받기 시작한 이유는 무엇일까? 과거에는 플랫폼을 만드는 데 물리적인 제약이 있었다. 가령 오프라인 시장은 지리적으로 가까운 사람들만 모여서 물건을 교환할 수 있는 공간을 제공했다. 서울에 있는 사람과 부산에 있는 사람이 대전에 있는 시장에서 만나서 물건을 교환하거나 매매하지는 않았다. 그래서 각 지역별로 시장이 만들어졌다. 인구가 적은 곳에서는 장터를 통하여 정해진 날짜에 물건을 교환했다. 한편, 인터넷상에서는 지리적인 제약을 뛰어넘은 플랫폼 형성이 가능해졌다. 온라인 시장을 통하면 서울에 사는 구매자가 부산에 있는 판매자로부터 난로를 구매하고 택배 업체를 통하여 배송 받을 수 있다. 지리적인 제약뿐만 아니라 시간적인 제약도 뛰어넘었다. 온라인 구매는 24시간 가능하다. 이런 물리적인 제약 없이 판매자와 구매자 간 거래가 이루어지기 때문에 온라인 시장은 확장성이 뛰어나고 빠른 속도로 성장할 수 있다. 그룹 간 네트워크 효과에 의하여 판매자와 구매자 그룹이 순차적으로 연속해서 성장할 수 있기 때문이다.

○
단면 시장 vs 양면 시장

지금까지 살펴본 여러 플랫폼 사례를 통해서 플랫폼이 되기 위해서는 단순히 두 그룹을 연결하는 것 외에도 중요한 한 가지 조건이 더 필요하다는 것을 알았다. 바로 두 그룹 간 네트워크 효과다. 만약 단순히 두 그룹을 연결하는 것으로 플랫폼을 정의한다면 세상에 존재하는 대부분의 기업이 플랫폼으로 불릴 수 있다. 예를 들어 원료부터 시작하여 최종 제품을 만들기까지의 공급 과정을 간단하게 공급망(Supply Chain)으로 도식화하면 다음과 같다.

원료 공급자 → 제품 생산자 → 도매업자 → 소매업자 → 고객

화살표는 원료나 제품이 움직이는 방향을 가리킨다. 두 그룹을 연결하는 기업을 플랫폼이라고 부른다면 위 공급망에서 두 그룹을 연결하는 제품 생산자, 도매업자, 소매업자 등을 모두 플랫폼이라고 부를 수 있을 것이다. 하지만 공급망의 중간 개체는 단순히 공급망의 상단에서 하단으로 원료와 제품 등을 옮기거나 제조하는 역할을 할 뿐이다. 도매업자는 제품 가격이나 질을 보고 계약을 맺는 것이지 원료 공급자의 수를 보는 것은 아니다. 제품 생산자가 더 많은 원료 공급자를 확보한다고 해서 도매업자가 직접적으로 얻는 혜택은 없다. 그러므로 원료 공급자와 도매업자 사이에는 네트워크 효과가 존재하지 않는다. 제품 생산자는 양면이 아닌 단면(한쪽 측면)만 개별적으로 상대하면 된다. 이와 달리 플랫폼으로 나열한 소셜미디어, 검색엔진, 비디오 게임기는 연결되는 두 그룹 간 네트워크 효과가 존재한다.

그림 2-6은 일반적인 양면 시장을 구성하는 플랫폼과 두 그룹 간 관계를 보여준다. 플랫폼은 두 그룹 간 매칭을 위한 서비스를 제공하고 수수료를 받는다. 각 그룹은 그룹 내 네트워크 효과와 그룹 간 네트워크 효과를 가질 수 있다. 이 중 그룹 간 네트워크 효과가 보통 두드러진다.

그룹 간 네트워크 효과가 양면 시장과 일반적인 시장을 결정짓는 가장 큰 특징으로 볼 수 있지만 그룹 내에서의 네트워크 효과도 존재한다. 가령 중고 물품을 경매로 살 수 있는 이베이의 경우 중고 물품

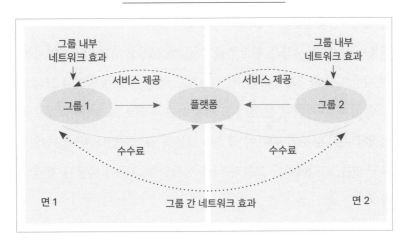

[그림 2-6] 양면 시장의 구성 요소

그룹 내부
네트워크 효과

그룹 내부
네트워크 효과

서비스 제공

서비스 제공

그룹 1

플랫폼

그룹 2

수수료

수수료

면 1

그룹 간 네트워크 효과

면 2

을 사고자 하는 사람들이 늘어날수록 경매에 참여하는 이가 늘어난다. 이에 따라 입찰가가 상승하여 일시적으로 음의 네트워크 효과를 구매자 그룹 내에서 발생시킨다. 물론 구매자와 판매자 그룹 간 네트워크 효과가 이를 어느 정도 상쇄시킨다. 구매자가 늘어남에 따라 경매에 물건을 내놓는 판매자가 늘어나 더 많고 다양한 중고 물품을 구매할 기회가 생기기 때문이다.

그림 2-6에서 보듯이 플랫폼은 두 사용자 그룹이 거래할 수 있도록 매칭 서비스 등을 제공하고 이에 대한 대가로 수수료를 받는다. 수수료는 양쪽 그룹에서 모두 받을 수도 있지만 한쪽 그룹에서만 받는 경우가 대부분이다. 신용카드 플랫폼은 사용자로부터 거래 수수료를 받지 않는다. 그렇지만 물건을 판 상점으로부터는 거래 금액에 따른 수수료를 받는다.

플랫폼에 의한 양면 시장은 두 그룹 외에도 다른 그룹이 추가될 수 있다. 검색엔진이나 소셜미디어 플랫폼처럼 YouTube에 의하여 만들어진 양면 시장은 광고주를 다른 한 그룹으로 포함시키면서 다면 시장으로 확대되었다. 초기 YouTube에는 광고가 없거나 그리 많지 않았다. 하지만 운영 비용을 충당하고 콘텐츠 크리에이터에게 상업적인 이익을 주기 위하여 광고주 그룹을 끌어들였다. 이에 따라 사용자 그룹, 크리에이터 그룹과 더불어 광고주 그룹이 시장에 자리 잡았다.

지금은 거대한 동영상 공유 플랫폼이 된 YouTube지만 처음 서비스를 시작할 때는 막막했을 것이다. 동영상을 올리는 사람도 보려는 사람도 없었을 것이기 때문이다. YouTube뿐만이 아니다. 대부분의 플랫폼은 플랫폼 진입 초기의 어려움을 극복해야지만 생존할 수 있다. 3장에서는 사용자를 모아서 플랫폼으로 성장할 수 있는 주요 방법을 알아보자.

플랫폼의
시작과 성장

YouTube의 시작은 동영상을 이용한 데이트 주선 사이트였다. 사용자가 소개 동영상을 올리면 데이트 상대를 찾을 수 있는 서비스를 제공했다. 데이트 상대를 찾는 여성과 남성 그룹을 연결시켜 주는 플랫폼이었다. 초기에는 남성 사용자를 모으기 위해서 자신의 소개 비디오를 올리는 여성에게 20달러를 준다는 광고도 했다. 하지만 이 시도는 큰 호응을 얻지 못했다. 그리하여 2개월 정도가 지난 2005년 4월 말에 데이트 주선 사이트에서 현재와 같은 동영상 공유 사이트로 서비스를 변경하게 된다.

YouTube는 일정 수준 이상의 사용자를 확보하면서부터 폭발적인 성장을 거두었다. 처음 몇 달은 하루 3만여 명 정도의 시청자를 확보하는 데 그쳤다. 하지만 7개월 후 2005년 12월 정식으로 서비스를 시작하자 하루에 동영상이 200만 번 넘게 시청될 정도로 성장했다. 구글은 급성장한 YouTube를 2006년 10월에 16억 5,000만 달러에 인수한다. 1달러를 1,000원으로 환산해도 1조 6,500억 원이라는 거액이다. 2007년 아이폰의 등장으로 사람들이 스마트폰을 사용하기 시작하면서 동영상을 찍고 올리는 것이 간단해졌다. 2009년에 이르면 동영상 업로드 수는 기하급수적으로 증가하기 시작한다. 애플이 구글을 도와준 셈이다. YouTube는 출시 후 15년이 지난 2020년, 20억 명이 넘는 사용자가 매일 이용하는 거대한 동영상 공유 사이트가 되었다.

그렇다면 맨 처음 YouTube에 올라온 동영상은 누가 만들었을까? YouTube 공동 창업자 중의 한 명인 자웨드 카림이다. 그는 샌디에이고 동물원에서 찍은 영상을 최초로 올렸다. 플랫폼에 볼 영상이 없으면 아무도 찾지 않을 것이므로 운영 주체에서 올린 것이다. 여기에서 플랫폼이 처음 서비스를 시작할 때 마주하는 근본적인 문제를 알 수 있다. 소위 닭과 달걀의 문제(chicken-and-egg problem)다.

O

닭이 먼저냐 달걀이 먼저냐

신생 플랫폼은 초기에 항상 닭과 달걀의 문제를 겪는다. 닭과 달걀의 문제는 어떤 일 A를 하려면 다른 요소인 B가 필요한 데, 막상 B를 얻으려면 다시 A가 필요할 때 쓰는 표현이다. 왜 이런 상황을 닭과 달걀의 문제라고 부를까? 닭이 태어나려면 달걀이 있어야 한다. 그런데 달걀이 있으려면 알을 낳을 수 있는 닭이 필요하다. 닭과 달걀 중 어느 한쪽이 먼저 존재해야 하는 것이다. 예를 들어 YouTube의 초기 서비스를 생각해 보자. 콘텐츠가 없기 때문에 사용자를 끌어모으기 어려웠을 것이다. 사용자를 모으려면 콘텐츠 크리에이터를 확보해야 한다. 그런데 크리에이터를 확보하려면 사용자도 어느 정도는 있어야 한다. 사용자가 닭이라면 크리에이터가 달걀인 것이다. 이는 플랫폼이 중개자로서의 역할을 시작할 때 어느 한쪽 그룹도 확보되지 않은 상태에서는 닭과 달걀의 문제를 해결하는 것이 어렵다는 점을 시사한다.

다른 예로 당신이 아마존과 같은 온라인 시장을 새로 만든다고 가정해 보자. 보통 온라인 시장은 물건을 파는 쪽에 수수료를 매긴다. 품목에 따라서 10퍼센트 이상의 수수료를 매길 수도 있는 만큼 판매자 입장에서는 이 수수료가 부담이다. 이런 점에 착안하여 판매자에게 전혀 수수료를 부과하지 않는 온라인 시장을 만들어 보면 어떨까? 언뜻 들으면 꽤 괜찮은 아이디어라고 생각할 수 있다. 플랫폼 운영 자금은 수수료 대신 광고비를 받아서 충당할 수 있을 것이다. 이 새로운 온라인 시장은 잘될 수 있을까? 판매자에게 좋은 조건인 것은 분명하다. 하지만 구매자가 별로 없는 상태에서는 새로운 온라인 시장에 가입하여 물건을 올릴 이유가 충분하지 않다. 구매자를 확보하려면 반대로 일정 규모의 판매자가 필요하다. 역시 바로 닭과 달걀의 문제에 직면하게 되는 것이다. 이 문제를 해결하지 않는 한 수수료가 없더라도 온라인 시장이 생존하기는 어렵다.

몇 년 전 TV에서 중국의 대표적인 온라인 시장 플랫폼 알리바바를 창업한 마윈이 강연하는 것을 본 적이 있다. 처음 알리바바를 시작했을 때 물건을 살 구매자가 없어서 마윈과 직원들이 올라온 물건을 샀다고 한다. 판매자 입장에서는 자신이 올린 물건이 팔리는 것을 보고 구매자가 있다고 생각했을 것이다. 그리하여 계속 물건을 팔려고 사이트에 물건을 올리고 판매자 그룹이 형성되기 시작했을 것이다. 이런 일화를 살펴보면 닭과 달걀의 문제를 극복하는 것이 쉽지 않다는 것을 알 수 있다. 극복하기 위해서는 상당 규모의 자본과 인력 및 시간이 필요하다.

음식 배달 앱 중 시장점유율이 60퍼센트가 넘는 배달의 민족도 초기에는 지금과 같은 많은 음식점과 사용자를 확보하지 못했다.[10] 배달 앱이 연결하는 두 그룹 중 먼저 확보해야 하는 것은 어느 쪽일까? 바로 음식점 그룹이다. 음식점 그룹이 확보되어야 사용자를 모을 수 있다. 이렇게 두 그룹 중 시간차를 두고 어느 한쪽 그룹을 먼저 확보해야 하는 경우가 있다. 배달의 민족은 가정에 배달되던 전단지를 모아서 해당 업소의 전화번호를 입력하여 앱으로 만들었다. 이렇게 모은 음식점 연락처를 바탕으로 배달 음식점의 전화번호를 찾는 사람들을 조금씩 모았다. 앱 사용자가 늘어남에 따라 가입하고자 하는 음식점도 증가했다. 현재는 배달 앱을 열면 원하는 음식을 파는 식

---

10   옥기원, 한겨례, 2023, "수수료 올렸더니… 배달의 민족 3년 만에 흑자 전환"

당을 쉽게 찾을 수 있다. 클릭 몇 번으로 주문을 하고 음식을 기다리기만 하면 된다. 이렇게 플랫폼은 초기 생존 단계를 거쳐 성숙기에 접어들면 두 그룹 간의 거래를 매우 쉽게 성사시킬 수 있다. 하지만 생존이라는 첫 번째 단계를 넘기 위해서는 필히 닭과 달걀의 문제를 해결해야만 한다.

○

플랫폼 만들기

플랫폼 비즈니스를 하기 위한 첫 번째 관문인 닭과 달걀의 문제를 제대로 통과하려면 한쪽 면에 존재하는 사용자 수가 일정 수준을 넘어야 한다. 이런 일정 수준의 사용자 수를 임계량(critical mass)이라고 한다. 두 그룹 중 어떤 그룹도 사용자 수가 임계량을 넘지 못하면 그 플랫폼은 성장하지 못하고 사라진다. 반대로 한 그룹의 사용자 수가 임계량을 넘어가게 되면 그룹 간 네트워크 효과로 인하여 다른 그룹의 사용자를 플랫폼으로 쉽게 끌어올 수 있다. 이는 다시 원래 그룹의 사용자 수가 더 증가하는 선순환으로 이어진다. 이런 선순환을 이끌어 낼 성공적인 플랫폼이 되려면 어떤 과정을 거쳐야 할까?

단면 시장에서 양질의 서비스를 제공하여
사용자 그룹 확보하기

플랫폼 비즈니스를 준비하는 과정에서 닭과 달걀의 문제를 어떻게 해결할지에 대한 구체적인 계획이 없다면 생존에 실패할 확률이 높다. 생존하려면 플랫폼 성장의 가장 첫 번째 단계인 일정 수준 이상의 사용자를 모을 구체적인 계획을 세워야 한다. 즉, 연결하려는 두 그룹 중 어느 한 그룹의 사용자를 확보할 전략이 필요하다.

처음부터 플랫폼 비즈니스로 승승장구하면 좋겠지만 성공한 다수의 플랫폼을 보면 초기의 비즈니스는 플랫폼 형태가 아니다. 양면 시장이 아닌 어느 한쪽 면을 먼저 공략한 경우가 많다. 가령 온라인 시장에서 세계적인 리더라 할 수 있는 아마존의 경우, 시작은 온라인 서점이었다. 제프 베이조스가 D.E.Shaw라는 헤지 펀드 회사를 그만두고 자신의 차고에서 온라인으로 주문된 책을 포장하여 배송했다는 이야기는 유명한 일화다. 이처럼 아마존도 처음에는 책을 온라인에서 주문하는 고객 그룹을 한 면으로 하는 단면 시장에서 시작했다. 서점에 가서 책을 고르는 것도 좋지만 자신이 원하는 책을 온라인에서 손쉽게 찾아서 주문할 수 있는 서비스는 큰 호응을 얻었다. 금세 성공한 아마존은 책 이외의 다른 물품을 팔기 시작하면서 온라인 소매상으로 성공했다. 하지만 이때까지도 두 그룹을 연결하는 플랫폼은 아니었다.

온라인 소매상에서 온라인 시장 서비스로 확대하기 시작한 때는 창업한 지 6년째 되던 2000년 11월이었다. 온라인 소매상을 통해서 얻은 막대한 사용자 그룹을 바탕으로 중소 상인을 모아 아마존에서 제품을 판매할 기회를 준 것이다. 즉 아마존은 사용자와 상인을 연결하는 플랫폼이 되었다. 우연의 일치일 수도 있지만 아마존은 온라인 시장 서비스를 개시한 지 1년 후인 2001년 4분기에 처음 흑자를 달성했다. 아마존은 여전히 직접 제품을 판매하지만 2008년에는 이미 40퍼센트 정도의 거래가 다른 상인들을 통해 이루어졌다.[11]

온라인 소매상에서 온라인 시장 플랫폼으로: 인터파크

아마존만 온라인 소매상에서 온라인 시장 플랫폼으로 진화한 것은 아니다. 국내 온라인 시장의 선구자 역할을 했던 인터파크도 온라인 소매상에서 온라인 시장 플랫폼으로 변화했다.[12] 인터파크 사내 벤처로 출발한 G마켓이 온라인 시장으로 큰 성공을 거두자 인터파크도 미니숍 서비스를 2004년 10월부터 시작했다. 미니숍을 통하여 중소 상인들이 인터파크 회원에게 물건을 팔 수 있는 채널을 제공했다. 미니숍 서비스는 빠르게 성장했다. 2004년 4분기에는 3퍼센트에 불과했던 미니숍 매출 비중이 2005년 1분기에는 60퍼센트까지 상승했다.[13] 이렇게 빠른 성공이 가능했던 이유는 아마존의 경우처럼

11 Feng Zhu and Qihong Liu, Strategic management journal 39, no. 10 (2018): 2618-2642, "Competing with complementors: An empirical look at Amazon.com"
12 정병묵, 아이뉴스24, 2009, "인터파크-G마켓의 '회자정리'"
13 동아일보, 2016, "인터파크의 향후 20년 키워드, 콘텐츠 그리고 전문 몰"

기존 온라인 소매 서비스를 통하여 이미 확보한 사용자 그룹이 있었기 때문이다.

온라인 커뮤니티 서비스 제공자에서 소셜미디어 서비스 플랫폼으로: 페이스북

인터넷의 발달은 온라인 쇼핑뿐만 아니라 온라인 커뮤니티 서비스의 발달을 가져왔다. 2003년 즈음 한국에서 싸이월드가 인기를 얻고 있을 때, 미국에서는 마이스페이스가 만들어졌고 큰 인지도를 얻기 시작했다. 싸이월드는 당시 1,000만 명이 넘는 가입자를 확보할 정도로 인기 있는 온라인 커뮤니티 서비스 제공자였다. 싸이월드가 처음부터 글로벌한 시장을 타깃으로 생각했다면 K-Pop 이전에 한국의 소셜미디어 서비스가 먼저 전 세계에 알려졌을 수도 있다. 미국 시장에서 마이스페이스를 따돌리고 전 세계에서 가장 큰 소셜미디어 서비스가 된 페이스북은 2004년 저커버그와 그의 친구들이 만들었다. 페이스북이 어떻게 온라인 커뮤니티 서비스 제공자에서 플랫폼으로 진화했는지 알아보자.

페이스북이란 한국에서 학교를 졸업할 때 만드는 졸업 앨범처럼 학생의 얼굴과 이름이 나열되어 있는 책자를 의미한다. 미국 대학교에서는 졸업할 때 만드는 것이 아니라 서로 얼굴을 익히고 친구가 되는 것을 돕는다는 의미에서 신입생들에게 학교에 입학할 때 나누어 주었다고 한다. 저커버그가 처음 페이스북을 만들었을 때는 물리적

페이스북을 온라인으로 옮겨 놓은 것에 불과했다. 페이스북에 대한 아이디어를 처음 자신들이 제기했다는 주장을 한 윙클보스 형제의 말이 맞다면 저커버그는 이런 아이디어를 도용하여 실행에 옮긴 사람에 불과할 수도 있다.

페이스북은 처음부터 일반인을 위한 온라인 커뮤니티 서비스를 표방한 것이 아니다. 처음에는 하버드 재학생들이 가입할 수 있었고 이후 스탠퍼드, 컬럼비아, 예일 학생들에게 개방되었다. 만들어진 지 7개월 정도가 지나서 서로에게 메시지를 남길 수 있는 서비스가 본격적으로 제공되었고 페이스북은 점점 온라인 커뮤니티를 넘어 소셜 미디어 서비스로 자리 잡기 시작했다. 그 후 페이스북은 빠른 속도로 성장하며 1년 정도 지난 시점에는 가입 가능한 대학 수가 800여 개로 늘어났다. 대학생뿐만 아니라 고등학생까지도 가입을 할 수 있게 되었다. 출시한 지 3년이 지나자 이용자 수는 1,000만 명을 훌쩍 뛰어넘었다. 페이스북은 소규모의 사용자 그룹을 대상으로 안정적인 서비스를 제공하면서 점진적으로 사용자 그룹을 확대하는 전략을 취했다.

페이스북은 이렇게 큰 규모의 사용자 그룹을 확보하자 본격적인 플랫폼으로 발전하기 시작했다. 2007년 페이스북은 외부 개발자들에게 페이스북에서 사용 가능한 응용프로그램을 개발할 수 있는 인터페이스(Application Programming Interface: API)를 제공했다. 즉 페이스북이 가지고 있는 정보를 읽고 활용하여 사용자에게 유용한 서비스를 만들 수 있는 도구를 제공한 것이다. 이런 도구를 이용하여 외부 개발자는 게임을 비롯한 다양한 유틸리티 앱을 개발하여 페이스북 사용자에게 판매했다.

개발자 그룹을 끌어들이면서 페이스북이 원했던 것은 크게 두 가지다. 첫째, 온라인 커뮤니티에서 온라인 소셜미디어 플랫폼으로의 전환을 통하여 다음 성장을 위한 선순환을 만드는 것이다. 외부 개발자가 다양한 앱을 만들어 사용자의 페이스북 사용을 도우면 사용자가 페이스북을 통해서 받는 효용이 더욱 커진다. 이는 사용자 수의 증가로 이어지고 더 많은 개발자를 모을 수 있게 된다. 즉 사용자 그룹과 개발자 그룹 간 양의 네트워크 효과를 이끌어 낼 수 있다. 둘째, 사용자가 앱을 구매하면서 지불한 금액의 일부를 수수료로 받아서 거대해지는 사이트 운영비를 마련하는 것이다. 하지만 이런 페이스북의 계획은 그리 성공적이지 못했다. 앞에서 살펴본 것처럼 페이스북의 수수료 수입은 광고 수입의 몇 퍼센트에 불과하다. 예전에는 학생들에게 페이스북을 사용하냐고 물어보면 거의 다 그렇다고 답을 했다. 그렇지만 페이스북에서 앱을 구매한 적이 있는 학생은 본 적이 없다. 일부 앱은 성공했을 수도 있지만 전체적으로 페이스북 앱의 시장 규모는 제한적이다.

개발자를 끌어들여 앱 생태계를 활성화시키지는 못했지만 페이스북은 거대한 사용자 그룹을 바탕으로 광고주를 끌어들여 다면 시장을 만드는 데는 성공했다. 사용자 그룹과 개발자 그룹 및 광고주 그룹을 연결한 것이다. 페이스북은 2023년 광고 수익으로만 1,320억 달러 정도를 벌어들였다. 1달러를 1,300원으로 계산하면 거의 180

조 원이라는 수익을 거둔 것이다. 구글 다음으로 온라인 광고 시장에서 가장 큰돈을 벌어들이는 기업이 되었다.

페이스북과는 달리 온라인 광고 시장을 통한 수입보다는 자체적인 부가 서비스를 통하여 수입을 확보한 온라인 커뮤니티도 있다. 싸이월드는 온라인상에서 개인별로 미니홈피를 가질 수 있게 했고 도토리라는 가상 화폐를 도입했다. 당시 2030세대는 미니홈피를 꾸미고 일촌을 맺은 친구들에게 선물하기 위하여 기꺼이 돈을 주고 도토리를 구매했다. 도토리 판매를 통한 매출이 2009년에는 1,000억 원을 넘었다. 하지만 아이러니하게도 싸이월드는 2009년을 정점으로 조금씩 하락하기 시작했다.[14]

싸이월드는 성공적인 온라인 커뮤니티 서비스를 바탕으로 소셜미디어 플랫폼이 될 기회를 놓쳤다. 단면 시장 안에 갇혀 도토리 판매 수익의 달콤함에 빠져 있었다. 국내 시장의 한계를 극복하고자 해외 진출을 꾀하였지만 진출한 국가별로 독립적인 서비스를 시행하면서 국내 사용자를 바탕으로 해외 사용자를 끌어모을 수 있는 네트워크 효과를 전혀 활용하지 못했다. 싸이월드가 단면 시장에서 그치지 않고 외부 개발자나 광고주를 잘 끌어들일 수 있었다면 적어도 국내 시장에서는 독보적인 소셜미디어 플랫폼으로 성장할 수 있었을 것이다. 싸이월드는 일촌 맺기 등을 통하여 온라인상 인맥을 확장할 수 있는 서비스를 페이스북보다 훨씬 이른 시점에 선보였다. 하지만 거

---

14 중앙일보, 2012, "'1,000억 매출이'···페북에 밀린 '도토리 왕국'"

기까지였다. 가상 화폐였던 도토리의 매출이 증가하는 것에는 한계가 있다는 것을 미리 인지하고 플랫폼으로의 진화를 꿈꾸었다면 다른 길을 가지 않았을까 하는 아쉬움이 남는다.

무료 모바일 메시지 서비스에서 모바일 플랫폼으로: 카카오톡

카카오톡은 스마트폰에서 무료로 사용할 수 있는 메시징 서비스로 2010년 3월에 출시됐다. 카카오톡은 출시된 후 1년 만에 3,000만 명에 가까운 사용자를 확보할 정도로 빠른 속도로 성장했다. SK텔레콤, KT, LG 유플러스와 같은 무선통신 회사들은 스마트폰이 보급되는 대세에도 여전히 메시징 서비스를 유료로 제공하고 있었다. 그리고 다자간 메시지를 손쉽게 교환하는 것이 불가능했다. 이를 무료로 가능하게 한 것이 바로 카카오톡이다. 스마트폰 시장이 붐을 일으키는 시점에 사용자들이 필요로 한 메시징 서비스를 시장에 내놓았다. 한 가지 짚고 넘어갈 것은 카카오톡 자체만으로는 플랫폼이라고 볼 수 없다. 사용자 그룹 내의 네트워크 효과만 존재하기 때문이다. 카카오톡에 가입하는 이유는 가족이나 친구 또는 직장 동료 등이 가입되어 있기 때문이다. 더 많은 지인이 가입할수록 카카오톡에서 느끼는 효용은 커진다.

카카오톡은 거대한 사용자 그룹을 바탕으로 모바일 플랫폼으로 진화했다. 카카오톡은 구조상 플랫폼 위의 플랫폼 또는 다른 플랫폼을 기반으로 한 플랫폼으로 여길 수 있다(그림 3-1 참조). 카카오톡은 스마트폰 앱으로 모바일 운영체제인 구글의 안드로이드나 애플의 iOS 를 통하여 사용자에게 연결된다. 이렇게 사용자와 앱 개발자를 연결하는 플랫폼인 모바일 운영체제를 기반으로 카카오톡은 동작하기에 플랫폼 위의 플랫폼이라고 볼 수 있다. 카카오톡은 첫 연결 대상으로 모바일 게임 개발자를 2012년에 끌어들였다. 카카오게임즈를 통하여 사용자는 손쉽게 각종 모바일 게임을 즐기게 되었다. 모바일 게임 개발자는 카카오게임즈 플랫폼을 통하여 많은 사용자를 만날 수 있기에 마다할 이유가 전혀 없었다. 카카오게임즈 플랫폼에서 인기 있는 게임이 되면 성공한 것이나 다름없다. 이렇게 카카오톡은 무료 메시징 서비스를 통하여 확보한 충성 고객과 게임 업체를 연결하여 플랫폼 비즈니스에 발을 들였다.

카카오톡은 게임에서 그치지 않고 지난 10여 년 동안 다양한 영역에서 플랫폼으로의 진화를 이루었다. 2013년에는 카카오페이지라는 모바일 콘텐츠 플랫폼 서비스를 통하여 웹툰, 웹소설 등을 서비스하

[그림 3-1] 모바일 운영체제 위의 플랫폼, 카카오톡

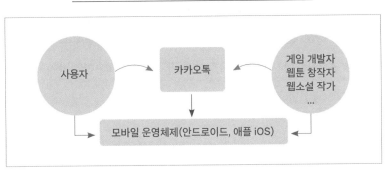

기 시작했다. 2014년에는 간편 결제 시장에 진출하여 금융 플랫폼으로의 진화도 꿈꾸기 시작했다. 이외에도 카카오톡은 선물하기와 쇼핑 등 다양한 서비스를 제공하며 다양한 그룹을 사용자 그룹과 연결한다. 카카오톡은 종합적인 모바일 플랫폼으로 진화했다.

카카오톡도 페이스북처럼 한쪽 그룹을 확보한 후에 다른 그룹을 끌어들이는 나누어 정복하기 전략을 취했다.[15] 플랫폼이 되기 위하여 두 그룹 중 한쪽 그룹을 먼저 확보한 후에 나머지 그룹을 끌어들이는 것이다. 이와 달리 처음부터 두 그룹을 연결시켜 플랫폼 비즈니스를 바로 시작할 수도 있다. 기존에 존재하지 않던 중개 서비스를 제공하거나 기존의 중개 서비스를 대체함으로써 가능하다.

존재하지 않던 중개 서비스 제공하기

이베이는 1995년 미국에서 온라인 중고 물품 경매 사이트로 출발하여 첫해부터 흑자를 냈다. 온라인 경매 서비스는 큰 투자가 필요하지 않았고 재고에 대한 비용도 따로 들지 않기에 가능한 일이었다. 이베이는 중고 물품을 사는 사람과 파는 사람을 연결하고 수수료를 챙겼다. 즉 거래할 수 있는 시스템만 잘 운영한다면 안정적인 마진을 확보할 수 있었던 것이다.

---

15   B. Jullien, American Economic Journal: Microeconomics, 3, no. 4 (2011): 186-219
      "Competition in multi-sided markets: Divide and conquer"

이베이가 이렇게 성공적으로 안착할 수 있었던 이유는 무엇일까? 미국에는 중고 물품 거래에 진심인 사람들이 꽤 있다. 오래된 가구를 모으는 수집가도 있고 집 안에 필요 없는 물건을 정리하는 사람도 많다. 이들은 정기적으로 열리는 벼룩시장에서 거래를 한다. 가끔씩 벼룩시장에서 산 물건이 엄청나게 비싼 진품이었다는 기사를 접할 때가 있다. 벼룩시장 외에도 집에 있는 필요 없는 물건을 모아서 파는 차고 판매(Garage Sale)나 이사로 인하여 물건을 파는 이사 판매(Moving Sale)도 있다. 꽤 좋은 물건을 싼 가격에 팔기 때문에 나도 미국에서 이용해 본 적이 있다. 요즘에는 Craigslist와 같은 온라인 플랫폼을 이용해서 차고나 이사 판매 물건을 쉽게 검색할 수 있다. 심지어 고인의 물건을 파는 Estate Sale도 있다. 지금 내 연구실에 있는 그림 2개는 아내가 스탠퍼드 근처의 한 Estate Sale에서 산 것이다. 이렇게 자신이 거주하는 지역 내에서는 중고 물품을 사거나 팔 기회가 많지만 다른 지역의 물품을 거래하는 것은 어려웠다. 하지만 이베이가 등장하면서 지리적 시간적 제약 없이 안전하게 거래할 수 있는 방법이 생겼다. 가령 미국 서부 캘리포니아주에 있는 사람이 동부 뉴욕에 있는 사람이 올린 중고 시계를 손쉽고 안전하게 살 수 있게 된 것이다.

이베이는 중고 물품의 가격을 합리적으로 정하기 위하여 경매 방식을 도입했다. 중고 물품은 새 제품과 달리 합리적인 가격을 정하기 어렵다. 경매라는 방식을 통하여 가격이 수요와 공급에 의하여 결정되도록 한 것이다. 해당 중고 물품을 원하는 사람이 많을 경우 판매자는 더 높은 가격에 팔 수 있고, 반대로 원하는 사람이 적을 경우 구매자는 좋은 가격에 살 수 있다. 또한 비슷한 중고 물품이 많다면 낙찰가가 낮아질 수도 있다.

자신이 원하는 물건을 미국 전역에서 찾을 수 있고 안전하게 거래할 수 있는 지불 시스템이 갖추어진 이베이는 매일 열리는, 다양한 물건을 살 수 있는 벼룩시장을 제공했던 것이다. 가격 흥정은 경매가 알아서 하기 때문에 골머리 아플 일도 없다. 집에 있는 물건을 처분하고 싶은 사람도 훨씬 더 많은 구매자가 기다리고 있는 이베이를 마다할 이유가 없다. 바로 이것이 이베이가 첫해부터 인기를 끈 이유다.

이베이가 2007년에 인수했던 Stubhub도 이전에는 없던 티켓 중개 서비스를 제공하는 플랫폼으로 바로 시작했다. Stubhub는 운동경기나 콘서트 티켓을 교환하거나 사고팔 수 있는 플랫폼으로 스탠퍼드 비즈니스 스쿨 학생이었던 에릭 베이커와 제프 플러가 2000년에 창업했다. Stubhub가 설립되기 이전에도 이베이 등을 통해서 구매한 티켓을 사거나 팔 수 있었다. 하지만 그 티켓이 진짜인지에 대한 책임은 구매한 소비자에게 있었다. 경기가 열리는 곳 근처에서 암표상으로부터 표를 살 수도 있다. 하지만 암표를 사는 것은 어딘지 모르게 무섭거나 찜찜한 구석이 있다. 그리고 원하는 좌석을 적당한 가격에 살 수 있다는 보장이 없다. 우리나라도 한국시리즈가 열릴 때는 암표상이 경기장 근처에 서성거려 단속 대상이 되기도 한다. 이렇게 음지에 있는 티켓 재판매를 온라인 사이트에서 합법적으로 가능하게 한 것이 바로 Stubhub다.

기존의 중개 서비스 대체하기

온라인 여행 에이전시(Online Travel Agency: OTA)는 기존의 오프라인 여행사를 대체하면서 플랫폼이 되었다. 1990년대까지만 해도 오프라인 여행사를 통해야 비행기표나 호텔 방을 예약할 수 있었다. 여행사에 원하는 지역과 일정을 이야기하면 여행사 직원이 SABRE와 같은 항공기 좌석 예약 시스템을 검색하여 고객의 여행 일정에 맞는 비행기표를 예약해 주었다. SABRE는 1960년대 아메리칸 항공에서 도입한 실시간 좌석 예약 시스템이다. 그런데 이런 여행사를 이용할 경우 불편한 부분이 있었다. 모든 옵션을 보고 가격이나 일정을 비교하면서 가능한 자신에게 가장 잘 맞는 선택을 하는 것이 어려웠다. 여행 일정이 유동적일 경우에는 날짜를 변경하면서 최적의 여행 경로나 가격을 찾는 것이 불가능했다.

인터넷의 등장으로 항공기 좌석 예약 시스템과 고객을 바로 연결하는 것이 가능해졌고 1996년 아메리칸 항공은 온라인 여행 에이전시인 Travelocity를 시작했다. 마이크로소프트도 같은 해에 Expedia를 설립했다. 뒤를 이어 컨티넨탈, 델타, 노스웨스트, 유나이티드 항공사도 Orbitz라는 온라인 여행 에이전시를 2001년에 세운다. 미국에서 공부하던 2000년대 초반에는 주로 Orbitz나 Travelocity를 이용해서 비행기표를 사곤 했다. 항공사 홈페이지에 일일이 들어가는 것보다 한곳에서 가격 비교를 쉽게 할 수 있어서 편했다. 이후 Expedia가 Travelocity와 Orbitz를 모두 인수했다. 온라인 여행 에이전시는 기존의 여행사를 건너뛰어 SABRE와 같은 예약 시스템을 고객이 직접 이용할 수 있게 된 점에서 탈중개 (disintermediation) 서비스 플랫폼으로 생각해 볼 수 있다. 온라인 여행 에이전시를 통하여 소비자가 직접 가격을 비교하면서 여행 일정을 조정하고 적절한 비행기표나 호텔 방을 예약할 수 있게 된 것이다.

온라인 여행 에이전시의 등장으로 기존의 오프라인 여행사는 사라졌을까? 그렇지 않다. 기업 고객은 보통 더 높은 수수료를 주더라도 주로 오프라인 여행사를 이용한다. 복잡한 경로의 해외여행을 예약할 때는 오프라인 여행사가 편리할 수 있다. 홈쇼핑 등을 통해서 판매되는 패키지 상품의 경우는 오프라인 여행사를 이용하는 경우가 많다. 무엇보다도 비교하는 과정을 거쳐서 직접 표를 사는 수고를 하고 싶지 않은 고객은 여전히 오프라인 여행사를 선호한다. 또한 사람들 중에는 온라인 여행 에이전시와 오프라인 여행사를 번갈아 이용할 수도 있다. 이렇게 오프라인 여행사에 대한 수요가 존재하기 때문에 두 플랫폼은 공존할 것으로 예상된다. 물론 인터넷이나 모바일 환경에 익숙한 고객이 늘어날수록 오프라인 여행사를 찾는 수요는 줄어들 것이다.

나아가서 ChatGPT와 같은 생성형 AI 기술이 여행 관련 예약 서비스에 접목된다면 오프라인 여행사는 물론 온라인 여행 에이전시도 소비자와의 접점에서 멀어질 수 있다. ChatGPT가 소비자와 온라인 여행 에이전시를 연결하는 플랫폼과 유사한 역할을 하게 될 수도 있다. 현재의 온라인 여행 에이전시는 가격 비교 등을 할 수 있는 자료를 제시하지만 여전히 최적의 결정을 내리는 것은 고객이다. 그런데 ChatGPT가 대화를 통하여 자동으로 최적화된 예약을 찾는 수준에까지 이른다면 온라인 여행 에이전시를 방문하는 고객의 수는 줄어들 것이다.

탈중개 서비스를 제공하는 다른 예로 온라인 부동산 중개 플랫폼을 들 수 있다. 온라인 부동산 중개 사이트나 앱이 없었던 예전에는 집을 매매하려면 오프라인 부동산 중개업소를 거쳐야 했다. 집을 임차하는 경우에도 부동산 중개업소를 일일이 찾아다니면서 발품을 팔아야 했다. 이런 불편함을 없애 준 것이 바로 집주인과 매수인(임차인)을 연결하는 온라인 부동산 중개 서비스다. 집주인 그룹과 매수인 그룹은 서로 양의 그룹 간 네트워크 효과를 주기 때문에 부동산 중개 서비스는 당연히 플랫폼이다. 한국은 2010년대 들어오면서 직방과 다방 같은 온라인 부동산 중개 앱이 나오기 시작했다. 때로는 기존의 부동산 중개업자와 고객을 연결시켜 주기도 한다. 네이버 부동산 서비스는 직접 중개는 하지 않지만 공인중개사가 올린 매물을 보여준다. 네이버 부동산은 매수인과 공인중개사를 연결하는 플랫폼이다.

부동산 앱을 통하여 거래할 경우, 수수료가 아예 없거나 상대적으로 저렴한 경우가 많아 경제적으로 매력적인 옵션이다. 2006년에 세워진 미국의 대표적인 온라인 부동산 중개 플랫폼 Zillow는 집주인이나 매수인에게 별도의 수수료를 부과하지 않는다. 매물이 눈에 더 잘 들어오게 하는 효과를 원하면 돈을 내야 하지만 기본적으로 매물을 올리는 것은 무료다.

　온라인 부동산 중개 플랫폼은 고객에게 매물 정보를 모아서 주기 때문에 정보 통합 제공자(information aggregator) 역할도 한다. 그림 3-2는 Zillow에서 미국 샌디에이고 지역의 라호야 근처 매물을 살펴보았을 때 나오는 결과다. 가격, 방과 욕실의 개수, 집의 형태(단독주택, 아파트, 타운하우스 등) 등을 지정하면 당신이 원하는 집을 찾아볼 수 있다. 좀 더 상세한 필터 기능도 제공한다. 언제 들어갈 예정인지, 크기는 구체적으로 얼마 정도를 원하는지, 지은 지 얼마나 되었는지, 지하실이 있는지, 개나 고양이를 키울 수 있는지 등을 지정하여 원하

[그림 3-2] 온라인 부동산 중개 플랫폼 Zillow 사이트

(출처: Zillow)

는 매물을 빨리 찾을 수 있도록 도와준다. 부동산 중개인이 하던 고객 요구에 맞는 매물을 찾는 일을 대신하고 있다.

나도 Zillow 덕분에 수수료 없이 미국에서 살 집을 찾은 적이 있다. 2006년 12월 말에 1년 예정으로 샌디에이고 캘리포니아 주립 대학을 방문하게 되었다. 한국을 떠나기 전에 미국에서 머물 집을 인터넷 사이트나 커뮤니티 등을 통하여 알아보았다. 부동산 업체가 관리하는 타운하우스는 한국에서도 쉽게 계약할 수 있었다. 그런데 관리비 등을 포함한 집세가 상당히 비싸고 주변 환경이 어떤지를 한국에서 알기 어려웠다. 그래서 고민하다가 샌디에이고에 도착해 일주일 정도 호텔에 머물면서 직접 발품을 팔아 집을 찾기로 했다. 그런데 여기서 한 가지 생각하지 못했던 문제가 생겼다. 샌디에이고에 도착한 시점이 크리스마스가 되기 일주일 전이어서 매물도 많지 않았고 많은 집주인들이 휴가를 떠난 터였다. 어쩌다가 괜찮은 집이 있어서 연락을 해도 거절당하기만 했다. 일주일이 거의 다 되도록 집이 구해지지 않아 관리형 타운하우스에 그냥 들어가야 하나 고민을 할 때였다. 아이 셋을 챙겨야 하는 아내도 지친 상태였다. 호텔에서 주는 미국식 아침도 질리기 시작했다. 크리스마스 전날 아침을 먹다가 샌디에이고에 휴가를 온 남자와 몇 마디를 나누었다. 사정을 듣더니 행운을 빈다면서 아마 좋은 크리스마스 선물을 받을 거라고 했다. 무슨 말이냐고 되물었더니 집을 찾을 수 있을 것이라고 덕담을 건넨 것이라고 했다. 그래서였을까? 크리스마스 전날에도 Zillow에 올라온 집을 보고 있는데 마침 집주인이 직접 올린 괜찮은 곳이 눈에 들어

왔다. 가격도 괜찮고 공원 바로 옆이어서 아이들이 놀기에 정말 좋아 보였다. 집을 보고 싶다고 메시지를 보냈지만 크리스마스라 연락이 안 올까 봐 걱정이 되었다. 다행히도 크리스마스 날 집을 볼 수 있었고 바로 계약까지 마쳤다. 그 집이 진짜 크리스마스 선물이 된 셈이었다. 집주인은 12월이 되어 오리건주로 급하게 이사를 가면서 집을 중개업자에게 맡기지 않고 Zillow에 내놓았는데 마침 나와 연락이 된 것이었다. 더군다나 집주인과 나는 둘 다 수수료를 내지 않았다.

　보통의 매물 거래에 대해서는 수수료를 받지 않는 Zillow가 어떻게 돈을 벌 수 있었을까? 매출을 보면 사실 Zillow의 수입에 대해서는 걱정할 필요가 없다. Zillow는 2015년에 인수한 온라인 부동산 플랫폼인 Trulia를 비롯해 몇 개의 자회사를 거느리면서 매출이 2조 원(2023년 기준)에 가까운 큰 그룹이 되었다. 매출의 상당 부분은 광고에서 발생한다. 예를 들어 Zillow를 방문하는 사람들의 시선을 끌기 위하여 중개업자나 집주인은 별도의 수수료를 내고 자신의 매물이 눈에 잘 띄게 노출한다. 대출 업체는 집을 사려는 고객에게 필요한 대출 서비스를 광고한다. 이외에도 집 매매를 위한 집수리 및 관리 업체 등도 광고를 한다. Zillow를 방문하는 집주인이나 매수인, 임차인 모두 매력적인 잠재 고객이기 때문이다.

　한국처럼 공동주택에서 사는 비중이 높을 경우 부동산 중개 업무는 어느 정도 표준화될 수 있기 때문에 온라인 부동산 중개 플랫폼의 성장 가능성이 높다. 소비자를 어느 정도 확보했다면 집 관련 부가 서비스 업체를 플랫폼으로 끌어들일 수도 있다. 부동산 매입에 따른 대출, 인테리어 및 이사에 관련된 사업자를 모으면 된다. 이렇게 부동산 관련 사업을 소비자와 연결한 온라인 부동산 중개 플랫폼은 부동산 중개업의 영역을 뛰어넘어 종합 부동산 플랫폼으로 진화할 수 있다.

　온라인 이사 중개 플랫폼도 관련 정보를 통합하여 제공하면서 기존의 중개 서비스를 대체하고 있다. 온라인 이사 중개 플랫폼은 고객이 대략적인 이삿짐의 양과 필요한 서비스를 지정하면 해당 지역에서 활동하는 이사 업체를 추천해 준다. 예전에는 동네 상가를 모아 놓은 소개 책자에 소개되거나 부동산 중개업소에서 추천한 이사 업체에 일일이 전화를 걸어 견적을 받곤 했다. 물론 인터넷 검색을 통하여 이사 업체를 찾기도 한다. 이사 중개 앱을 이용하면 이제는 한 번의 검색으로 조건에 맞는 몇 개의 후보 이사 업체 정보와 기존 고객의 리뷰를 볼 수 있다. 시간과 노력을 줄이는 혜택을 받지만 이사를 하는 고객은 별도의 수수료를 내지 않는다. 단지 어떤 이사 업체랑 계약을 맺었는지만 중개 플랫폼에 알려 주면 된다. 그러면 중개 업체는 계약을 맺은 이사 업체로부터 일정액의 수수료를 받는다.

　수수료를 내는데 이사 업체는 왜 온라인 중개 플랫폼을 이용하는 것일까? 기존의 고객을 잘 관리하거나 전단지를 배포하여 영업을 하면 되지 않을까? 예전에 이사 중개 앱을 사용하여 이사 업체를 골랐던 적이 있다. 견적을 내기 위해 방문한 영업 사원에게 이사 중개 앱을 사용하여 영업을 하는 이유를 물어보았다. 영업 사원은 중개 플랫폼을 이용하지 않으면 새로운 이사 고객을 꾸준하게 확보할 수 없다고 했다. 이사는 보통 몇 년마다 한 번씩 하는 것이라 단골 고객을 확보한다는 것이 매출을 일으키는 데 큰 도움을 주지 못한다고 했다. 이사 중개 앱은 이사 업체에 충분한 수요를 연결시켜 주기 위해서 이사 고객에게는 수수료를 받지 않는 것이다. 이런 비대칭적인 중개 서비스 가격 구조는 플랫폼이 자리를 잡기 위해서 고려해야 하는 중요한 전략 중 하나다.

○

플랫폼 성장 전략, 비대칭 가격 구조

비대칭적인 가격 구조에 대해 플랫폼이 고민해야 하는 이유를 잘 보여주는 대표적인 예로 에어비앤비를 들 수 있다. 우선 에어비앤비는 앞에서 살펴본 플랫폼이 되는 방법 중 어디에 속할까? 자신이 거주하는 집의 방이나 집 전체를 여행객에게 빌려주는 서비스가 예전에 있었을까? 아니다. 에어비앤비는 기존에 존재하지 않던 숙소 중개 서비스를 제공하는 플랫폼으로 시작했다. 에어비앤비가 없던 시절에는 여행할 때 지낼 수 있는 곳이 주로 호텔이나 모텔과 같은 숙박 시설이었다. 이런 숙박 시설은 서비스가 어느 정도 표준화되어 있어서 일정 수준의 정해진 가격에 머무를 수 있다는 장점이 있다. 호텔 방은 청소나 세탁 서비스 등을 받을 수 있어 편하지만 가정집과 같은 편안함과 그 지역만의 느낌을 경험하기는 어렵다. 음식을 해 먹는 일에도 제약이 있는 경우가 대부분이다. 어느 지역에 행사가 몰릴 경우에는 호텔 방을 구하는 것이 어려울 때도 있다. 그때 근처 빈방이나 집을 빌릴 수 있다면, 그것도 저렴한 가격에 가능하다면 여행객 입장에서는 솔깃할 수밖에 없다.

에어비앤비를 창업한 브라이언과 조는 월세가 올라서 고민하던 중에 집의 빈 공간을 여행객에게 제공하기로 결심한다. 2007년 당시 샌프란시스코에서 열린 디자인 학회에 참석할 사람들이 호텔 예약에 어려움을 겪는다는 것을 알았기 때문이다. 여분의 침대가 없었기 때문에 빈 공간에 공기를 주입해서 사용하는 airbed를 놓고 아침(breakfast)을 제공했다. 저렴한 가격에 숙박한 사람들의 반응이 예상보다 좋았다. 이에 아이디어를 얻은 그들은 2008년 프로그래머인 네이선을 영입하면서 정식으로 사이트를 만들었다. 처음에는 이름을 Airbedandbreakfast.com으로 지었다가 2009년에 Airbnb로 부르게 된다.

에어비앤비를 이용해 본 적이 있는데 결제 단계에서 깜짝 놀랐던 적이 있다. 강원도 바닷가 근처의 조그마한 집을 하루 정도 빌리려고 봤더니 결제 금액의 10퍼센트가 넘는 돈이 수수료로 부과된 것이었다. 순간 에어비앤비의 수수료 구조가 궁금하여 찾아보니 에어비앤비는 집주인에게는 3퍼센트 정도의 수수료만 매기고 있었다. 에어비앤비는 왜 집을 이용하는 손님에게 더 많은 수수료를 부과하는 가격 구조를 가지게 되었을까?

이런 비대칭적인 가격 구조를 이해하려면 에어비앤비가 초기에 극복해야 했던 닭과 달걀의 문제를 떠올리면 된다. 에어비앤비는 숙박

할 곳을 찾는 여행객과 집이나 방을 빌려줄 수 있는 주인을 연결하는 플랫폼 역할을 한다. 당연히 여행객이 많이 이용할수록 에어비앤비를 통하여 집을 빌려주고 싶은 주인도 증가할 것이다. 반대로 에어비앤비에서 찾을 수 있는 집이 많이 올라와 있어 가격, 서비스 및 위치 등에서 많은 옵션을 제공할수록 더 많은 여행객이 에어비앤비를 찾게 될 것이다. 에어비앤비가 플랫폼을 시작하려고 할 때 여행객과 집주인 중 어느 그룹을 먼저 확보해야 했을까? 집을 빌려줄 수 있는 집주인 그룹이었을 것이다. 그들이 없다면 이용객을 모을 수 없기 때문이다. 그래서 집을 빌려주는 주인에게는 낮은 수수료를 매긴 것이다. 집을 빌려주는 대가로 주인은 숙박료를 받기 때문에 3퍼센트보다 높은 수수료를 부과할 수도 있었다. 만약 그렇게 했다면 에어비앤비는 충분히 많은 수의 집주인을 확보하지 못해서 닭과 달걀의 문제를 극복하지 못했을 수도 있다. 플랫폼의 성격에 따라서 에어비앤비처럼 특정 그룹을 먼저 확보해야 한다면 해당 그룹을 우대해야 한다.

그러면 여행객은 10퍼센트가 넘는 수수료를 비싸다고 생각하지 않을까? 에어비앤비에서는 기존의 호텔 등과 같은 전형적인 숙박업소에서 느끼지 못하는 독특한 경험, 서비스나 편의성 등을 즐길 수 있기 때문에 어느 정도의 수수료를 내더라도 이용할 만한 가치를 느낄 수 있다. 게다가 호텔을 이용할 경우에도 최종적으로 지불할 금액을 보면 원래 숙박료의 통상 10퍼센트를 초과하는 금액이 수수료로 붙는다. 그렇기 때문에 에어비앤비의 수수료도 그리 높지 않다고 느낄 수 있다. 재미있는 것은 에어비앤비를 이용한 경험이 있는 사람들에게 수수료가 얼마인지를 물었을 때, 잘 모르는 경우가 생각보다 많았다. 여행객은 최종 가격에는 민감하지만 그 안에 포함된 수수료에 대해서는 신경 쓰지 않는 듯하다.

플랫폼의 성장을 위해서는 에어비앤비처럼 가격을 비대칭적으로 적절하게 설정하는 것이 필수다. 집을 공유하는 주인에게는 낮은 수수료를 부과하여 더 많은 사람들이 자신의 집을 에어비앤비를 통하여 공유하기를 유도한다. 이에 반해 손님으로 집을 이용하는 여행객에게는 10퍼센트가 넘는 수수료를 받으므로 플랫폼 수입의 상당 부분은 여행객 그룹으로부터 나온다고 볼 수 있다. 즉 에어비앤비는 집 주인을 우대하고 여행객에게 서비스에 대한 대가를 요구하는 비대칭적인 수수료 정책을 가지고 있다.

비대칭적인 가격 구조는 규제에 따라 우대 그룹이 달라질 수도 있다. 부동산 중개업의 경우 나라에 따라 중개 수수료를 더 내는 그룹이 다르다. 미국에서는 집을 파는 사람이 모든 수수료를 부담한다. 매도인이 자신의 중개업자와 매수인의 중개업자에게 각각 3퍼센트의 수수료를 낸다. 집을 10억 원에 팔았다면 총 6,000만 원의 수수료를 지불해야 한다. 한국에서는 10억 원에 집을 거래할 경우 매도인과 매수인이 각각 자신의 중개업자에게만 500만 원 정도를 내면 된다. 한국은 매도인과 매수인이 각자의 중개인과 협의하는 구조다. 캐나다와 영국은 미국과 마찬가지로 매도인이 수수료를 전부 부담한다. 한편 프랑스, 독일, 일본은 매도인과 매수인이 협의하여 수수료를 부담한다.[16] 이렇게 국가에 따라 부동산 중개 수수료를 부담하는 그룹과 방식이 다르다. 이렇게 같은 성격의 플랫폼도 지역에 따라 다른 가격 구조를 가질 수 있다.

부동산 중개 수수료 수준은 중개업자가 하는 일의 범위에 따라서 달라질 수 있다. 앞서 언급한 대로 미국의 중개 수수료는 한국과 비교하여 현저하게 높다. 수수료가 높은 만큼 미국 중개업자는 한국 중개업자보다 하는 일이 더 많다. 집을 어떤 식으로 꾸미고 수리하여 잘 팔리게 할 것인지부터 시작하여 거래 전반에 걸친 많은 영역을 책임진다. 수리 업체와 인테리어 업체를 연결해 주거나 아예 수리하는 과정을 책임지고 맡기도 한다. 미국은 단독주택이 많아서 집을 팔기 전에 하는 실사 작업에도 관여한다. 실사를 통해서 드러난 문제를 수리할 것인지 아니면 가격에 반영할 것인지 등도 조언을 해 준다. 매도인이 판매로 인한 차익을 볼 수 있기 때문에 매도인이 모든 수수료를 부담하는 것으로 보인다. 매도인이 수수료를 부담함으로써 더 많은 사람들이 집을 보러 온다는 장점이 있다. 이렇듯 미국은 매도인 수수료가 상당히 높기 때문에 Zillow와 같은 온라인 부동산 중개 플랫폼을 이용하여 직접 집을 팔거나 임대하려는 수요가 있는 것이다. 나에게 샌디에이고에서 집을 빌려준 집주인처럼 말이다.

부동산 중개료를 부담하는 그룹이 나라에 따라 다른 것처럼 플랫폼의 가격 구조는 플랫폼 비즈니스 환경에 따라 변할 수 있다. 그렇

16　노명현, 2020

[표 3-1] 양면 시장의 가격 구조

플랫폼 유형	수수료가 없거나 적게 내는 그룹 (subsidy side)	수수료를 많이 내는 그룹 (money side)
신용카드	카드 사용자	가맹점
음식 배달 서비스	사용자	음식점
비디오 게임기	사용자	개발자(Xbox: 30%)
온라인 시장	구매자	판매자
MS Windows	개발자	사용자
PC, 모바일 앱 스토어	사용자	개발자
공유 숙박	집주인(에어비앤비: 3~4%)	여행객(에어비앤비: 13~14%)
신문	구독자	광고주
부동산 중개 (미국, 캐나다, 영국)	매수인, 임차인	매도인, 임대인
공유 라이드	승객 (우버: booking fee $2)	운전자 (우버: service fee 25%)

지만 어느 정도 일반적인 특징도 있다. 우선 표 3-1을 통하여 다양한 양면 시장의 수수료 구조를 훑어보자. 플랫폼별로 수수료를 내지 않는 그룹과 많이 내는 그룹으로 나누어져 있다.

플랫폼은 혜택을 주는 면과 돈을 버는 면을 연결한다

플랫폼은 연결하는 두 그룹 중 어느 한 그룹으로부터 수익을 얻는 경우가 대부분이다. 신용카드 회사는 카드 사용자에게는 현금 대신 쓸 수 있는 편리함을 제공하면서도 그에 대한 수수료를 받지 않는다. 대신 가맹점은 거래 금액의 1~2퍼센트 정도를 수수료로 낸다. 신용카드 회사는 이 수수료를 주 수입원으로 삼아 운영 비용을 충당한다. 수수료 이외에도 카드 사용자가 현금 서비스나 대출을 받을 때 내는 이자도 신용카드 회사의 수익이 된다. 그렇지만 이자 수익은 매칭의 대가로 받는 것은 아니다. 카드 사용자는 연회비를 내기 때문에 혜택만 받는 쪽은 아니지 않냐고 반문할 수 있다. 사용자가 연회비를 내는 이유는 카드 회사가 보통 할인이나 포인트 적립과 같은 별도의 혜택을 주기 때문이다. 이런 혜택을 경제적으로 따져 보면 보통 연회비를 능가한다. 그리고 무엇보다도 신용카드 중에는 연회비가 없거나 아주 적은 경우가 많다. 그러므로 카드 사용자 그룹을 보조금(subsidy)을 받는다는 의미에서 subsidy side, 가맹점 그룹을 돈을 벌게 한다는 의미에서 money side라고 부른다.

Money side인 수수료를 많이 내는 그룹은 플랫폼을 통하여 서비스를 제공하는 경우가 대부분이다. 보통 온라인 시장에서 물건을 파는 판매자는 보통 거래 금액의 3~15퍼센트 사이의 수수료를 낸다. 마이크로소프트 윈도우에서 앱을 파는 개발자는 5퍼센트 정도의 수수료를 낸다. 신문의 경우는 광고를 통하여 제품이나 서비스를 알리고자 하는 광고주가 대부분의 신문 수익을 책임진다. 플랫폼을 통하여 수익을 얻는 그룹이 더 많은 수수료를 부담하면서 money side가 되는 것이다. 그렇지만 항상 그런 것은 아니다. 공유 숙박 중개업을 하는 에어비앤비는 집을 공유하는 주인보다 여행객에게 훨씬 더 높은 수수료를 부과한다.

플랫폼은 먼저 끌어들여야 하는 그룹에 혜택을 준다

플랫폼은 에어비앤비처럼 서비스 초기에 특정 그룹을 확보해야 한다면 해당 그룹에게 좋은 조건을 제공해야 한다. 플랫폼 초기에는 상대 그룹의 크기가 작아서 그룹 간 네트워크 효과에 기댈 수 없기 때문이다. 특히 특정 그룹이 플랫폼 이외의 다른 옵션을 가지고 있을 경우에는 수수료를 낮게 부과해야 한다. 에어비앤비가 만약 집주인에게 높은 수수료를 부과한다면 집주인은 Craigslist처럼 수수료가 없는 온라인 부동산 거래 플랫폼을 선택하여 단기 임대할 사람을 찾을 수도 있다.

에어비앤비와 유사하게 플랫폼을 통하여 돈을 버는 그룹에 더 나은 조건을 내세웠던 경우로는 마이크로소프트의 PC 운영체제인 윈도우를 들 수 있다. 윈도우는 개발자에게 소프트웨어 개발 도구(Software Development Kit: SDK)를 무료로 배포했다. 반면에 사용자는 윈도우를 제값 주고 사야 했다. 많은 사용자가 윈도우만 직접 사 본 경험이 없어서 컴퓨터를 살 때 윈도우에 대한 가격을 지불한 기억이 없을 것이다. 이미 조립된 브랜드 컴퓨터를 사거나 노트북을 살 경우에는 컴퓨터 가격에 윈도우 가격이 포함되어 있기 때문이다. 실제로 윈도우를 별도로 사기 위해서는 제품에 따라 20만 원 이상의 가격을 지불해야 한다. 그러면 왜 마이크로소프트는 개발자에게 무료로 개발 도구를 주었을까? 애플과는 달리 마이크로소프트는 하드웨어를 개발하거나 대부분의 응용 소프트웨어를 만들려고 하지 않았다.[17] 다른 기업을 통하여 윈도우 구동에 필요한 하드웨어 및 소프트웨어를 사용자에게 제공하려고 노력했다. 즉 마이크로소프트는 운영체제를 지금 이야기하고 있는 플랫폼의 형태로 제공했던 것이다. 윈도우에 기반한 컴퓨터가 다른 운영체제보다 더 나은 위치를 선점하려면 참여하는 하드웨어 및 소프트웨어 업체의 수를 늘려야 했다. 이를 위해서 마이크로소프트는 개발자 그룹에게 무료로 소프트웨어 개발 도구를 제공하는 혜택을 주었던 것이다. 사용자를 모으기 위해서는 하드웨어 및 소프트웨어 업체를 먼저 확보하는 것이 필요했다.

---

17 애플은 처음부터 컴퓨터 하드웨어 및 운영체제를 비롯한 주요 소프트웨어를 직접 개발하여 컴퓨터를 판매했다. 2006년 애플은 그동안의 관행을 깨고 윈도우 운영체제를 맥에 설치할 수 있는 부트캠프라는 소프트웨어를 제공하기 시작했다. 그러나 여전히 윈도우와 비교하면 상대적으로 다른 하드웨어 및 소프트웨어 기업에 닫혀 있다.

플랫폼은 가격에 민감한 그룹에 혜택을 주어야 한다

플랫폼은 가격에 민감한 그룹을 우대하는 경향이 있다. 가격에 민감한 그룹에 속한 사용자는 높은 수수료를 부과하게 될 경우 플랫폼에서 이탈할 가능성이 높다. 보통은 서비스를 이용하는 개인 사용자들이 가격에 민감한 편이다. 공유 라이드 플랫폼인 미국의 우버나 리프트는 승객에게는 낮은 수수료를 매기는 편이다. 왜냐하면 수수료가 높아질 경우 승객은 일반 택시를 이용할 가능성이 높다. 경쟁 중인 마이크로소프트의 Xbox나 소니의 플레이스테이션과 같은 비디오 게임기는 사용자에게 원가와 비슷하거나 더 낮은 가격에 판매한다. 이런 의미에서 사용자 그룹이 혜택을 받는 쪽이다. 가격이 높을 경우, 사용자는 낮은 가격에 살 수 있는 비디오 게임기를 선택할 가능성이 있기 때문이다.

플랫폼의 성장에 비대칭적인 가격이 걸림돌이 되는 경우가 있다. 단면 시장에서 무료 서비스 제공 등으로 임계량 이상의 사용자를 확보한 서비스 제공자라도 가격을 잘못 설정하면 플랫폼이 될 기회를 놓칠 수 있다. 무료 서비스를 통하여 사용자를 확보하면 운영 자금이 부족할 때가 있기 때문이다. 이때 서비스를 운영할 자금을 얻기 위하여 가격에 민감한 그룹에 수수료를 부과할 경우, 해당 그룹의 사용자가 떠날 가능성이 있다.

가격에 민감한 사용자에게 수수료를 부과하면서 붕괴된 온라인 커뮤니티 서비스로 프리챌을 들 수 있다. 프리챌은 1999년 설립되어

학교 동문 및 소규모 모임 등을 위한 온라인 커뮤니티를 무료로 제공했다. 사이트 개시 초기에는 막대한 마케팅 자금을 풀면서 회원을 확보했다. 강남역에서 길거리 프로모션을 통해 서비스를 알리기도 했다. 또한 사용자가 가입하여 연달아 퀴즈를 맞히면 상금을 주기도 했다. 2002년에는 1,000만 명에 달하는 회원과 100만 개가 넘는 온라인 커뮤니티를 확보했다. 프리챌은 운영자금을 확보하기 위하여 2002년 11월부터 커뮤니티 운영자에게 월별 3,000원씩을 받기로 결정한다. 부담스러운 금액은 아니었다. 커피 한 잔 정도의 가격이었다. 하지만 인터넷에서 무료로 제공되는 서비스에 익숙한 사용자들은 크게 반발했고 싸이월드와 같은 다른 커뮤니티 서비스로 이동했다. 이로 인하여 프리챌은 큰 타격을 입었고 2003년에 새롬기술에 인수되었다. 프리챌은 이탈한 사용자를 다시 모으는 데 실패하면서 2013년에 마침표를 찍었다.

프리챌은 확보한 거대 사용자 그룹을 바탕으로 소셜미디어 플랫폼으로의 진화를 꾀할 수 있었다. 프리챌은 플랫폼이 극복해야 하는 닭과 달걀의 문제를 이미 극복한 상태였기 때문이다. 거대한 사용자 그룹을 바탕으로 광고주나 앱 개발자 등을 끌어들여 수익을 확보할 수도 있었다. 그러나 2002년 11월 당시 프리챌의 재정 상황은 심각했고 최후의 보루로 무료 제공 서비스를 유료화시켰다. 그렇지만 구글 다음으로 전 세계에서 가장 많은 온라인 광고 수익을 올리고 있는 페이스북을 보면 이때 내린 결정은 아쉬운 결과를 가져오고 말았다.

플랫폼이 닭과 달걀의 문제를 극복하고 성장의 길로 들어서면 마주할 수밖에 없는 또 하나의 관문이 있다. 그것은 바로 다른 플랫폼과의 경쟁이다. 처음 시장을 개척한 플랫폼이든 나중에 들어온 플랫폼이든 경쟁자는 생기기 마련이다. 당신이 새로운 플랫폼 비즈니스를 계획하고 있다면 기존 플랫폼과의 경쟁에서 살아남을 가능성을 파악하는 것은 매우 중요하다. 다음 장에서는 플랫폼 경쟁의 결과를 미리 예측할 수 있는 방법을 알아보자.

플랫폼 경쟁:
승자 독식과 멀티호밍

다수의 플랫폼이 경쟁하는 경우 궁극적으로는 하나의 플랫폼만 남아 승자 독식을 하게 될까? 플랫폼이 연결하는 그룹 간 양의 네트워크 효과가 강할 경우, 사용자 수가 적은 플랫폼이 새로운 사용자를 모으는 것은 쉽지 않다. 그래서 경쟁에서 앞선 플랫폼은 전체 시장을 다 가져갈 수도 있다. 다음 기사에서도 승자 독식이 가능한 이유가 네트워크 효과에 있다고 설명한다.[18]

　　"일반적으로 플랫폼 사업은 '승자 독식'으로 귀결되기 쉽다. '양면 시장' 구조를 갖기 때문이다. (중략) 양면 시장의 특징은 특정 플랫폼에 고객 그룹이 많으면 많을수록 다른 고객 그룹도 같은 플랫폼에 몰

18　함승민, KDI 경제정보센터, 2017, "왜 플랫폼 사업은 '승자 독식' 구조일까?"

리는 현상이 나타난다는 것이다. (중략) 한 고객 집단이 커지면 다른 집단도 커지고, 다시 원래 고객 집단이 커지는 선순환이 발생하는 것이다. 그러나 선순환에 들어간 플랫폼으로 고객이 쏠린다는 것은 다른 경쟁 플랫폼으로는 흘러갈 고객이 없다는 말이기도 하다. 결국 선순환에 먼저 들어선 플랫폼이 시장을 장악하고, 나머지 플랫폼은 퇴출되는 수순을 밟는다."

신문이나 잡지를 읽다 보면 승자 독식을 플랫폼 경쟁의 결과로 받아들이는 경우를 찾을 수 있다. 아래 기사의 일부를 살펴보자.[19]

"플랫폼은 네트워크 효과에 의해 작동한다. 규모의 경제, 범위의 경제가 힘을 발휘하는 '승자 독식(winner takes all)' 경제다. 따라서 플랫폼 기업들은 기회가 오는 대로 영역을 확대하려 하기 마련이다."

두 기사를 읽은 독자는 승자 독식이라는 결과가 플랫폼 경쟁에서 항상 발생한다고 믿을 수 있다. 하지만 실제 플랫폼 경쟁의 결과, 여러 개의 플랫폼이 공존하는 경우도 있다. 주변에서 이런 경우를 생각보다 쉽게 찾을 수 있다. 이번 장에서는 승자 독식과 플랫폼 공존이라는 두 가지 상반된 경쟁의 결과가 어떤 비즈니스 환경에서 일어나는지 알아보자.

---

19   한인재, 동아비즈니스리뷰, 2012, "'오픈' 플랫폼은 환상인가"

○

승자 독식

기술 표준 자체가 플랫폼이 되는 경우에는 승자 독식의 결과가 발생할 가능성이 매우 높다. 한번 채택된 기술 표준을 새로운 기술이 대체하는 것은 어렵기 때문이다. 기술 표준을 사용하는 그룹과 이에 따른 제품을 만들어 내는 그룹 사이에는 매우 강한 양의 네트워크 효과가 있어 기존의 표준을 대체하려는 새로운 기술이 아무리 뛰어나도 닭과 달걀의 문제를 극복할 수 없다.

기술 표준이 곧 플랫폼이 되어 시장을 독식하는 예를 찾아보자. 먼저 사용자와 개발자를 연결하는 플랫폼인 마이크로소프트의 윈도우는 전체 PC 운영체제 시장의 80퍼센트 이상을 차지한다. 실질적인 PC 운영체제의 표준이라고 볼 수 있다. 맥을 쓰는 사용자가 늘었다고는 하지만 전 세계 PC 운영체제 시장의 10퍼센트를 넘지 못하는 수준이다.[20] 대부분의 컴퓨터 사용자가 사용하는 쿼티 키보드(QWERTY 순으로 자판이 배열된 키보드)도 일종의 플랫폼으로 생각할 수 있다. 쿼티 키보드를 사용하는 그룹을 한쪽에 두고 다른 쪽에는 쿼티 키보드를 생산하는 회사를 다른 쪽에 두면 양면 시장을 이루게 된다. 1980~90년대에 영화를 집에서 보기 위한 비디오카세트 플레이어 시장의 경우도 JVC의 Video Home System(VHS)이 소니의

---

20 추현우, 2020

Beta 포맷을 제치고 표준으로 자리 잡았다. 이런 기술 표준이 한번 시장에 자리 잡게 되면 다른 기술이 이를 대체하는 것은 거의 불가능하다.

JVC의 VHS 포맷은 왜 플랫폼일까? VHS 포맷을 이용해서 영화를 공급하는 제작사나 배급 업체 등의 공급자 그룹과 VHS 비디오카세트를 통하여 영화를 보는 사용자 그룹을 연결하기 때문이다. VHS 포맷을 이용하여 영화를 공급하는 업체가 많을수록 더 많은 영화를 볼 수 있기 때문에 해당 포맷을 이용하여 영화를 보고자 하는 사용자가 늘어난다. 반대로 VHS 플레이어를 구입하여 영화를 보려는 사용자가 늘어날수록 해당 포맷을 이용하여 영화를 배포하는 업체 수도 늘어난다. 이렇게 두 그룹은 서로에게 양의 네트워크 효과를 미친다.

기술 표준 시장에서 승자가 되는 플랫폼은 기술이 뛰어나서일까? 아니면 시장에 먼저 진출해서일까? 결론부터 이야기하자면 둘 다 성립하지 않는다. 먼저 기술이 경쟁 플랫폼보다 낮은 경우에도 승자가 된 예를 살펴보자.

PC 운영체제의 일인자인 윈도우가 애플에서 만든 운영체제인 맥OS보다 더 뛰어나지는 않다. 맥은 운영체제와 하드웨어를 동시에 만들기 때문에 시스템 최적화가 잘 되어 있다. 그리고 상대적으로 윈도우에 비해서 보안상 약점이 없다.[21] 미국에 유학하러 간 2000년대 초반 학교 도서관에서 맥을 처음 사용했다. 맥을 사용하는 방법을 잘

---

21   Karen Haslam, Macworld, 2019, "Mac vs PC"

몰랐기에 특별히 맥이 윈도우보다 더 낮다고 느끼지는 못했다. 그러다 맥이 2006년부터 윈도우를 설치할 수 있게 되면서 맥을 사용하기 시작했다. 처음에는 윈도우와 맥 OS를 동시에 사용했지만 2010년부터는 맥 OS를 주로 사용한다. 개인적으로 맥 OS가 사용자에게 주는 편리성과 시스템 안정성은 윈도우가 제공하는 것보다 더 우수하다고 생각한다. 컴퓨터 작업을 많이 하더라도 화질이 뛰어나 눈의 피로도가 적은 것도 장점이다. 물론 윈도우 기반의 PC를 구매하는 경우에는 원하는 옵션을 상대적으로 낮은 가격에 취할 수 있다는 장점은 있다. 하드웨어 공급자 그룹에 운영체제를 개방하여 다양한 제품이 시장에 존재하기 때문이다. 윈도우는 사용자의 요구에 맞추어 다양한 하드웨어 조합이 가능하다는 장점은 있지만 기술적으로 맥 OS를 능가한다고 보기는 어렵다.

쿼티 키보드 역시 타이핑의 효율성 및 정확성 측면에서 가장 우수한 형태의 키보드는 아니다. 오히려 쿼티 배열은 일부러 효율성을 떨어뜨린 디자인이다. 초기 타자기는 타이핑이 너무 빠를 때 발생하는 기계적 문제가 있었다. 이를 해결하기 위하여 자주 같이 쓰이는 알파벳을 간격을 두고 배치한 것이 쿼티 배열이다. 쿼티 타자기가 자리 잡은 후 30년 정도 지나서 드보락 타자기가 공개되었다(그림 4-1 참조). 1932년에 워싱턴 대학의 드보락(August Dvorak) 교수가 만든 이 배열은 글자를 더 빨리 입력할 수 있다. 자주 사용되는 알파벳 문자를 함께 두고 주로 사용하는 손이 왼손인지 오른손인지를 구분할 수 있어

[그림 4-1] 드보락 키보드

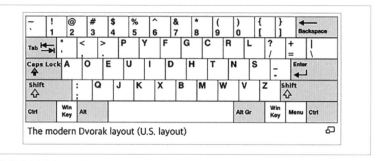

The modern Dvorak layout (U.S. layout)

(출처: 위키피디아, https://en.wikipedia.org/wiki/Dvorak_keyboard_layout#:~:text=Dvorak%20
%2F%CB%88dv%C9%94%CB%90r,de%20facto%20standard%20keyboard%20layout)

타이핑 속도와 정확성을 높였기 때문이다.[22]

비디오카세트 녹음기(Video Cassette Recorder: VCR) 시장에서 표준으
로 자리 잡은 JVC의 VHS도 소니의 Beta 포맷보다 기술적으로 우
위에 있지 않았다. 소니의 Beta 포맷으로 녹화된 영상의 화질이 VHS
포맷을 이용한 것보다 조금 더 우수하다고 알려져 있다. 심지어 Beta
포맷의 비디오카세트가 VHS 비디오카세트보다 더 작았다. 그러므로
기술이 뛰어나서 표준으로 자리 잡았다고 말하는 것은 어렵다.

그렇다면 JVC의 VHS가 소니의 Beta 포맷보다 먼저 시장에 진
출했을까? 아니다. JVC보다 소니가 VCR 시장에 먼저 진출했다. 소
니는 1970년대 초반에 U-Matic이라는 포맷으로 VCR 시장을 선도
하다가 1975년에 Beta 포맷을 내놓았다. 그 다음해인 1976년에야
JVC는 VHS 포맷으로 시장에 진출했다.[23] 1976년에는 Beta의 시장

---

22   T. Harford, BBC News, 2019, "How did the qwerty keyboard become so popular?"

23   M. A. Cusumano & Y. Mylonadis & R. S. Rosenbloom, Business history review, 66,

점유율이 61퍼센트로 더 높았지만 2년 후인 1978년에는 VHS가 60 퍼센트의 시장을 점유한다. 시장에 먼저 진출한 소니의 Beta 사용자가 처음에는 더 많았지만 시간이 지나면서 VCR 시장이 VHS로 기울어져 1988년이 되면 거의 모든 시장을 VHS가 차지한다.

마이크로소프트는 윈도우를 출시하면서 이전 버전과는 달리 그래픽 사용자 인터페이스(Graphical User Interface: GUI)를 도입했다. 텍스트 기반의 운영체제가 아니라서 명령어를 몰라도 사용자가 마우스를 이용해서 필요한 작업을 수행할 수 있다. 오늘날 사용하는 윈도우를 생각하면 된다. GUI를 처음 도입한 PC 운영체제는 윈도우였을까? 그렇지 않다. 애플은 GUI를 이용한 운영체제를 담은 매킨토시를 1984년에 출시했다. 마이크로소프트의 윈도우보다 2년가량 먼저 세상에 나왔다. 마이크로소프트는 맥 OS의 GUI와 유사한 윈도우 3.0을 1990년이 되어서야 출시했다. 실질적으로 마이크로소프트는 5년 정도 늦게 GUI 방식으로 구동하는 운영체제를 시장에 출시했다고 볼 수 있다.

쿼티 배열도 늦게 출시되었다. 쿼티 배열은 컴퓨터가 세상에 나오기 훨씬 전인 1800년대 후반 타자기에 먼저 사용되었다. 세상에 선보여진 배열 중 몇 번째 자판 구조일까? 놀랍게도 1868년 쿼티 타자기를 세상에 내놓은 크리스토퍼 숄스(Christopher L. Sholes)는 타자기를 발명한 52번째 사람이었다. 그만큼 다양한 배열의 자판을 가진 타

no. 1 (1992): 51-94, "Strategic maneuvering and mass-market dynamics: The triumph of VHS over Beta"

자기가 먼저 출시되었던 것이다. 이런 치열한 경쟁에서 살아남은 것이 쿼티 타자기다. 숄스가 만든 쿼티 타자기는 레밍턴의 표준 타자기(Remington Standard Typewriter)라는 이름으로 팔렸다. 그 당시 쿼티 타자기 가격은 125달러로 상당히 비쌌다. 업계 표준이 되면 큰돈을 벌수 있기에 경쟁이 매우 치열했다.

이렇게 JVC의 VHS, 마이크로소프트의 윈도우, 쿼티 배열 모두 경쟁 플랫폼보다 늦게 시장에 진출했다. 승자 독식의 경우 기술 표준 플랫폼 시장에 먼저 진출하는 것만이 능사는 아니라는 것이다. 그러면 VHS, 윈도우 및 쿼티 배열이 기술 표준으로 자리 잡게 된 배경은 무엇이었을까? 기술 표준 플랫폼으로 승자가 되기 위해서는 닭과 달걀의 문제를 해결하는 것에 집중해야 한다. 앞의 예를 통하여 알 수 있듯이 기술이 뛰어나다고 표준이 되지는 않는다. 대신 사용자 그룹이나 생산자 그룹 중 어느 한쪽을 확보하면 그룹 간 네트워크 효과에 의하여 다른 쪽 그룹을 키울 수 있다. 그러면 양쪽 그룹이 성장하는 선순환을 통해 해당 기술 플랫폼이 될 수 있다.

앞서 언급한 것처럼 쿼티 배열은 키보드에 쓰이기 전에 타자기의 표준이 되었다. 쿼티 타자기에 익숙한 사람들이 많아서 자연스럽게 컴퓨터 키보드도 쿼티 배열이 표준으로 자리 잡았다. 그러면 쿼티 배열은 어떻게 해서 타자기의 표준이 되었을까? 쿼티 타자기를 판매한 회사인 레밍턴은 쿼티 타자기에 익숙한 사람이 늘어나도록 노력했다. 쿼티 타자기가 경쟁을 벌인 1880년대에는 지금의 비싼 컴퓨터와 맞먹을 정도로 타자기가 비쌌다. 그리하여 타자기를 구매하려는 회사는 여러 종류의 타자기를 동시에 보유하지 못했다. 여러 종류의 타자기 중에서 회사는 직원들에게 익숙한 타자기를 구매할 수밖에 없었던 것이다. 새로 뽑은 비서가 회사에서 구입한 타자기 배열에 익숙하지 않으면 타이핑 업무의 효율이 떨어질 것이기 때문이다. 레밍턴은 영리하게도 사람들이 쿼티 배열을 익힐 수 있는 교육 프로그램을 제공했다. 더 많은 사람들이 쿼티 배열에 익숙해질수록 회사가 쿼티 타자기를 구매할 확률이 높아지기 때문이다. 비슷한 이유로 쿼티 타자기를 사용하는 회사가 많아질수록 쿼티 배열을 배우려는 사람들이 늘어났을 것이다. 닭과 달걀의 문제를 해결하기 위하여 레밍턴은 교육 프로그램을 먼저 제공했다.

마이크로소프트는 컴퓨터와 주변기기 생산자 및 응용프로그램 개발자에게 윈도우를 개방하여 생산자 그룹이 성장하도록 유도했다. 즉 윈도우가 장착된 컴퓨터나 주변기기 및 소프트웨어를 자유롭게 만들 수 있도록 유도한 것이다. 이에 반하여 애플은 자사의 운영체제를 담은 컴퓨터 맥을 판매하면서 한정된 업체만이 주변기기나 소프트웨어를 만들 수 있게 했다. 그리하여 시장에는 맥 OS보다 윈도우를 지원하는 기기나 소프트웨어를 만드는 업체가 늘어났다. 대학교에 입학했던 1994년을 돌이켜 보면 다양한 브랜드의 윈도우 기반 컴퓨터 브랜드가 시장에 있었다. 즉 대기업, 중소기업 가릴 것 없이 많은 업체가 CPU, 메인보드, 메모리 등을 조립하고 윈도우를 설치하여 판매했던 것이다. 윈도우의 생산자 그룹이 커지면서 가격이 낮아진 윈도우 기반의 다양한 컴퓨터가 시장에 출시되었다. 이에 윈도우 PC를 구매하는 사용자도 늘어났다.

현재 40대 및 이전 세대는 흔히 비디오테이프라고 불린 비디오카세트를 빌려서 영화를 본 경험이 있을 것이다. 나도 보고 싶은 영화가 담긴 비디오카세트를 빽빽한 진열대에서 찾았을 때 안도했던 기억이 있다. 그렇게 빌린 비디오카세트를 VCR에 넣고 TV에서 영화의 첫 화면이 나오는 그 찰나의 신기함과 기대감을 기억한다.[24] 때로는 막 극장에서 상영이 끝난 인기 영화를 보기 위해 대여점을 방문했지만 다른 사람들이 모든 비디오카세트를 빌려 가 버렸을 때는 무척 아쉽기도 했다. 내가 비디오카세트를 빌려 보던 1980년대 말에는 이미 JVC의 VHS가 Beta를 물리친 상태여서 2가지 다른 포맷의 비디오카세트가 있지는 않았다.

VHS와 Beta 간의 VCR 포맷 전쟁이 일어난 1970년대에는 두 포맷이 공존했다. 당시 비디오 대여점을 운영하는 주인은 한정된 공간에 더 많은 비디오카세트를 진열하고 싶었을 것이다. 1975년 초기 Beta 포맷의 비디오카세트는 1시간만 녹화가 가능했다. 당시 대부분의 영화는 1시간 반 정도였다. 그래서 영화 한 편을 Beta 포맷으로 녹화하려면 비디오카세트 2개가 필요했다. 하지만 1976년에 출시된 VHS 포맷은 1개의 비디오카세트로 영화 한 편을 담을 수 있었다. 비디오 대여점 주인은 당연히 VHS 포맷으로 저장된 비디오카세트를 진열하는 것을 선호했다. 영화제작사나 배급 업체도 비용 절감이 가

---

24 VCR은 비디오카세트에 영상을 녹화할 수 있는 기기이며 녹화된 내용을 볼 수 있는 기능도 제공했다.

능한 VHS 포맷을 쓰기 시작했다.

VHS와 Beta 포맷의 VCR 중에서 소비자는 어떤 VCR을 사게 되었을까? 화질 차이를 크게 느끼지 못한다면 비디오카세트 한 개로 영화도 볼 수 있고 장시간 TV 프로그램도 녹화 가능한 VHS VCR을 구입했을 것이다. 소니는 1977년에 2시간 녹화가 가능한 버전을 시장에 내놓았지만 마쓰시타(JVC의 모회사로 VHS VCR을 대량생산 했다)는 같은 해에 4시간 이상 녹화할 수 있는 VHS 버전을 출시했다. 야구나 미식축구처럼 장시간 열리는 스포츠 게임을 녹화하고 싶은 소비자는 VHS를 선택할 수밖에 없었다. 나아가서 JVC의 모회사인 마쓰시타는 VCR을 만들어 미국을 비롯한 해외에서는 다른 기업의 이름으로 팔리는 것을 허용했다. 소니는 이런 주문자상표부착생산 납품을 꺼려 했다. 소니의 이름으로 제품을 팔고 싶었던 것이다. 이런 차이는 VHS VCR이 Beta VCR보다 시장에 더 많이 풀리게 하는 효과를 가져왔다. 일례로 마쓰시타는 미국의 전자 기업인 RCA에 VHS VCR을 납품함으로써 미국 시장에서의 VHS 포맷 지배력을 높일 수 있었다. 이렇게 생산자와 사용자 그룹 모두 VHS 포맷으로 기울면서 VCR 표준 전쟁은 JVC의 승리로 끝이 났다.

Beta VCR의 초기 구매자는 나중에 VHS로 표준이 굳어지면서 상당한 불편함을 겪게 된다. 호환이 되지 않아 VHS 포맷으로 저장된 영상물을 보려면 VHS VCR을 별도로 구매할 수밖에 없었다. 잘 사용하지 않게 되면서 Beta VCR은 공간만 차지하는 애물단지가 되었다. 그렇지만 쓸모없다고 Beta VCR을 버린다면 기존의 비디오카세트에 담긴 중요한 순간을 볼 수 없다. 만약 결혼식을 Beta 포맷으로 녹화했다면 참으로 난감할 것이다. Beta VCR을 생산하거나 유통하던 업체는 많은 재고를 떠안았다. 이렇게 기술 표준이 정해지는 과정에서 시장에서 사라지는 기술을 선택한 사용자와 생산자는 모두 상당한 경제적 비용을 치르게 된다. 기술 표준 시장에서 사용자나 생산자가 다른 기술을 사용하려면 또 어떤 비용이 들까?

쿼티 배열이 아닌 다른 배열을 가진 키보드를 사용하려면 상당한 전환 비용(switching cost)을 지불해야 한다. 만약 사람들이 쿼티 키보드가 아닌 드보락 키보드를 이용해야 한다면 적어도 처음 며칠 동안 타자 연습을 해야 한다. 이후에도 몇 주 동안은 사람들의 타이핑이 느려 업무 효율이 떨어질 것이다. 한번 특정 형태의 키보드 배열에 익숙해지면 다른 키보드 배열로 옮겨 가는 것은 무척 힘들다. 제조업체도 마찬가지다. 이미 만들어진 금형이나 부품 등을 드보락 키보드 생산을 위한 형태로 바꾸어야 한다. 드보락 타자기가 1930년대에 발명되었을 때 기술적 우위에도 불구하고 사용자를 확보하지 못한 것도 이런 전환 비용 때문이었다. 드보락 타자기에 대한 수요가 충분하지 않은 상황에서 기존 타자기 제조업체는 드보락 타자기 생산에 나서기가 어려웠을 것이다.

새로운 PC 운영체제를 사용하려면 상당한 적응 시간과 투자가 필요하다. 앞에서도 이야기했지만 2002년 미국에 유학 가서 맥을 처음 도서관에서 접했을 때 당황스러웠다. 윈도우에서 사용하던 파일 탐색기처럼 C드라이브에 어떤 폴더가 있고 그 밑에 어떤 내용이 있는

지를 한눈에 알아보는 것이 쉽지 않았기 때문이다. 응용프로그램도 윈도우에서 찾던 것처럼 왼쪽 아래 모서리 부분을 클릭하면 다 볼 수 있는 것이 아니라 불편했다. 윈도우 사용에 익숙했던 나는 도서관에 있는 맥을 가끔 인터넷 서핑할 때만 잠시 사용했다. 이렇게 새로운 운영체제에 익숙해지려면 어느 정도 학습이 필요하고 이에 따른 시간과 노력이 든다. 이외에도 운영체제를 바꾸게 되면 사용 중인 응용프로그램을 새 운영체제에 맞추어 구입해야 한다. 어떤 경우에는 새 운영체제에 기존 응용프로그램이 아예 없거나 제대로 동작하지 않을 수도 있다.

○

싱글호밍(singlehoming) vs 멀티호밍(multihoming)

기술 표준 시장의 사용자는 한 개의 플랫폼을 채택하는 경향이 있다. 다른 플랫폼을 동시에 가지려면 중복 투자를 하거나 상당한 학습 및 전환 비용을 지불해야 하기 때문이다. 초창기 VCR 시장을 생각해 보면 사용자가 Beta와 VHS VCR을 동시에 보유하는 것은 어려웠다. 소니의 Beta가 처음 시장에 나온 1975년에는 VCR의 가격이 1,000달러가 넘을 정도로 고가의 전자 제품이었다. 그러므로 대다수의 사용자는 한 포맷의 VCR만 구입했다. VCR은 포맷 전쟁이 끝나 갈 무렵인 1985년이 되어서야 200~400달러 수준으로 가격이 떨어진다.[25] 이때는 이미 VHS가 시장을 장악한 상태였기에 사용자는 두 VCR을 동시에 보유할 필요가 없었다. 이렇게 사용자 그룹이 한 개의 플랫폼만 이용할 때 네트워크 경제학에서는 해당 그룹이 싱글호밍을 한다고 표현한다.

하나의 기술 표준이 시장을 차지하는 승자 독식은 사용자가 싱글호밍을 할 때만 가능하다. 사용자가 싱글호밍을 함에 따라 생산자 그룹도 점점 시장점유율이 높은 기술만 지원하는 싱글호밍을 하기 때문이다. VCR 포맷이 VHS로 기울어지면서부터는 대다수의 사용자가 VHS 포맷의 비디오카세트를 빌렸다. 비디오 대여점은 수익성이 떨어지는 Beta 포맷을 더 이상 들이지 않게 되었다. 키보드 배열이나 PC 운영체제 시장의 경우도 마찬가지다.

윈도우 95가 출시된 1995년에는 2개 이상의 PC 운영체제를 쓰는 사용자가 별로 없었다. 이때 컴퓨터에 관심이 많던 나의 친구들은 윈도우 95가 아닌 다른 운영체제인 IBM의 OS/2나 리눅스를 자신의 컴퓨터에 설치하곤 했다. 일반 사용자가 이런 운영체제를 별도로 설치하는 것은 어려웠다. 어느 정도 지식을 갖추어야 하고 시행착오를 겪어야 하기 때문이다. 애플 컴퓨터인 맥을 별도로 구입하는 것도 멀티호밍 하는 방법이 될 수 있다. 하지만 높은 가격으로 인하여 사용자가 별도로 맥을 구입하는 것은 경제적으로 만만치 않았다. 이

25 Chicago Tribune, 1985, "The VCR Boom: Prices drop as their popularity continues to grow"

런 경제적 부담과 별개로 윈도우 사용자는 특별히 다른 운영체제를 써야 할 필요성도 느끼지 못했다. 마이크로소프트의 윈도우 개방 정책으로 인하여 대부분의 소프트웨어 회사는 윈도우에서 작동하는 버전의 소프트웨어를 만들었기 때문이다.

PC 운영체제와는 달리 비디오 게임기 시장은 멀티호밍 사용자를 가지고 있다. 수업 시간에 학생들에게 어떤 비디오 게임기를 가지고 있는지 물어보았다. 일부 학생은 게임 스타일이 다른 Xbox와 Wii를 가지고 있다고 했다. 어떤 학생은 게임 스타일이 비슷한 Xbox와 플레이스테이션을 가지고 있었다. 이렇게 사용자가 2개 이상의 다른 게임기를 구매하는 멀티호밍을 하면 하나의 게임기가 시장을 독점하는 것이 어렵다. 어느 정도 사용자가 있는 한 해당 게임기에 맞도록 게임을 수정해서 배포할 게임 개발 회사가 있기 때문이다. 학술적으로도 멀티호밍 하는 사용자가 늘어날수록 신생 플랫폼이 생존할 확률이 높아진다고 알려져 있다.[26]

그러면 왜 비디오게임 사용자는 멀티호밍을 하는 것일까? 인기 있는 게임 중에서는 특정 게임기 회사와 독점 계약을 맺은 경우가 꽤 있기 때문이다. 가령 닌텐도의 유명 캐릭터 마리오를 이용한 운전 게임은 닌텐도 게임기에서만 할 수 있다. 마블의 스파이더맨은 플레이

---

26 Mingchun Sun and Edison Tse, Review of Network Economics 6, no. 1 (2007), "When does the winner take all in two-sided markets?"
    Kim Kihoon and Edison Tse, International Journal of Electronic Commerce 16, no. 1 (2011): 41-76, "Dynamic competition strategy for online knowledge-sharing platforms"

스테이션에서만 즐길 수 있으며 헤일로(Halo) 게임은 Xbox에서만 플레이가 가능하다. 이런 독점 게임을 모두 즐기고 싶은 사용자는 세 비디오 게임기를 모두 구입해야만 한다. 새로운 비디오 게임기를 구매하거나 익히는 데 따르는 비용이 그리 높지 않기 때문이다. 이에 비하여 PC 운영체제는 전환에 따른 비용이 크다. 윈도우 사용자가 맥 운영체제를 사용하려면 애플에서 판매하는 상대적으로 고가의 맥 컴퓨터를 별도로 구매해야 하고 사용법을 익히는 데 며칠 이상의 시간이 걸린다. 하지만 비디오 게임기는 컴퓨터에 비하면 저렴하다. 그리고 새로운 비디오 게임기를 익히는 것은 몇 시간이면 충분하다.

○

플랫폼의 공존

3개의 플랫폼이 공존하는 비디오 게임기 시장은 특별한 경우일까? 그렇지 않다. 사람들이 자주 사용하는 플랫폼 중에는 다른 플랫폼과 공존하는 경우가 의외로 많다. 어떤 경우에 다수의 플랫폼이 공존하는지를 한번 알아보자.

대표적인 예로 신용카드 플랫폼을 들 수 있다. 비자, 마스터카드, 아메리칸 익스프레스 등 글로벌 카드 플랫폼을 비롯하여 국내의 수많은 신용카드 회사를 보면 이 시장에 얼마나 많은 신용카드 플랫폼이 공존하는지를 알 수 있다. 신용카드 사용자는 보통 여러 개의 카드를 들고 다닌다. 가맹점 또한 대부분의 카드로 결제할 수 있다. 사용자와 가맹점 그룹 모두 멀티호밍 하는 것이다. 예외적으로 일부 유통 업체는 특정 신용카드만 받는 싱글호밍을 한다.

대형 할인 마트인 코스트코는 하나의 신용카드만 받는다. 지난 2019년 5월까지 한국의 코스트코에서는 물건을 사고 결제하려면 삼성카드만 사용할 수 있었다. 그 이후는 현대카드로만 결제할 수 있다.[27] 코스트코는 소매업자나 음식점 주인도 고객일 정도로 다양한 상품을 대량으로 판매한다. 가령 식빵을 사더라도 식빵이 6봉지 들어 있는 한 팩을 사야 한다. 그래서 일반 고객의 구매 금액은 상당히 높다. 코스트코는 2021년 매출이 5조 원을 넘었으며 카드 회사에게는 매우 중요한 가맹점이다. 그러므로 독점 계약을 맺는 대가로 코스트코는 낮은 수수료를 카드 회사에 요구한다. 다른 대형 마트보다 낮은 1퍼센트 이하의 수수료를 받기도 한다. 수수료가 낮아 코스트코는 더 높은 이익을 얻는다. 코스트코를 이용하고 싶은 사용자는 해당 카드가 없을 경우, 별도의 신용카드를 만들어야 하기 때문에 사실 불편할 수 있다. 물론 현금 결제가 가능하지만 물건을 대량으로 사는 코스트코 쇼핑의 특성상 꽤 많은 현금이 필요하다. 이런 불편함이 있음에도 불구하고 낮은 단위 가격에 좋은 물건을 살 수 있는 곳으로 알려지면서 코스트코는 1994년 한국에 진출한 이후로 꾸준히 성장했다. 1994년 당시 2,000억 원대였던 매출이 2023년에는 6조

---

27   차은지, 한국경제신문, 2018, "삼성카드, 코스트코 제휴 서비스 3대 할인점으로 변경"

6,000억 원으로 30배 이상 늘어났다.[28] 코스트코는 비단 한국에서만 신용카드 회사와 독점 계약을 맺은 것은 아니다. 미국의 경우에도 2016년까지는 아메리칸 익스프레스와, 그 이후로는 비자와 독점 계약을 맺고 있다.

사용자는 코스트코처럼 한정된 신용카드만 받는 가맹점을 이용할 경우를 대비하여 다수의 신용카드를 들고 다니는 것일까? 수업 시간에 학생들에게 왜 다수의 신용카드를 들고 다니는지를 물어보았다. 가맹점에 따라서 결제 가능한 신용카드가 다를 수 있다는 응답 외에도 개별 신용카드의 쓰임새가 다를 수 있다고 대답했다. 가맹점별로 신용카드에 따른 할인율이 다를 수 있다. 가령 놀이동산을 이용할 때 특정 신용카드를 사용하면 원래 입장료의 30~40퍼센트를 할인해 준다. 특정 카페나 온라인 쇼핑을 할 때도 할인을 받을 수 있는 신용카드가 있다. 어떤 카드는 특정 가맹점을 이용할 때 더 높은 캐시백 포인트를 줘서 나중에 현금처럼 사용할 수 있게 해 준다. 이렇게 각각의 신용카드가 유용하게 쓰이는 용도가 전부 다르다.

다수의 신용카드를 가지고 다니는 이유는 또 있다. 바로 다수의 신용카드를 통하여 사용자의 구매력을 일시적으로 높일 수 있기 때문이다. 카드는 보통 매월 일정 수준까지만 구매를 허용한다. 즉 개인별 실적이나 신용도 등에 따른 신용 한도(credit limit)가 있다. 카드를 여러 개 보유하면 이런 신용 한도가 높아지는 효과가 있다. 가령 고

---

28   코스트컴, 2023, "2023년 코스트코 코리아 매출과 현황 정리"

가의 자동차는 여러 개의 카드를 사용하여 구매할 수 있다.

신용카드로 주로 결제가 이루어지는 플랫폼인 온라인 시장도 여러 개가 공존한다. 미국에는 아마존, 이베이, 월마트 등의 대표적인 온라인 시장이 있다. 한국에는 옥션, G마켓, 쿠팡, 11번가, 네이버 쇼핑 등의 온라인 시장이 공존한다. 온라인 시장과 온라인 소매상(online retailer)은 구분 지을 필요가 있다. 온라인 시장은 구매자와 판매자를 연결하는 중개자 역할을 하고 주로 판매자로부터 수수료를 받는다. 온라인 소매상은 자신이 제품을 구매한 후에 이를 온라인을 통하여 구매자에게 판매를 한다. 제품이 팔릴 경우, 수수료가 아닌 가격과 원가 차이를 마진으로 번다. 온라인 소매상으로 출발하여 온라인 시장으로 진화한 아마존의 경우에는 2가지 역할을 동시에 하고 있다. 월마트, 쿠팡의 경우도 직매입한 제품을 판매하는 온라인 소매상과 오픈 마켓을 통한 온라인 시장의 역할을 동시에 한다. 정리하면 온라인 시장은 구매자와 판매자 간 네트워크 효과를 바탕으로 성장하는 양면 시장 플랫폼이지만, 온라인 소매상은 구매자 그룹에 서비스를 제공하는 단면 시장의 한 구성원이다.

온라인 시장이 연결하는 구매자와 판매자 그룹 모두 멀티호밍 하는 경향이 있다. 구매자는 사고 싶은 물건을 찾기 위해서나 더 좋은 가격에 구매하기 위하여 다수의 온라인 시장을 이용한다. 판매자는 더 많은 사용자에게 자신의 제품을 판매하기 위하여 다수의 온라인 시장에 제품을 등록하고 판매한다. 이런 멀티호밍 결과로 한 개의 플랫폼이 온라인 시장을 독점하기보다 다수의 온라인 시장이 공

[그림 4-2] 한국 온라인 시장 방문자 수

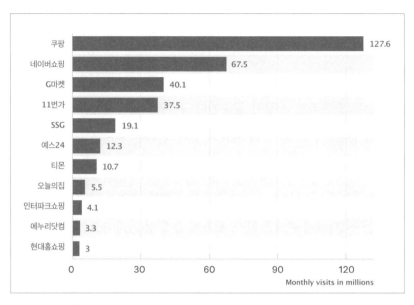

[그림 4-2] 한국 온라인 시장 방문자 수

(출처: Jost, Nina. "Leading South Korean online marketplaces as of October 2023, by monthly visits." Statistia, Nov. 21, 2023. Accessed Jan. 31, 2024)

존하는 것이다. 물론 시장점유율은 균등하기보다는 소수의 플랫폼이 장악할 수 있다. 미국의 경우 아마존의 시장점유율은 2017년 기준으로 40퍼센트에 육박할 정도로 시장의 상당 부분을 차지한다.[29] 한국의 경우 2020년 매출액 기준으로 살펴보면 네이버, 쿠팡, 이베이코리아(옥션, G마켓), 11번가, 위메프 순서대로 높은 매출 순위를 보이고 있다.[30] 그림 4-2에서 온라인 시장 방문자 숫자를 보면 쿠팡, 네

---

29   Statista, 2017, "Projected Retail E-Commerce GMV Share of Amazon in the United States from 2016 to 2021"

30   김타영, 포춘코리아, 2020, "쿠팡, 이베이, 롯데…유통가는 지금 오픈 마켓 경쟁 중"

이버 쇼핑, G마켓, 11번가, 신세계 등이 가장 많은 방문자 수를 기록하고 있다. 매출 규모나 방문자 수를 기준으로 보면 상위 3~4개 플랫폼이 온라인 시장의 상당 부분을 차지했다.

윈도우가 거의 독점하고 있는 PC 운영체제 시장과는 달리 모바일 운영체제 시장은 현재 구글의 안드로이드와 애플의 iOS가 양강 구도를 이루고 있다. 스마트폰이 시장에 나온 비교적 초기인 2012년 1분기에는 안드로이드와 iOS의 시장점유율이 각각 25퍼센트 정도였다. 노키아의 Symbian OS가 30퍼센트로 가장 많은 시장을 차지하고 있었다. 삼성에서 만든 OS가 5퍼센트, 블랙베리의 OS가 7퍼센트 정도 차지한, 다수의 플랫폼이 공존하는 상태였다. 안드로이드의 시장점유율이 계속 증가하면서 2016년 이후로는 70퍼센트를 조금 넘는 수준을 유지하고 있다. 애플의 iOS는 최근 들어 30퍼센트에 가까운 시장점유율을 가지고 있다. PC 운영체제와는 달리 2개의 모바일 운영체제가 공존하는 이유는 무엇일까?

PC 운영체제와 달리 사용자가 모바일 운영체제인 구글의 안드로이드에서 애플의 iOS로 또는 반대로 옮기는 것이 그리 어렵지 않다. 모바일 기기에서 하는 작업은 PC보다 단순한 작업이 많아서 새로운 운영체제 사용법을 배우는 것이 어렵지 않다. 사용자는 스마트폰으로 주로 전화나 메시징, 기사나 영상 등을 보기 때문이다. 물론 안드로이드 스마트폰에서 아이폰으로 넘어오면 기존 데이터를 옮기는 것이 번거로울 수는 있다. 하지만 요즘은 모바일 운영체제를 바꾸어도 즐겨 쓰는 앱 대부분을 그대로 사용할 수 있다. 인기 있는 앱의 개발자는 보통 안드로이드와 iOS에서 구동하는 버전을 따로 만드는 멀티호밍을 하기 때문이다. 일부 사용자는 두 운영체제를 동시에 쓰는 경우도 있다. 업무용으로는 안드로이드를 사용하고 개인적으로는 iOS를 사용할 수도 있다. 이렇게 상당수의 사용자와 앱 개발자가 두 운영체제를 동시에 또는 시간차를 두고 멀티호밍 한다. 이로 인하여 모바일 운영체제 시장은 안드로이드와 iOS로 양분되었다.

결국은 두 모바일 운영체제만 시장에 남을까? 지금은 안드로이드와 iOS가 시장의 상당 부분을 차지하지만 제3의 운영체제가 나올 가능성은 있다. 닌텐도 Wii는 플레이스테이션이나 Xbox와는 달리 가족끼리 가볍게 즐길 수 있는 플랫폼으로 성공했다. Wii처럼 안드로이드나 iOS보다 기능이 제한적이지만 손쉽게 사용할 수 있는 단순한 운영체제가 나올 수도 있지 않을까? 삼성이나 애플에서 나오는 최신 스마트폰은 가격이 100만 원을 훌쩍 넘을 정도로 비싸다. 이런 스마트폰을 구입하는 것은 마치 새로운 노트북을 구입하는 것이나 마찬가지여서 경제적인 부담이 크다. 소득이 낮은 사용자는 이런 최신 스마트폰을 구입할 경제적 여력이 없을 수도 있다. 이런 사용자를 위해서 경제적 부담이 덜한 모바일 운영체제가 나올 수 있지 않을까? 실제로 2017년에 출시된 KaiOS는 흔히 피처폰이라고 불리는 일반 휴대폰에 설치 가능한 모바일 운영체제다. 물리적 키패드가 있는 휴대폰에서 스마트폰의 일부 필수 기능을 사용할 수 있도록 하는 것이다. WhatsApp과 같은 메시징 앱이나 페이스북과 같은 소셜미디어 앱도 사용 가능하다. 피처폰이라 화면이 작긴 하지만 YouTube 시청

도 가능하다. KaiOS는 인도에서 한때 두 번째로 시장점유율이 높은 모바일 운영체제였다.[31]

○
호밍 행동의 변화

사용자의 호밍 경향은 시간이 지나면서 변할 수 있을까? VCR이나 DVD와 같은 새로운 기술이 등장할 때는 표준이 아직 정해지지 않은 상태라 호환이 불가능한 제품들이 시장에 있다. 이에 일부 사용자들은 멀티호밍을 하다가 표준이 이느 정도 정해지면서 싱글호밍을 하게 된다. VCR의 경우에도 초창기에는 소니의 Beta 포맷과 JVC의 VHS 포맷을 모두 지원하는 영화제작자나 비디오 대여점이 있었다. 그러다 시간이 흐르면서 VHS 포맷만을 지원하기 시작했다. Beta 포맷을 지원하지 않아서 놓치는 수요가 점점 줄어들었기 때문이다.

새로운 기술 변화에 따라 사용자는 싱글호밍을 하다가 멀티호밍을 하게 될 수도 있다. 인터넷이 대중화되기 시작한 1990년대에는 Netscape가 독보적인 브라우저였다. 하지만 마이크로소프트가 인터넷 익스플로러를 윈도우 95와 함께 팔기 시작하면서 Netscape의 자리를 인터넷 익스플로러가 위협하기 시작했다. 당시 윈도우 기반

---

31 Hadlee Simons, androidauthority, 2019, "I spent a week with a $17 KaiOS phone - here's what I learned"

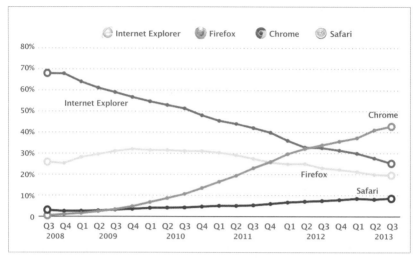

[그림 4-3] 주요 웹 브라우저의 시장점유율(2008~2013년)

의 컴퓨터를 사면 이미 인터넷 익스플로러가 설치된 상태였다. 사용
자들은 자연스럽게 Netscape에서 인터넷 익스플로러로 옮겨 간 것
이다. 2000년대부터는 인터넷 익스플로러가 거의 시장을 장악했다.
2008년까지도 인터넷 익스플로러의 시장점유율은 70퍼센트에 가까
웠고 두 번째로 큰 시장을 차지한 것은 Firefox였다. Firefox는 오픈
소스 소프트웨어로 집단 지성의 힘으로 만들어진 무료 웹 브라우저
다. 맥에 탑재된 사파리의 점유율은 5퍼센트가 되지 못했고 크롬의
시장점유율 또한 매우 낮았다. 그림 4-3은 2008년부터 2013년까지
주요 웹 브라우저의 시장점유율을 보여준다. 2013년이 되면 크롬이
40퍼센트 이상 시장을 점유하고 인터넷 익스플로러의 시장점유율은
30퍼센트 아래로 떨어진다. 사파리의 시장점유율은 10퍼센트로 성

장한다. 도대체 5년 사이에 어떤 변화가 있었기에 인터넷 익스플로러의 독보적인 위치가 무너진 것일까?

학생들에게 인터넷 익스플로러 대신에 다른 웹 브라우저를 사용하는 이유를 물어보면 성능상의 차이라고 답하는 경우가 많다. 가령 크롬이나 Firefox를 쓰는 이유는 더 빨리 웹 페이지가 로딩된다는 것이다. 이런 기술적인 차이로 인하여 인터넷 익스플로러의 시장점유율이 줄어들 수도 있다. 하지만 우리는 앞에서 기술적인 우위가 플랫폼 경쟁의 승리를 보장하지 못한다는 것을 키보드 배열과 VCR 포맷 경쟁을 통해 알게 되었다.

한 가지 짚고 넘어갈 것은 웹 브라우저는 일종의 플랫폼이다. 인터넷상에서 웹사이트를 만들어 정보를 제공하는 그룹과 웹사이트를 방문하여 정보를 찾고자 하는 그룹을 연결한다. 인터넷 익스플로러를 이용하는 사용자가 많을수록 정보 제공자는 인터넷 익스플로러에서 잘 작동되는 사이트를 개발할 것이다. 반대로 인터넷 익스플로러에서 잘 보여지는 사이트를 만드는 정보 제공자가 늘어날수록 더 많은 사용자는 인터넷 익스플로러를 이용할 것이다. PC 사용자의 절대다수가 인터넷 익스플로러를 쓰던 2008년 즈음에는 대부분의 사이트가 인터넷 익스플로러상에서 잘 보여지도록 만들어졌다. 점유율이 낮았던 크롬이나 사파리에서는 보기 불편한 사이트가 제법 있었다. 웹 브라우저가 가지는 플랫폼의 특성을 생각한다면 PC에서 인터넷 익스플로러만 사용하던 수많은 사용자들이 기술적인 열세로 인하여 다른 브라우저로 옮겨 갔다고 보기는 어렵다. 기술적 열세가 인

[그림 4-4] 글로벌 스마트폰 판매 대수(2007~2023년)

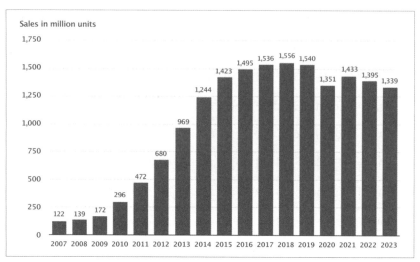

(출처: Laricchia, Federica. "Global smartphone sales to end users 2007 – 2022", Statista, July 21, 2023.)

터넷 익스플로러 몰락의 배후가 아니라면 사용자의 행동에 어떤 변화가 있었을까?

사용자가 멀티호밍 할 때는 여러 플랫폼이 공존할 수 있다는 것을 알았다. 그렇다면 PC에서 인터넷 익스플로러만 사용하던 사용자가 다른 웹 브라우저도 사용하게 된 계기가 2008년 전후로 있지 않았을까? 그림 4-3에서 한 가지 주목할 점은 2008년 당시 점유율이 낮았던 크롬과 사파리가 2010년이 지나면서 꾸준히 성장했다는 것이다. 특히 크롬의 성장은 괄목할 만하다. 본격적인 스마트폰 시대를 연 것은 2007년에 나온 아이폰 덕분이다. 2009년이 되면서 안드로이드 폰이 시장에 나오기 시작했고 스마트폰은 2010년 전후로 폭발적인 성장을 시작했다. 그림 4-4에서 알 수 있듯이 2008~2013년은 스마트폰 시장의 성장기였다. 애플의 아이폰에서 시작된 스마트폰 보급은 안드로이드를 탑재한 스마트폰의 급격한 성장으로 이어졌다.

스마트폰을 비롯한 모바일 기기의 성장은 웹 브라우저 시장에 근본적인 변화를 가져왔다. 그것은 바로 웹 사용자의 멀티호밍이다. 애플의 아이폰이나 아이패드에는 기본으로 사파리가 탑재되어 있다. 안드로이드 기반의 모바일 기기에는 크롬이 탑재되어 있다. 웹 사용자가 PC에서는 인터넷 익스플로러를 사용해도 모바일 기기에서는 사파리나 크롬을 사용하게 된 것이다. 이런 사용자 그룹의 멀티호밍으로 인하여 웹 개발자는 크롬이나 사파리 등에서도 잘 볼 수 있는 사이트를 개발하게 되었다. 웹 브라우저 간의 사이트 호환성이 높아진 것이다. 사용자 입장에서는 인터넷 익스플로러에서만 잘 사용할 수 있었던 사이트가 크롬이나 사파리 등에서도 잘 이용할 수 있다면 굳이 인터넷 익스플로러를 PC에서 고집할 필요가 없다. 그러면서 크롬과 사파리의 시장점유율이 모바일 기기의 성장과 더불어 증가했다. 크롬과 사파리가 브라우저 시장을 이끄는 것은 모바일 운영체제 시장이 안드로이드와 iOS로 양분되어 있기 때문이다. 전 세계 주요 웹 브라우저의 시장점유율 추세와 앞에서 살펴본 글로벌 모바일 운영체제 시장점유율 추세가 유사한 양상을 보이는 것도 이 때문이다.

후발 플랫폼의
생존 전략

인터넷 익스플로러가 웹 브라우저 시장의 선두를 빼앗긴 배경에는 사용자의 호밍 행동 변화가 있었다. 하나의 웹 브라우저만 사용했던 2000년대 초반과 달리 2010년 전후로 스마트폰이 보급되기 시작하면서 사람들은 사파리와 크롬도 사용하기 시작했다. 이런 멀티호밍으로 말미암아 인터넷 익스플로러는 크롬에게 추격당하고 급기야는 선두에서 밀려났다.

플랫폼 사용자가 멀티호밍을 할 경우 플랫폼들이 공존할 가능성이 높아진다. 사람들은 다양한 신용카드를 쓰기에 마스터카드, 비자 및 아메리칸 익스프레스와 같은 여러 신용카드 플랫폼이 공존한다. 두 종류 이상의 비디오 게임기를 보유한 사용자가 제법 있기 때문에 소니, 마이크로소프트 및 닌텐도가 공존한다. 즉 후발 플랫폼이 생존할 필요조건은 바로 사용자의 멀티호밍이다.

플랫폼 비즈니스에 뛰어드는 기업가라면 플랫폼의 성공 여부가 궁금할 것이다. 선도 플랫폼이라면 닭과 달걀의 문제를 해결할 구체적인 전략을 수립해야 한다. 만약 후발 주자라면 무엇을 체크해야 할까? 바로 잠재적 사용자들이 멀티호밍을 하고 있는지를 꼭 체크해야 한다. 멀티호밍을 하고 있다면 생존 가능성이 높다. 만약 싱글호밍하고 있다면 성공 가능성이 그리 높지 않다. 당장 짐을 싸는 것이 나을지도 모른다. 그래도 해당 플랫폼을 성공시키고 싶다면 기존 플랫폼 사용자를 당신의 플랫폼으로 이동하도록 유도해야 한다.

사용자의 멀티호밍을 유도할 수 있는 전략에는 어떤 것이 있을까? 크게 3가지 정도를 고려해야 한다. 첫째, 기존 플랫폼과 차별화될 새로운 가치를 사용자에게 준다. 둘째, 특정 공급자와 독점 계약을 맺은 상품이나 서비스를 제공한다. 끝으로 가격을 공격적으로 내려 사용자가 플랫폼을 부담 없이 이용하도록 유도한다. 이번 장에서는 후발 플랫폼이 취할 수 있는 이 3가지 생존 전략에 대하여 자세히 알아보도록 하자.

○

새로운 가치

2009년 7월 한 신문에 "토종 티맥스 윈도, MS 윈도에 도전장"이라는 기사가 났다.[32] 당시 티맥스는 아직 기술적인 문제 등으로 완성제품을 제대로 출시하지 못한 상태였다.

"(중략) 박 회장은 "한국에서 마이크로소프트(MS) 점유율이 99퍼센트에 달하는 상황이라는 점을 감안해 쉽게 티맥스 윈도를 익힐 수 있도록 기본적인 기능은 MS 윈도와 유사하게 설계했다"며 "앞으로 MS를 따라잡기 위한 티맥스만의 기능을 추가하겠다"고 말했다. MS 윈도가 20만 원 수준인 데 비해 티맥스 윈도는 10~15만 원 정도가 될 예정이다."

사실 티맥스 윈도가 잘 만들어졌다고 해도 성공하기는 어려웠을 것이다. PC 운영체제는 단순히 컴퓨터를 동작하게 하는 소프트웨어가 아니다. 앞에서 설명한 것처럼 PC 운영체제는 일종의 기술 표준 플랫폼으로 승자 독식의 법칙이 잘 적용된다. 무료로 배포해도 마이크로소프트의 윈도우를 사용하는 사용자가 굳이 시간을 들여 윈도우와 유사한 티맥스 윈도를 설치할 이유가 없다. 이런 반응을 예상한 응용프로그램 개발 회사는 굳이 티맥스 윈도를 위한 버전을 따로 만들지 않을 것이다.

티맥스 윈도가 생존하려면 윈도우가 제공하지 못하는 기능을 사용자에게 제공해야 한다. 새로운 기능을 경험하려는 티맥스 윈도 사

---

32   최광, 매일경제, 2009, "토종 티맥스 윈도, MS 윈도에 도전장"

용자가 늘어나면 티맥스 윈도에 관심을 가지는 응용프로그램 개발자가 나타난다. 이런 식으로 사용자 수가 임계량을 돌파하면 닭과 달걀의 문제를 해결하게 된다.

티맥스는 10여 년간의 여러 굴곡을 거쳐 2019년 티맥스 OS 홈 에디션을 출시했다. 일반인 사용자를 대상으로 무료 배포했다. 설치 후기를 보면 마이크로소프트의 워드, 파워포인트, 엑셀 등의 기능을 가진 자체 소프트웨어를 탑재하고 있어서 기본적인 업무용으로는 사용 가능해 보였다. 하지만 무료라도 티맥스 OS를 설치하려면 일정 시간의 노력과 테스트할 컴퓨터가 있어야 한다. 잘 사용 중인 컴퓨터에 단지 윈도우와 유사하고 무료라는 이유로 새 운영체제를 설치할 사용자를 찾기는 힘들다. 티맥스 OS가 생존하려면 어떤 가치를 사용자에게 제공해야 할까?

나는 티맥스 OS를 교육용으로 특화시키는 것을 추천한다. 요즘 아이들은 컴퓨터를 사용해야 할 수 있는 과제가 많다. 문제는 컴퓨터를 사용하다 보면 필요하지 않는 웹 서핑이나 YouTube 시청 등으로 시간을 낭비하는 경우가 생기기 마련이다. 어떤 부모들은 아이들의 컴퓨터 사용을 관리할 수 있는 프로그램을 쓰려고 매월 사용료를 지불한다. 티맥스 OS에 이런 컴퓨터 사용 관리 기능을 넣으면 어떨까? 무료 OS가 아이들의 컴퓨터 사용을 관리하고 유해 콘텐츠를 차단할 수 있다면 많은 부모들의 관심을 끌 수 있을 것이다. 나아가 아이들에게 필요한 교육용 소프트웨어를 교과서 출판사나 교육 콘텐츠 업체와 함께 개발할 수 있다. 때마침 정부는 학생들이 자신의 이해도에 맞추어 교육을 받을 수 있는 AI 교과서를 2025년부터 단계적으로 도입할 예정이다. 티맥스 OS가 설치된 노트북이나 태블릿을 컴퓨터 제조 기업과 공동으로 개발하여 학교에 보급하는 것은 어떨까? 티맥스가 진입하려는 PC 운영체제 시장은 사용자의 싱글호밍 경향이 강하기 때문에 후발 플랫폼이 생존하기 어렵다. 마이크로소프트의 윈도우와 비슷한 기능만 제공해서는 사용자의 멀티호밍을 이끌어 내기 어렵기 때문이다. 오히려 전반적인 기능은 떨어져도 윈도우가 제공하지 못하는 새로운 가치를 준다면 사용자의 멀티호밍을 유도할 수 있다.

새로운 가치를 제공하는 전략은 후발 플랫폼만 쓸 수 있는 것이 아니다. 먼저 진입했지만 시장점유율에서 뒤처지는 플랫폼도 새로운 가치를 제공하면 잃었던 고객을 되찾을 수 있다. 비디오 게임기 시장에서 '친구나 가족과 함께 즐길 수 있는 게임'으로 시장점유율을 회복했던 닌텐도에 대해서 알아보자. 닌텐도는 비디오 게임기 시장에 소니와 마이크로소프트보다 먼저 진출했다. 소니는 1994년에 플레이스테이션을 출시했다. 마이크로소프트는 2001년에 Xbox를 가지고 시장에 진출했다. 닌텐도는 훨씬 이전인 1977년에 미쓰비시와의 합작을 통하여 Color TV Game 6와 Color TV Game 15를 출시했다. 소니는 후발 주자였지만 2000년에 플레이스테이션 2를 출시하면서 시장을 주도하기 시작했다. Wii가 출시되기 직전인 2006년에는 소니가 60퍼센트가 넘는 시장을 장악하고 있었다. 소니에게 시장 주도권을 내주면서 닌텐도는 마치 후발 플랫폼인 것처럼 뒤처졌다. Wii

의 전 모델인 GameCube 판매량도 2003년을 정점으로 줄었다.

이때 닌텐도는 소니의 플레이스테이션 게임보다 더 좋은 그래픽과 정교함을 가진 게임으로 경쟁에서 이기려고 시도하지 않았다. 닌텐도는 플레이스테이션이나 마이크로소프트의 게임과는 전혀 다른 게임을 시장에 내놓았다. 그림 5-1은 2023년도 Wii 게임 타이틀 판매 순위를 보여준다. 상위권에 있는 Wii 스포츠, Wii 플레이, Wii 핏, Wii 파티 등의 게임은 기존의 닌텐도 게임과 달랐다. 우선 게임을 쉽게 배울 수 있었다. 여러 사람이 함께 시간을 보내기에 안성맞춤이었다. 이전에는 아이들이나 게임 마니아인 일부 성인들이 주로 게임을 했다면 이제는 온 가족이 함께 게임을 즐길 수 있게 되었다.

스포츠 게임을 예로 들어 보자. Wii 스포츠에서 제공하는 테니스, 탁구, 골프 등의 게임은 해당 스포츠를 잘 몰라도 바로 즐길 수 있을 만큼 쉽다. 이에 반하여 플레이스테이션에서 축구 게임을 즐기려면 초보자는 상당 시간의 학습 기간을 가져야 한다. 다양한 키 조합을 통하여 무리 없이 게임을 즐기는 방법을 익혀야 한다. 아이들과 방문한 호텔에서 플레이스테이션 축구 게임을 같이 하려고 몇 번 시도하다가 포기한 적이 있다. 언제 어떤 키를 눌러야 하는지 설명 없이는 알기가 어려웠다. 하지만 집에 있는 닌텐도의 Wii 스포츠 게임은 이런 어려움이 전혀 없다. 심지어 골프 같은 스포츠 게임은 정식으로 열심히 폼을 만들어서 하는 것보다 요령을 가지고 단순하게 게임 하는 것이 더 높은 점수를 낼 때도 많다. 이 때문에 골프를 배우지 않은 아이들도 쉽게 할 수 있는 것이다. 온 가족이 즐길 수 있는 비디오 게임 장르를 제공하여 이미 플레이스테이션이나 Xbox를 가진 사용자도 기꺼이 지갑을 열도록 한 것이다. 닌텐도의 이런 '쉽게 여럿이서 함께 즐길 수 있는 게임 제공'이라는 새로운 가치는 Wii의 성공적인 판매로 이어졌다.

닌텐도 Wii는 2006년에 시장에 출시되어 2013년에 단종되기까지 큰 인기를 얻었다. Wii가 나오기 이전 모델인 GameCube도 2001년에 시장에 출시되어 2003년과 2004년에는 500만 개가 넘는 카피가 팔렸다. 하지만 Wii의 성공에 비하면 상대적으로 적은 판매량이다. 2008년 Wii 판매량은 2,500만 개를 넘었다. 그림 5-2를 보면 Wii 판매량이 GameCube의 판매량을 훨씬 앞섰다는 것을 알

[그림 5-2] 닌텐도 비디오 게임기 판매 대수(1997~2023년)

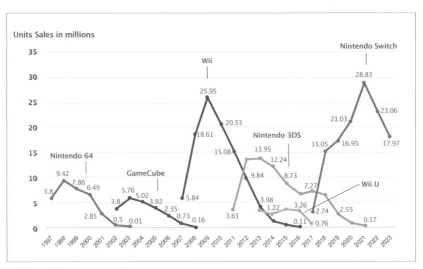

(출처: https://www.statista.com)

133

수 있다. 만약 닌텐도가 소니나 마이크로소프트의 게임처럼 화려하고 복잡한 게임을 지향했다면 이런 큰 성공을 거두지 못했을 것이다.

닌텐도 Wii는 탄탄한 사용자 그룹을 바탕으로 개발자 그룹을 성장시킬 수 있었다. 닌텐도는 Wii의 성공으로 2007년부터 3년 동안 비디오 게임기 시장의 50퍼센트 이상을 점유했다. 할 수 있는 게임 수도 직전 게임기였던 GameCube일 때보다 증가했다. 닌텐도 기업 설명 자료에 따르면 GameCube의 게임이 가장 많이 출시되었을 때는 2003년으로 미국 시장에서 159개의 게임이 출시되었다. Wii는 이를 뛰어넘어 2009년부터 2011년까지 매해 200개를 훌쩍 넘는 게임이 미국 시장에 출시되었다. 가장 많은 수의 게임이 출시된 2010년에는 292개의 게임이 시중에 나왔다. 이 중 닌텐도가 자체적으로 만든 게임은 10여 개에 불과하고 나머지는 모두 외부 게임 개발 회사에서 만들었다.

○
독점 계약

닌텐도가 새로운 비디오 게임 장르를 제공한 데 비하여 마이크로소프트의 Xbox 게임은 소니의 플레이스테이션 게임과 유사하다. 두 게임 모두 화려한 그래픽과 상세한 게임 스토리를 제공한다. 게임을 끝내기 위해서는 상당한 시간을 투자해야 한다. 이렇게 스타일이 유사한 게임을 제공하는 두 회사가 어떻게 공존할 수 있을까? 우선 비디오 게임 개발자의 멀티호밍이 경쟁에 미치는 영향을 생각해 보자.

상당수의 비디오 게임 개발자는 멀티호밍을 한다. 동일한 게임을 다른 종류의 비디오 게임기에서 할 수 있도록 이식(porting) 과정을 거쳐 판매한다. 그러면 더 많은 사용자에게 게임을 판매할 수 있기 때문이다. 이런 개발자의 멀티호밍으로 인하여 플레이스테이션이나 Xbox 중 어느 게임기를 갖고 있어도 사용자는 대부분의 게임을 할 수 있다. 만약에 모든 게임 개발 회사가 멀티호밍을 한다면 궁극적으로는 소니와 마이크로소프트 중 한 개의 회사만 비디오 게임기 시장에 남는다. 사용자가 소니의 플레이스테이션과 마이크로소프트의 Xbox 중 한 가지만을 선택할 것이기 때문이다.

그러나 일부 게임은 독점 공급되기 때문에 두 회사 모두 일정 수준의 시장점유율을 가지고 있다. 사용자가 독점 공급되는 게임을 하려면 해당 비디오 게임기를 구매해야 하기 때문이다. 얼마나 많은 게임이 독점으로 공급되는지 알아보자. 플레이스테이션 4에서 할 수 있는 게임은 2,000개가 넘는데 이 중에서 15퍼센트 정도인 300개에 가까운 게임이 오로지 플레이스테이션 4에서만 작동한다. 플레이스테이션 4와 경쟁한 Xbox One의 경우 역시 2,000개 가까운 게임을 할 수 있는데 독점 게임은 7.5퍼센트 정도로 150개가 되지 않는다.[33] 플레이스테이션 4가 독점으로 가지고 있는 게임의 수가 더 많아서

---

33   Adam Vjestica, TechRadar, 2024, "PS4 vs Xbox One: which gaming console is better?"

한 개의 비디오 게임기만 구입할 예정이라면 플레이스테이션 4를 선택할 가능성이 크다. 그런데 만약 Xbox One에서만 가능한 게임을 꼭 하고 싶다면 Xbox One만 사거나 추가로 구매해야 한다. 추가로 구매한 사용자는 플레이스테이션 4와 Xbox One을 동시에 보유하는 멀티호밍을 하게 된다. 이렇게 독점 게임이 사용자의 멀티호밍을 초래하여 소니와 마이크로소프트는 공존할 수 있는 것이다.

마이크로소프트가 2001년 후발 주자로 비디오 게임 콘솔 시장에 진입할 때도 독점 게임으로 헤일로를 가지고 나왔다. 소니의 플레이스테이션을 이미 보유 중인 사용자들에게도 Xbox를 구매할 만한 이유를 제시한 것이다. 헤일로는 큰 성공을 거두었고 후속작이 연이어 출시되면서 Xbox의 대표 게임으로 자리 잡았다. 이렇게 후발 플랫폼으로 성공하려면 사용자의 멀티호밍을 유도할 수 있는 일명 스타 상품을 독점 확보하는 것이 한 가지 방법이다.

넷플릭스와 같은 비디오 스트리밍 서비스도 독점 콘텐츠를 보유함으로써 일정 수준의 사용자 수를 확보한다. 비디오 스트리밍 서비스는 사용자와 콘텐츠 공급자 그룹을 연결하는 플랫폼 역할을 간접적으로 한다. 사용자가 많을수록 더 많은 콘텐츠 공급자가 해당 플랫폼과 계약을 맺는다. 한편 콘텐츠가 다양할수록 더 많은 사용자가 플랫폼에 가입한다. 비디오 게임기 시장에서와 유사하게 후발 플랫폼은 기존 사용자의 멀티호밍을 유도하기 위하여 독점 콘텐츠를 보유해야 한다. 일례로 디즈니가 2019년에 비디오 스트리밍 서비스인 디즈니 플러스를 출시하면서 넷플릭스에 공급하던 디즈니의 콘텐츠를 종료시켰다. 그러면 넷플릭스 사용자가 디즈니만의 콘텐츠인 마블 시리즈를 보고 싶으면 디즈니 플러스에 가입해야 한다. 디즈니 플러스는 디즈니 콘텐츠를 독점하여 기존 스트리밍 서비스 사용자의 멀티호밍을 유도한 것이다.

○

전략적 비대칭 가격 정책

후발 플랫폼이 성장하기 위한 또 한 가지 방법은 공격적인 비대칭 가격을 활용하는 것이다. 대부분의 플랫폼은 사용자 그룹에게 혜택을 주고 판매자 그룹에 수수료를 부과한다. 후발 플랫폼은 수익을 얻는 판매자 그룹에 더 낮은 수수료를 부과하여 기존 플랫폼의 판매자가 자신의 플랫폼에 가입하도록 유도한다.

혹자는 기존 플랫폼이 가지고 있는 그룹 간 네트워크 효과로 인하여 이런 공격적인 가격정책이 별로 효과가 없다고 생각할 수 있다. 타당한 말이다. 아무리 낮은 수수료를 제공해도 신생 플랫폼이 가지는 사용자 수는 기존 거대 플랫폼이 가지는 사용자 수에 비하면 보잘것없기 때문이다. 이런 상황에서는 수수료가 조금 더 낮다고 신생 플랫폼에 가입하는 노력을 하지 않는다.

온라인 경매 시장을 선도하는 이베이에 대항하기 위하여 미국에서는 많은 온라인 경매 사이트가 만들어졌다. 그중 웹스토어(Webstore)

는 판매자로부터 수수료를 전혀 받지 않고 경매 서비스를 제공한다. 웹스토어 홈페이지 화면 오른쪽 아래에 "물건 올리는 것은 언제나 공짜. 판매 수수료 없음(Always free to list. No sale fees)"이라고 되어 있다. 그러면 플랫폼의 수익은 어디에서 나올까? 여러 가지 광고를 사이트에 노출시켜서 얻는 광고 수익과 기부를 통하여 운영한다. 다른 온라인 경매 사이트와 비교하여 서비스가 형편없지 않을까? 실제로 이용해 보지는 않았지만 특정 리뷰 사이트에서 3년 동안 두 번째로 좋은 온라인 경매 사이트로 꼽힐 정도로 서비스가 뒤처지지는 않는다.

괜찮은 서비스를 제공하면서도 이용료를 받지 않은 웹스토어는 이베이를 넘어설 수 있었을까? 사실 그러지 못했다. 아마 웹스토어라는 사이트를 들어 본 사람이 거의 없을 것이다. 내가 가르치는 학생들 또한 마찬가지였다. 이베이는 1억 8,000명이 넘는 사용자가 등록된, 가장 잘 알려진 온라인 경매 사이트지만 웹스토어는 수수료가 없음에도 불구하고 이베이의 상대가 되지 못했다. 그림 5-3에서 보는 것처럼 웹스토어는 사이트 디자인도 그리 세련되지 못했다. 또한 리뷰 사이트에 의하면 문제가 생길 시 해결을 도와주는 서비스도 거의 존재하지 않는다.[34] 공짜로 이용할 수 있는 대신에 서비스 수준이 아무래도 떨어진다.

왜 대다수의 이베이 판매자들은 수수료가 없는 웹스토어에 자신의 물건을 팔지 않을까? 그들이 물건을 팔려고 마음만 먹으면 이베이

---

34   Jennifer Allen, Top Ten Reviews, 2021, "Best online auction sites 2022"

[그림 5-3] 웹스토어

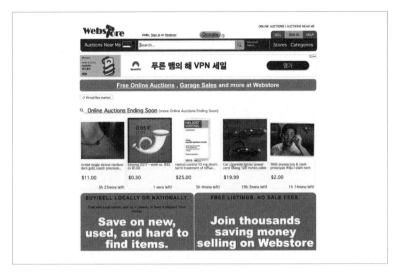

(출처: https://www.webstore.com/online-auctions/)

에서 사용했던 물건의 자료만 다시 웹스토어에 올리면 된다. 여기서 고려할 점은 판매자는 물건을 올려서 빠른 시일 내에 좋은 가격을 받고 싶어 한다는 것이다. 그런데 구매자가 이베이에 비하여 훨씬 적은 웹스토어에 물건을 올렸다가 낮은 가격에 판매될 수도 있다. 그러면 수수료를 내지 않더라도 결과적으로 수익이 낮다. 종합해 보면 이베이가 이미 튼튼하게 쌓아 올린 그룹 간 네트워크 효과를 무너뜨리기에는 수수료 무료 정책의 힘이 부족했던 것이다.

한 가지 주목할 것은 웹스토어가 시장에 본격적으로 진출했을 때인 2008년에는 이미 온라인 경매 시장이 초기 단계를 훨씬 지난 상태였다는 점이다. 1995년에 경매 서비스를 시작한 이베이는 10년 이상의 세월 동안 구매자와 판매자를 모았다. 판매자가 자신의 물건을 올렸을 때 관심을 가질 구매자가 절대적으로 많은 쪽은 당연히 이베이다. 판매자가 웹스토어에 물건을 올리게 유도하려면 이베이가 제공하지 않는 가치가 분명히 있어야 한다. 수수료를 받지 않는 것만으로는 부족하다. 이베이보다 적어도 한 가지 측면에서는 더 나은 매칭 서비스를 판매자에게 제공해야 한다. 하지만 수수료를 받지 않기 때문에 새로운 가치를 주기에는 자금이 충분하지 않을 것 같다.

웹스토어가 취한 공격적인 가격정책은 플랫폼으로 만들어진 시장 자체가 성숙하지 않았을 때는 성공 가능성이 있다. 한국 시장에서는 이런 공격적인 가격정책으로 몇 년 만에 플랫폼 순위가 뒤바뀐 경우가 있다. 바로 옥션과 G마켓이다. 그림 5-4에 나와 있듯이 2003년의 G마켓 거래액은 651억 원으로 옥션 거래액의 10퍼센트도 되지 않았다. 하지만 5년 후인 2008년에는 G마켓의 거래액이 옥션을 1조 원이 넘는 차이로 앞지른다. G마켓은 웹스토어처럼 판매 수수료를 없애는 정도의 파격적인 가격정책을 취하지는 않았지만 옥션보다는 판매자에게 1퍼센트 이상 저렴한 수수료를 부과했다.[35]

미국의 이베이와 웹스토어의 경쟁 결과와 달리 공격적인 가격정책이 성공한 이유는 무엇일까? G마켓이 경쟁에 뛰어든 2000년대 초반은 한국의 온라인 시장이 초기 단계였기 때문이다. 그림 5-4에서 보듯이 2003년도 옥션과 G마켓을 합한 거래액은 2008년 거래액의 1/8에도 미치지 못한다. 한국 전체 온라인 쇼핑 거래액도 2004년 7

35　전자신문, 2005, "[2005 인기상품]고객만족-e마켓플레이스: G마켓"

[그림 5-4] G마켓과 옥션 거래 금액 변화(2003~2008년)

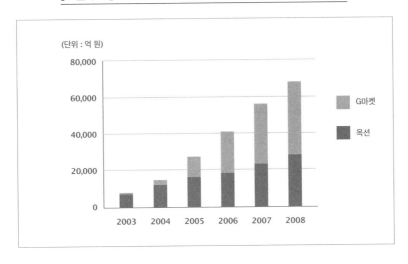

조 7,680억 원에서 3년 후인 2007년에 15조 7,660억 원으로 2배 이상 증가했다.[36] 온라인 시장을 통하여 제품을 판매하거나 사려는 새로운 사용자의 규모가 그리 크지 않아서 두 그룹 간 네트워크 효과가 2003년에는 그리 강하지 못했던 것이다. 그리고 경매 방식보다는 고정된 가격에 파는 경우가 대부분이었기 때문에 후발 주자인 G마켓에서 낮은 가격에 낙찰이 이루어질 것을 판매자가 걱정할 필요가 없었다. 그래서 기존 옥션에 소속된 판매자는 기꺼이 멀티호밍을 했다. 이미 준비된 제품 설명, 재고 정보, 배송 정책 등을 G마켓에 다시 올리기만 하면 됐기 때문이다.

G마켓의 낮은 수수료 정책으로 판매자는 G마켓에서 옥션보다 더

---

36 이정연, 한겨레, 2009, "이베이, G마켓도 인수…독과점피해 우려"

낮은 가격에 제품을 판매할 수 있었다. 가령 제품 가격이 10만 원이라고 하자. 1퍼센트 저렴한 수수료라면 1,000원 정도를 판매자가 더가져갈 수 있다. 이 1,000원 중 일부를 포기하면 그만큼 가격을 낮출수 있다. 절약된 수수료의 반을 포기하면 G마켓에서는 10만 원이 아닌 9만 9,500원에 판매한다. 구매자 입장에서는 동일한 제품을 500원이라도 싼 가격에 살 수 있으므로 옥션보다 G마켓에서 사는 것이다. 물론 500원 정도 가격 차이로는 구매자가 자신이 주로 거래하던옥션보다 새로운 G마켓에서 구매하지 않을 수도 있다. 하지만 온라인 시장에서 소비자의 가격에 대한 민감도는 매우 높다. 몇 번의 클릭으로 500원을 아낄 수 있다면 이를 마다할 이유가 없다.

아시아 온라인 시장의 사용자가 미국 사용자보다는 수수료에 대한 민감도가 더 높은 것으로 보인다. 미국에서는 수수료를 부과하지않는 공격적인 비대칭 가격이 성공하지 못했지만 아시아 시장에서는한국의 G마켓 외에도 성공 사례가 제법 있다. 중국의 이베이 차이나와 타오바오의 2000년대 초반 경쟁이 바로 그 예다. 이베이는 미국 온라인 경매 시장에서의 성공을 바탕으로 중국에 진출할 것을 결정한다. 2002년과 2003년에 걸쳐 당시 중국 1등 온라인 시장 업체였던 EachNet을 인수하고 본격적으로 중국의 온라인 개인 간 거래시장(customer-to-customer: C2C)에 뛰어들었다.[37] 이베이 차이나는 미국에서와 같은 방식으로 판매자에게 수수료를 부과했다. 하지만 마

37   Barnett, William, Mi Feng and Xiaoqu Luo, Graduate School of Business Stanford University, 2010, "Taobao VS. eBAY china" (Unpublished Cases).

원이 이베이 차이나에 맞서기 위하여 설립한 타오바오는 판매자에게 수수료를 받지 않았다. 타오바오의 제로 수수료 정책은 결국 이베이 차이나를 중국에서 몰아낸다. 이베이 차이나는 한국의 옥션처럼 거대한 사용자 그룹을 믿고 수수료를 충분히 낮추거나 없애는 방안을 고려하지 않았다. 중국의 C2C 시장이 이제 막 활성화되기 시작한 시점에서 판매자 그룹이 수수료에 민감할 수 있다는 것을 제대로 인식하지 못한 것이다. 재미있는 것은 이베이 차이나가 인수한 EachNet도 비슷한 실수를 했다. EachNet도 서비스 초기에는 완전 무료로 온라인 거래 서비스를 제공하다가 운영 자금이 부족해지면서 수수료를 부과하기 시작했고 이는 거래량 급감을 초래했다. EachNet의 실수를 이베이 차이나는 간과한 것이다.

이베이는 사실 중국에서의 실패 전에 일본 진출에서도 비슷한 실수를 저질렀다.[38] 이베이는 당시 선두였던 야후 재팬 옥션보다 5개월 가량 늦게 시장에 진출했다. 무료 서비스를 제공 중이던 야후 재팬 옥션과는 달리 수수료를 부과했다. 야후 재팬도 이베이보다 늦게 수수료를 부과했지만 수수료는 이베이보다 낮았다.[39] 이베이는 미국 시장에서 수수료가 없던 야후 옥션을 따돌렸다. 이런 미국 시장에서의 성공을 바탕으로 이베이는 수수료에 대한 판매자의 민감도가 그리 높지 않을 것이라고 예상했다. 하지만 일본 시장에서는 야후 재팬 옥

38 Bloomberg, "How Yahoo! Japan Beat eBay at Its Own Game"
39 S. Behringer, 2014, p.141-172, "Price Competition between Platforms: The Case of eBay vs. Yahoo! Auctions"

션에 패배했다.

플랫폼의 비대칭 가격 설정은 지역에 따라 조심스럽게 이루어져야 한다. 이베이는 미국 시장에서 그룹 간 네트워크 효과가 후발 플랫폼이 내세운 제로 수수료 정책을 극복할 수 있다는 것을 경험했다. 하지만 일본과 중국 시장에서는 상대적으로 높은 수수료로 온라인 경매 서비스를 제공하려다 실패하고 말았다. 한국 시장에서도 사실 이베이가 실패했다고 볼 수 있다. 2001년에 이베이가 인수한 옥션이 G마켓과의 경쟁에서 밀렸기 때문이다. 한국을 비롯한 일본, 중국 등의 아시아 시장에서는 수수료에 대한 민감도를 체크하여 이를 비대칭 가격 설정에 반영하는 과정이 필요하다. 유사한 비대칭 가격정책이 지역에 따라서 다른 결과를 가져올 수 있기 때문이다.

플랫폼은
어떻게 돈을 벌까?

앞서 살펴본 이베이의 아시아 시장 실패는 플랫폼 수익 모델이 플랫폼의 성장 및 경쟁에 큰 영향을 미칠 수 있다는 것을 보여준다. 이베이는 수수료 모델로 미국 시장에서는 처음부터 안정적인 수익을 거둘 수 있었지만 아시아 시장에서는 경쟁 플랫폼의 제로 수수료 정책에 무릎을 꿇었다.

플랫폼은 크게 거래에 대한 수수료, 광고료, 가입비 및 구독료를 통해 서비스 운영 수익을 얻는다. 대부분의 플랫폼은 이 4가지 수익 요소 중 하나를 단독으로 또는 혼합하여 이용한다. 아마존과 같은 대규모 온라인 시장은 거래 수수료 모델을 주로 사용하지만 광고료 모델도 사용한다. 미국의 온라인 경매 사이트인 웹스토어는 순수하게 광고비를 주 수입원으로 사용한다. 웹스토어 외에도 중고 물품을 사고파는 플랫폼은 광고료 모델을 사용하는 경우가 많다. 한국의 중고나라와 당근 모두 광고 수익에 의존하고 있다. 미국의 대표 중고 거래 플랫폼 중 하나인 Craigslist도 광고료 모델을 사용한다. 결혼 중매 플랫폼의 경우에는 가입비를 수입원으로 삼는다.

최근 들어 구독 모델을 사용하는 플랫폼이 증가하고 있다. 한 번 내는 가입비와 달리 매달 일정 비용의 금액을 내면서 서비스를 이용하는 것이다. 구독 모델은 원래 기존 대여 비즈니스에서 사용되었다. 정수기 대여 사업, 가정 방문 학습지 사업 등에서 구독 모델이 표준으로 자리 잡은 지는 이미 오래되었다. 아마존이나 쿠팡은 무료 특급 배송 서비스를 원하는 고객에 한하여 월간 또는 연간 구독료를 받고 있다. 이번 장에서는 4가지 수익 모델을 차례대로 살펴보면서 해당 수익 모델의 장단점 및 유의할 점을 살펴보자.

○
수수료 수익

이베이는 2000년대 들어 세계시장에 진출하면서 수수료 수익 모델을 고수했다. 2001년 당시 CEO였던 마거릿 휘트먼은 2005년까지 30조 달러로 매출을 늘리겠다는 목표를 발표할 정도로 이베이의 글로벌 확장에 힘을 쏟았다.[40] 1995년 미국에서 온라인 경매 시장을

---

40   Bloomberg, "How Yahoo! Japan Beat eBay at Its Own Game"

연 첫해부터 흑자를 달성했기 때문에 수수료 수익 모델을 세계시장에 그대로 적용한 것이다. 이는 비즈니스의 수직화를 통한 확장에 힘쓰느라 8년 동안 적자였던 아마존과는 초기부터 다른 행보다. 앞에서 언급한 것처럼 이베이가 아시아 시장에서 실패한 원인 중 하나는 경쟁 플랫폼보다 더 높은 수수료를 부과하는 방식을 고수했기 때문이다. 그러면 이베이는 왜 수수료 부과 방식을 고집했을까?

수수료를 부과하여 얻는 수익은 단기간에 가시적인 재무 성과를 보여줄 수 있다. 이베이는 새로운 시장에 진출할 때 처음부터 플랫폼을 만들기보다 기존의 선두 플랫폼을 인수하는 방식을 주로 취했다. 중국에 진출할 때는 EachNet을 인수했고 한국에서는 옥션을 인수하면서 발을 들였다. 유럽에서는 iBazar를 인수했다. 모두 인수 당시 시장을 선도하던 플랫폼이다. 이미 많은 사용자를 확보한 플랫폼이었기에 시작과 동시에 상당 수준의 거래량을 확보했다. 이에 거래 수수료 수익 모델을 적용하여 마거릿 휘트먼의 야심 찬 매출 계획을 달성하고자 했다. 미국 시장에서의 첫해 흑자 달성을 다른 세계시장에서도 맛보고 싶었던 것이다. 확보한 사용자를 대상으로 광고를 할 수도 있지만 사용자에게 불편함을 줄 수 있다는 단점이 있고, 이미 시장을 이끌고 있는 플랫폼을 인수했기에 수수료를 주 수입원으로 삼더라도 사용자 그룹을 확대하는 것이 어렵지 않다고 판단한 것 같다.

신기하게도 미국 온라인 옥션 시장에서는 대부분의 경쟁자가 이베이와 유사하게 수수료 수익 모델을 가지고 경쟁했다. 예외적으로 1990년대 말 경쟁자였던 야후 옥션이 초반에 무료로 온라인 경매 서비스를 제공했다. 2000년 후반에 나온 웹스토어도 수수료를 받지 않고 광고비로만 서비스를 운영한다. 두 플랫폼 모두 이베이와 경쟁할 수는 없었다. 이베이보다 5개월 먼저 만들어진 Onsale.com이나 1997년에 세워진 uBid 모두 거래에 대한 수수료가 수익의 원천이었다. 컴퓨터 하드웨어 업체는 Onsale.com의 경매 서비스를 통하여 남은 재고를 컴퓨터 도소매상이나 일반인에게 팔았다. uBid는 주로 재가공된(refurbished) 전자 제품을 온라인 경매를 통하여 판매했다.

온라인 옥션이나 시장에서 부과되는 거래 수수료에는 크게 두 종류가 있다. 판매자가 물건을 사이트에 등록할 때 내는 수수료(listing fee)와 물건이 나중에 팔리면 거래 금액에 비례하여 내는 수수료(transaction fee)가 있다. 아마존은 거래 수수료를 소개비라는 의미에서 referral fee로 부르고, 이베이는 최종 금액에 비례한다는 의미에서 final value fee라고 명시한다. 보통 등록 수수료는 고정 금액인 경우가 많고, 거래 수수료는 거래 금액의 일정 부분을(보통 5~15%) 수수료로 받는다. 아마존이나 이베이처럼 거래 금액에 따른 거래 수수료에 고정 금액을 덧붙이기도 한다.

아마존이나 이베이는 매월 일정 금액의 구독료를 받고 등록 수수료를 줄여 주거나 부가 서비스를 제공한다. 아마존 판매자는 39.99달러의 구독료를 지불할 경우 별도의 등록비를 내지 않는다. 구독료를 내지 않으면 1개당 0.99달러의 등록 수수료를 내야 한다. 그러므로 한 달에 적어도 40개 이상의 물건을 팔 수 있다면 구독료를 내는 것이 더 낫다. 이베이는 아마존보다 훨씬 더 판매자를 세분화해 5가지 다른 등급의 구독료 옵션을 제공한다.

거래 수수료는 물건의 종류에 따라 차등을 두기도 한다. 아마존의 거래 수수료는 품목에 따라 꽤 큰 차이를 보인다. 가령 개인용 컴퓨터와 같은 가전제품을 판매할 경우 8퍼센트의 소개 수수료를 지불하지만 20달러가 넘는 옷을 팔 경우에는 17퍼센트의 소개료를 내야 한다. 아마 가전제품의 가격이 온라인에서 팔리는 옷보다 통상 비싸기 때문에 소개 수수료 구조를 이렇게 책정한 것 같다. 이베이는 책만 조금 높게 거래 수수료를 부과한다. 수제품이나 공예품 등을 거래하는 엣시(Etsy)는 물건 종류에 관계없이 6.5퍼센트의 거래 수수료를 부과한다.

거래 금액에 따라 수수료를 다르게 받을 수도 있다. 이베이는 책을 제외한 물건에 대하여 7,500달러까지는 13.25퍼센트를 부과하고, 7,500달러가 초과되는 금액에 한해서만 2.35퍼센트를 추가로 부과한다. uBid는 처음에 거래 금액의 5퍼센트를 수수료로 받다가 2002년부터는 거래 금액에 따라 차등을 둔 수수료를 조정하여 받았다.[41] 거래 금액에 차등을 두면서 초기에는 받지 않던 물건 등록 수수료도 받기 시작했다. 야후 옥션도 시간이 지나면서 판매자가 제품을 등록할 때 수수료를 부과했다.

이렇게 판매자가 물건을 등록할 때 수수료를 내야 한다면 올리는 물건의 수에는 어떤 영향을 미칠까? 아무래도 판매자는 등록 수수

---

41 cnet, 2002, "uBid to charge listing fees to sellers"

료를 날리지 않기 위하여 물건을 올릴 때 좀 더 신중해질 것이다. 그러면 등록되는 물건의 수는 줄어든다. 실제로 야후 옥션과 ubid 모두 물건 올리기 수수료를 부과하면서 등록 물건의 수가 현저하게 줄었다. 등록 수수료가 부과되면 좋은 점은 없을까? 허위 매물 등 부적격 물건의 수가 현저하게 준다. 구매자는 등록된 물건을 더 신뢰하게 되어 거래 가능성이 높아지는 긍정적인 효과를 가져올 수도 있다.

○
광고 수익

광고 수익 모델을 선택한 플랫폼은 광고를 사이트나 앱에 노출시킨 대가로 일정 수준의 광고료를 광고주로부터 받는다. 때로는 다른 수익 모델과 혼합하여 쓰이기도 한다. 가령 페이스북은 광고비가 주 수입원이지만 앱 개발자에게 수수료를 받기도 한다. 넷플릭스 사용자는 광고를 볼 경우 낮은 구독료를 내고 서비스를 즐길 수 있다. 광고로 주 수익을 확보하는 전통적인 플랫폼의 예로는 신문이나 잡지를 들 수 있다. 둘 다 구독자와 광고주 그룹을 연결한다. 구독료를 받지만 대부분 수익은 광고비에서 나온다.

광고 수익 모델은 거래 수수료 수익 모델에 비하여 사용자를 확보하는 데 용이하다. 광고 수익에 의존하는 플랫폼은 통상 무료로 사용자에게 서비스를 제공하기 때문이다. YouTube와 페이스북 모두 무료로 사용자에게 동영상 시청이나 소셜미디어 서비스를 제공한다. 두 플랫폼 모두 광고비가 주 수입원이다.

광고 수익에 의존하다가 수수료 모델로 바꾸기는 매우 어렵다. 무료 플랫폼이 유료로 전환하는 움직임을 보이면 사용자는 유사한 서비스를 제공하는 다른 무료 플랫폼으로 옮겨 갈 확률이 높기 때문이다. 2006년 당시 타이완의 온라인 경매 시장을 선도하던 야후 타이완은 그해 9월부터 3퍼센트의 수수료를 부과했다. 그러자 경쟁자였던 후발 플랫폼 루텐의 시장점유율이 1년 만에 5퍼센트에서 28.9퍼센트로 증가했다. 루텐은 이베이와 타이완의 PCHome Online의 합작회사로 2006년 9월에 세워졌다. 루텐은 당시 수수료를 부과하지 않았다. 다른 아시아 시장에서 높은 수수료를 고수하다 패배했던 경험이 이베이의 아시아 시장 진출 노선 변화를 가져온 것 같다.

사용자에게 수수료를 받지 않아도 광고 수익에 의존한 플랫폼의 수익은 결코 적지 않다. 플랫폼이 거대한 사용자 그룹을 확보하고 적절한 광고를 매칭할 능력만 있다면 광고를 통해 엄청난 금액을 벌 수 있다. 앞서 예로 든 구글의 2018년 2분기 광고 매출은 30조 원을 넘는다. 삼성전자의 2018년 2분기 매출이 58조 원이었던 것을 감안하면 구글은 제품 생산 하나 없이 오직 광고만으로 삼성전자 매출의 반 이상을 채웠다. 온라인 광고 시장의 확대로 인하여 2023년 구글의 연간 광고 매출은 삼성전자의 매출 258조 원을 능가했다. 더 중요한 점은 광고 수익의 이익 전환율이 제조업인 삼성전자보다 훨씬 높다는 것이다.

온라인 광고 시장에서 경쟁하는 온라인 플랫폼 기업의 서비스 영역은 다양하다. 구글은 검색 서비스를 제공하지만 페이스북은 소셜미디어 서비스를 제공한다. 신문이나 잡지의 온라인 사이트도 광고를 통한 수익이 큰 비중을 차지한다. 네이버나 야후 같은 포털 사이트도 광고주를 얻기 위해 경쟁한다. 이외에도 수많은 온라인 콘텐츠 회사가 방문자 그룹을 토대로 광고주를 확보하려고 노력한다. 플랫폼에 의한 양면 시장은 한쪽 그룹에 제공하는 서비스는 다르지만 다른 한쪽 그룹을 사이에 두고 경쟁할 수도 있다. 이는 광고 수익 모델을 채택하는 모든 플랫폼 운영자가 알고 있어야 한다.

구글과 페이스북이 이끌어 가는 경쟁 구도를 위협하고 있는 것은 검색엔진이나 소셜미디어 업체가 아니다. 바로 온라인 시장의 강자인 아마존이다. 2021년 4월 월스트리트저널 기사에 따르면,[42] 아마존이 미국 온라인 광고 시장에서 차지하는 비중이 10퍼센트를 넘었다. 거대한 사용자 그룹을 바탕으로 온라인 광고 시장에서도 아마존의 영향력이 커진 것이다. 해당 기사에서 언급했던 것처럼 코로나19 위기가 크게 작용했을 수도 있다. 온라인 구매가 늘어나면서 아마존을 통하여 제품을 선전하려는 브랜드가 늘어났고 구매자의 키워드 검색에 맞춘 상품 광고(sponsored advertising) 매출이 증가했다. 사실 코로나19 위기 전인 2018년에도 아마존은 이미 마이크로소프트를 제치고 미국 온라인 광고 시장에서 3위를 차지했다. 광고주에게는 수

---

42   Alexandra Bruell, 월스트리트저널, 2021, "Amazon Surpasses 10% of U.S. Digital Ad Market Share"

많은 소비자가 찾는 아마존이 자신의 상품을 알리기에 적합한 곳이다. 아마존의 온라인 광고 매출은 계속해서 늘어날 것이다.

광고 수익 모델을 기반으로 한 플랫폼 비즈니스를 구상할 때는 광고로 인하여 사용자 그룹이 겪을 음의 네트워크 효과를 낮추는 노력을 해야 한다. 지하철역이나 버스 정류소 근처에서 무료로 얻을 수 있는 신문이나 잡지를 펼쳤을 때 지역 광고만 가득 차 있다면 그 신문이나 잡지는 구독자를 점점 잃게 된다. 거대 포털이었던 야후가 지고 구글이 성장한 배경에는 광고를 방문자의 키워드에 맞게 보여준 구글의 매칭 기술이 있었다.

야후가 사용한 배너 광고는 방문자가 늘어남에 따라 광고 수입이 증가하는 데 한계가 있었다. 사용자가 야후를 방문했을 때 보는 메인 페이지와 검색을 했을 때 나오는 첫 페이지에 들어가는 광고 수가 제한되어 있기 때문이다. 구글은 키워드에 기반한 광고를 이용하여 사용자 규모에 비례한 광고 수익을 늘릴 수 있었다. 사용자가 입력하는 검색어에 맞추어 유료 광고비를 낸 다양한 업체를 보여줄 수 있었기 때문이다. 반면 야후가 사용한 배너 광고는 불특정 다수에게 동일한 광고를 보여주기 때문에 광고와 사용자의 적절한 매칭이 이루어지는 것이 매우 힘들었다.

광고를 수익 기반으로 하는 플랫폼은 기본적으로 소위 "시선을 끌기 위한 경쟁(competing for eyeballs)"을 벌인다. 즉 가능한 많은 사용자를 모으는 것이 일차 목표다. 이에 반하여 가입비를 수익으로 하는 플랫폼은 일정 규모의 조건을 만족하는 양질의 사용자를 획득하는 것이 궁극적인 목표다. 가입비를 주요 수익으로 하는 플랫폼의 특성에 대하여 알아보자.

○

가입비 수익

오프라인 결혼 중개 플랫폼은 상당히 높은 금액의 가입비를 받는다. 수십 년 동안 국내에서 결혼 중개 서비스를 해 온 듀오나 선우의 경우 몇 백만 원 이상의 가입비를 내야 한다. 결혼 상대를 정하는 것은 인생에서 가장 중요한 결정 중의 하나다. 그러므로 이용자는 기꺼이 큰 금액을 가입비로 낸다. 가입비가 높은 만큼 보통은 데이트할 상대를 정해진 횟수만큼 추천 받을 수 있다. 한 번 만남에서 자신의 결혼 상대를 만날 수도 있지만 몇 번의 만남을 통해 결혼을 고려할 만한 상대를 만나는 경우가 더 많다. 결혼 중개 플랫폼이 큰 금액을 가입비로 받는 가격 구조를 도입한 이유는 무엇일까? 성사 시 중개 수수료를 받는 것에 비해서 어떤 장단점이 있을까?

결혼 중개를 하는 플랫폼의 입장에서 중요한 것 중 하나는 좋은 결혼 상대가 될 회원을 많이 확보하는 것이다. 좋은 결혼 상대가 될 필요조건은 진심으로 결혼하고자 하는 상대를 찾는 마음이다. 단순히 재미로 소개팅하듯이 쉽게 가입하면 누군가는 결혼할 마음이 없는 사람을 상대방으로 만날 수 있다. 이런 일이 여러 번 발생하면 결혼 중개 플랫폼의 신뢰성에 금이 간다. 즉, 가입비가 높다는 것은 결혼 상대를 만나려는 마음이 충분한 사람만 회원으로 받겠다는 뜻이다. 결혼 중개 플랫폼은 단순히 더 많은 회원 수를 확보하는 것보다 좋은 조건을 가진, 꼭 결혼을 하고 싶은 회원을 적정 규모로 보유하는 것이 더 낫다.

높은 가입비를 받는 수익 모델은 결혼에 진심인 회원을 받는다는 장점은 있지만 동전의 양면처럼 많은 회원을 모으기가 어렵다는 단점이 있다. 대규모 회원을 기반으로 하는 플랫폼보다 규모는 작지만 수익성이 좋은 플랫폼을 만드는 데 적합한 수익 모델이다. 그렇기에 온라인 기반 결혼 중개 플랫폼은 오프라인 플랫폼과는 다른 수익 모델을 가지고 있다. 선우가 운영하는 온라인 플랫폼인 커플닷넷은 가입비를 일반 회원은 8만 원으로 낮추고 대신 만남을 주선할 때마다 5만 원의 수수료를 받는다. 가입비와 거래 수수료를 동시에 받는 수익 모델을 이용하는 것이다. 오프라인 플랫폼에 가입하기에는 가입비가 부담스러운 사람들을 대상으로 중개 서비스를 제공한다.

선우처럼 온라인과 오프라인 플랫폼을 별도로 운영할 경우 온라인과 오프라인 플랫폼의 회원 간 정보는 서로 공유될 수 있을까? 온라인 일반 회원과 오프라인 회원 간의 가입비 차이가 크기 때문에 그렇게 하지는 못할 것이다. 예외적으로 높은 금액을 가입비로 낸 온라인 회원은 오프라인 회원을 소개 받을 수도 있다. 또는 오프라인 플랫폼 회원은 온라인 플랫폼 회원 정보를 볼 수는 있을 것이다.

선우처럼 오프라인 플랫폼 경험 없이 처음부터 온라인상에서만 연결하는 결혼 중개 앱도 있다. 이런 앱은 보통 가입비를 수익 모델로 삼지 않는다. 왜 그럴까? 오프라인 결혼 중개 플랫폼처럼 이미 확립된 브랜드가 없기 때문에 가입비가 높을 경우 회원 모집이 어렵다. 그래서 특정 서비스가 필요할 때마다 돈을 내는 수수료 모델을 이용하여 가입 회원 수를 먼저 늘리려고 노력한다.

실제로 많은 온라인 결혼 중개 앱에서는 가입비를 따로 받지 않는다. 대신 이용자가 관심이 가는 상대방의 프로필을 확인한다거나 메시지를 보내야 할 때 해당 서비스에 대한 수수료를 낸다. 한 건당 정해진 수수료를 내거나 몇 건을 묶어 할인하는 경우가 있다. 묶음 할인의 경우 높은 금액을 선택할 때 건당 수수료를 할인해 준다. 예를 들어 10건은 5,000원이지만 20건을 선택하면 8,000원에 구매할 수 있는 것이다. 이런 가격 차별화는 더 높은 금액에 해당하는 건수를 선택하도록 유도한다. 높은 금액을 선택한 사용자는 앱을 더 자주 또는 더 오랫동안 사용한다.

이런 수수료 방식은 해당 앱의 사용자 중 활성화된 사용자 비율이 높지 않다면 안정적인 수익 성장을 기대하기 어렵다. 나아가서 서비스의 질이 떨어질 경우 수수료에 대한 반감을 불러올 수도 있다. 가령 메시지를 10번 보낼 수 있는 상품을 5,000원에 구입했다고 하자. 10번 보낸 메시지 중에서 실제로 제대로 된 답을 받은 경우가 5번뿐이라면 이 상품을 구입한 가입자는 5번의 메시지에 대해서 5,000원을 지불한 것과 같다. 메시지를 주고받는 것이 실제 만남으로 이어지는지의 여부도 지속적으로 관찰해야 한다. 서비스에 대한 이런 전환율을 관리할 때, 온라인 결혼 중개앱은 활성 가입자 수를 유지할 수 있게 된다.

이외에도 가입비를 받는 비즈니스로 가사도우미를 중개하는 플랫폼이나 이사 업체를 중개하는 플랫폼이 있다. 맞벌이하는 집이 늘어나면서 집안일에 대한 도움을 받는 플랫폼 사용이 증가했다. 이런 가사 중개 플랫폼을 이용할 경우에는 가입비를 따로 받는다. 예를 들어 5만 원의 가입비를 내야 서비스를 이용할 수 있는 것이다. 이런 가입비는 행정 처리 등에 사용하는 비용을 고려하더라도 꽤 높은 편이다. 왜 가입비가 필요한 것일까?

가입비가 없을 경우, 사용자는 처음에 이용했을 때 서비스가 마음에 들지 않으면 다른 플랫폼으로 옮겨 간다. 하지만 가입비를 5만 원이나 냈다면 가입비가 아까워 몇 번은 더 이용한다. 좀 더 집안일을 잘하는 사람으로 보내 달라고 요청할 수도 있다. 가입비 때문에 사용자로 남을 가능성이 높아지는 것이다. 만약 옮기려는 플랫폼도 가입비가 있다면 지금 플랫폼을 떠나는 것이 경제적으로 더 부담스럽다. 가입비는 이탈하는 사용자를 어느 정도 막는 역할을 한다.

경쟁 중인 타 가사도우미 중개 플랫폼이 가입비를 받지 않는다면 가입비를 받는 플랫폼은 새로운 사용자를 끌어들이는 것이 어려울 수 있다. 다양한 가사도우미 중개 앱이 늘어나면서 가입비를 받지 않는 경우가 많아졌다. 온라인 가사도우미 중개 앱과 경쟁하려는 기존의 오프라인 가사도우미 중개 업체는 수익 모델을 수정해야 한다. 가입비를 없애거나 가입비를 받는 대신에 서비스 이용료를 일정 부분

낮추는 전략을 사용할 수 있다.

가사도우미 중개 플랫폼과는 다르게 이사 업체를 중개하는 플랫폼은 사용자보다는 이사 업체로부터 가입비를 받는다. 5장에서 언급한 것처럼, 이사 업체가 가입비를 내면서까지 플랫폼에 가입하는 이유는 플랫폼을 통하여 이사 업체를 구하려는 수요가 꾸준히 있기 때문이다. 보통의 사용자는 이사 업체의 질에 대한 정보가 부족하다. 그래서 리뷰 등을 볼 수 있는 이사 업체 중개 플랫폼을 통하여 괜찮은 곳을 예약하고 싶어 한다. 이사 서비스 품질에 문제가 있을 경우에도 플랫폼을 통하여 해결할 수 있다는 장점이 있다. 가령 이사하는 당일에 문제가 발생하여 원래 계약했던 이사 업체가 못 오는 경우 플랫폼을 통하여 다른 업체를 빨리 소개받을 수 있다. 한편으로 소규모 이사 업체는 마케팅까지 할 여력이 없기 때문에 가입비와 거래 수수료를 내더라도 이사 업체 중개 플랫폼에 가입한다. 마케팅을 하지 않아도 플랫폼을 통하여 이사를 준비하는 사용자를 소개받을 수 있기 때문이다.

이사 업체 중개 플랫폼 시장은 승자 독식의 법칙이 적용될까? 그렇지는 않을 것이다. 실제로 이사 업체 중개 앱이나 사이트는 꽤 많다. 승자 독식의 법칙이 적용되려면 이사 업체나 사용자 그룹이 싱글 호밍을 해야 한다. 하지만 두 그룹 모두 멀티호밍 하는 경향이 있다. 이사 업체는 이사에 대한 수요를 꾸준히 얻기 위하여 몇 개의 중개 플랫폼에 동시에 가입한다. 사용자도 하나의 중개 플랫폼보다는 여러 개의 중개 플랫폼을 이용하여 더 나은 조건의 이사 업체를 찾는다. 양쪽 그룹이 멀티호밍을 하기 때문에 다수의 이사 업체 중개 플 랫폼이 시장을 공유하고 있다. 이사 업체 중개 플랫폼 간의 경쟁이 치열해지면 가입비를 깎아 주거나 받지 않을 수 있다. 특히 신생 플랫 폼은 양질의 이사 업체가 가입하도록 일시적으로 가입비를 받지 않기 도 한다. 기존에 다른 플랫폼에 가입되어 있는 이사 업체의 멀티호밍 을 꾀하려면 가입비가 없는 쪽이 유리하기 때문이다. 가사도우미 중개 플랫폼도 유사한 이유로 시장을 나누어 가질 가능성이 높다.

한 번만 내면 끝나는 가입비와는 달리 매월 사용료를 지불하는 구독 수익 모델을 가진 플랫폼도 있다. 구독료는 상대적으로 적은 비 용이기 때문에 가입자를 늘리고 일정 수준의 수익을 유지하는 데 유 리하다. 가입자 수에 비례하여 꾸준히 수익이 발생하기 때문에 안정 적인 현금 흐름을 가진다는 장점이 있다. 구독료를 받는 온라인 시장 과 비디오 스트리밍 플랫폼 사례를 알아보자.

○
구독 수익

대부분의 온라인 시장 플랫폼은 수수료 수익 모델을 가지고 있다. 그래서 온라인 시장 플랫폼은 고급 서비스를 제공하는 멤버십을 제 공하는 경우가 많다. 아마존 고객은 한 달에 13달러 또는 연간 120 달러 정도를 지불하면 무료로 빠른 배송을 선택할 수 있고 아마존

프라임이라는 비디오 스트리밍 서비스도 받을 수 있다. 아마존의 구독 수익 모델과 유사한 빠른 배송 서비스를 한국의 쿠팡이나 G마켓 등과 같은 온라인 시장도 도입했다. 구독 수익에 기반한 빠른 배송 서비스는 배송비에 대한 원가만 생각하면 손실을 볼 수 있다. 하지만 빠른 배송 서비스로 인하여 사용자는 해당 온라인 시장을 더 자주 이용하는 충성 고객이 된다. 그림 6-1에 따르면, 미국 내 아마존의 프라임 서비스 가입자는 2024년에 1억 8,000만 명에 이를 것이라고 전망했다. 2023년 3월 기준으로는 미국 내 아마존 사용자의 71퍼센트가 프라임 서비스에 가입했다고 한다. 아마존의 충성 고객 비율이 절반을 훌쩍 뛰어넘은 것이다. 가격경쟁이 치열한 온라인에서 충성 고객을 보유한다는 것은 엄청난 자산이다. 가격경쟁에 대한 부담을 덜 수 있을 뿐만 아니라 안정적인 매출이 발생하기 때문이다.

코로나19 위기로 폭발적인 성장을 한 비디오 스트리밍 서비스는 구독 수익 자체가 플랫폼의 주요 매출이다. 미국 기반의 넷플릭스, 디즈니 플러스, 아마존 프라임과 한국의 웨이브, 티빙, 왓챠 등 비디오 스트리밍 플랫폼은 매월 일정 금액을 구독료로 받으면서 방대한 양의 영화, 드라마 및 TV 쇼 등을 제공한다. 이런 구독 서비스 모델이 소비자에게 매력적인 이유는 무엇일까? 영화를 TV에서 볼 수 있는 On-demand 서비스는 예전부터 존재했다. 주로 인터넷과 케이블 TV 서비스를 제공하는 통신사에 가입하면 최신 영화나 드라마를 건당 별도의 요금을 내고 볼 수 있었다. 이런 지불 방식은 영화나 드라마를 자주 보는 사용자에게는 부담이 될 수 있다. 이에 반하여 구

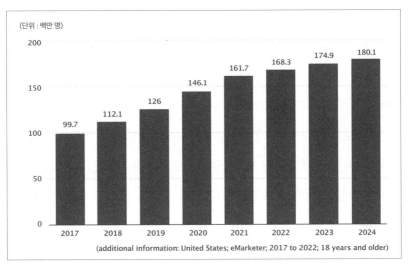

[그림 6-1] 아마존 프라임 멤버십 가입자 수(2017~2022년)

(단위 : 백만 명)

(additional information: United States; eMarketer; 2017 to 2022; 18 years and older)

(출처: www.statista.com, 2023, "Number of Amazon Prime users in the United States from 2017 to 2022 with a forecast for 2023 and 2024", 2023* 이후 수치는 추정치)

독 서비스 모델은 사용자가 원하는 만큼 영화나 드라마를 보더라도 요금이 고정되어 있다. 물론 한 달에 한두 번씩 온라인으로 영화를 보는 사람들은 경제적으로 큰 흥미를 느끼지 못할 수도 있다. 하지만 하루에 한두 시간 정도는 영화나 드라마를 보는 사람들에게는 건당 금액을 내기보다 고정 금액을 내는 구독 모델이 훨씬 매력적이다.

이런 구독 모델은 비디오 스트리밍 플랫폼의 입장에서도 매력적이다. 왜냐하면 사용자가 일정 금액을 일정 기간 동안 내기 때문에 수입이 안정적이고 어느 정도 수익이 예상 가능하다. 영화나 드라마는 기본적으로 한계비용(marginal cost: 한 명의 고객에게 영상물을 더 보여줄 때 드는 비용)이 제로에 가까운 상품이다. 영화 한 편을 한 사람이 보든 100명이 보든 처음 영화 판권을 살 때 가격을 제외하면 추가로 지불할 금액이 없기 때문이다. 물론 사용자 수가 늘면 서버 용량 증설과 같은 정보 시스템 관련 비용이나 망 사용료가 늘지만 전체 사용자 수로 나누어 본다면 미비하다. 그리고 구독 모델은 사람들이 잘 찾지 않던 영화나 드라마도 검색해서 볼 수 있기 때문에 지금까지 쌓아놓은 낡은 재고와 같은 콘텐츠를 재사용할 수 있다. 무엇보다도 현재 가입된 사용자를 바탕으로 더 많은 콘텐츠 제공자를 끌어들일 수 있고 더 좋은 조건으로 거래를 할 수 있다.

비디오 스트리밍 플랫폼은 직접적으로 콘텐츠 제공자와 사용자가 만나는 기회를 제공하지는 않는다. 플랫폼이 중간 연결자 역할을 간접적으로 수행한다. 어떤 콘텐츠를 선택해서 사용자에게 제공할 것인지를 플랫폼이 선택하는 것이다. 이런 측면에서 비디오 스트리밍 플랫폼은 YouTube보다 더 적극적인 중개자 역할을 한다고 볼 수 있다.

이미 만들어진 콘텐츠를 사는 것 말고도 비디오 스트리밍 플랫폼은 가입자 확보를 위하여 콘텐츠를 직접 만들어서 구독자에게 제공하기도 한다. 넷플릭스나 아마존 프라임은 원래는 콘텐츠 제공자와의 계약을 통하여 이를 전달하는 플랫폼 역할에 좀 더 충실했다. 하지만 스트리밍 서비스 간 경쟁이 심화되면서 자체 제작, 즉 오리지널 콘텐츠에 큰 투자를 하고 있다. 2022년 3월 기준으로 넷플릭스는 오리지널 콘텐츠 비중이 36퍼센트에 달했다. 코로나19 위기로 인하여 새로운 영화제작이 어려워지자 새로운 콘텐츠를 만드는 것에 더 투자를 했던 것이다. 디즈니는 디즈니 플러스라는 스트리밍 플랫폼을 만들면서 넷플릭스를 비롯한 경쟁 플랫폼에 더 이상 디즈니 콘텐츠를 제공하지 않는다. 인기 콘텐츠의 공유가 힘들어지면서 자신만의 콘텐츠를 확보해 기존 가입자의 탈퇴를 막는 것이다.

비디오 스트리밍 플랫폼이 새로운 콘텐츠를 독점적으로 가지려는 노력은 구독자의 호밍 행동에 영향을 준다. 가령 넷플릭스 구독자는 디즈니 자회사인 마블에서 만든 영웅 시리즈물을 보기 위하여 2가지 선택이 가능하다. 넷플릭스를 탈퇴하고 디즈니 플러스에 가입하거나 넷플릭스는 그대로 두고 디즈니 플러스에 동시에 가입할 수 있다. 전자의 경우는 구독자가 싱글호밍을 하는 경우에 속하고 후자의 경우는 멀티호밍을 하는 경우에 속한다.

싱글호밍 대신에 멀티호밍을 선택하게 유도하려면 넷플릭스는 꾸준히 구독자를 잡아 놓을 무기가 필요하다. 이런 무기로 자체 제작한 콘텐츠를 꼽을 수 있다. 각 스트리밍 플랫폼이 자체 제작 콘텐츠를 다른 플랫폼에게 판매하지 않는 이유도 바로 이처럼 구독자의 탈퇴를 막아 멀티호밍을 하도록 유도하는 것이다. 마치 비디오 게임기 시장을 공유하는 소니, 마이크로소프트, 닌텐도가 독점 게임을 가지고 있는 전략과 유사하다. 만약 넷플릭스의 자체 제작 콘텐츠를 디즈니 플러스에서도 볼 수 있다면 상당수의 넷플릭스 구독자가 디즈니 플러스로 넘어갈 것이다. 즉 비디오 스트리밍 플랫폼이 서로의 독점 콘텐츠를 상당 부분 공유하기 시작한다면 구독자는 점점 싱글호밍하게 되고 이는 곧 하나의 비디오 스트리밍 플랫폼이 시장을 지배하게 된다는 것을 의미한다. 이런 사태를 막기 위하여 경쟁 중인 비디오 스트리밍 플랫폼은 자신의 고유 콘텐츠를 경쟁 플랫폼과 공유하지 않는다. 그렇게 함으로써 일정 수준의 멀티호밍 사용자를 확보한다.[43]

궁극적으로 비디오 스트리밍 시장에 지금처럼 다수의 플랫폼이 공존할까? 참고로 비디오 스트리밍 시장을 미디어에서는 OTT(over-the-top) 서비스라고 부른다. 크게 보면 OTT 서비스 제공자는 국내와 해외로 나눌 수 있다. 국내 서비스는 한국의 방송 콘텐츠를 보는 데 강점이 있고, 해외 서비스는 해외의 인기 있는 영화나 시리즈를 보는 데 강점이 있는 관계로 두 서비스를 동시에 가입하는 경우를 볼 수 있다. 국내 OTT 앱 시장 분석 보고서에 따르면 2021년 2월 기준으로 넷플릭스의 월 구독자가 1,000만 명을 넘어섰으며 국내 OTT 서비스인 웨이브와 티빙이 각각 395만 명, 265만 명의 구독자를 가지고 있다. 그리고 국내 OTT 서비스 사용자 중 평균 40퍼센트 이상이 넷플릭스를 동시에 가입했다.[44] 가입자의 상당수가 멀티호밍을 하기 때문에 비디오 스트리밍 시장은 궁극적으로 여러 개의 플랫폼이 시장을 분할하는 형태로 구성될 것이라는 점을 알 수 있다. 마치 비디오 게임기 시장을 소니, 마이크로소프트, 닌텐도가 함께 장악한 것과 같은 현상이 일어날 것으로 예상한다.

반드시 동일 시점에 여러 개의 OTT 서비스에 가입하지 않더라도

---

43   Eunsol Yoo and Kihoon Kim, "Optimal Content-Sharing Strategy for Online Streaming Platforms" HICSS 2024

44   한지선, IT비즈뉴스, 2021, "국내 OTT 시장, 넷플릭스 점유율 크게 늘었다…월 사용자 수 1천만대"

시간차를 두고 멀티호밍 하는 경우도 있다. 가령 넷플릭스를 1개월, 디즈니 플러스를 1개월, 애플 TV를 1개월씩 주기적으로 구독할 수도 있다. 또는 해외 OTT 서비스 중 1개를 1개월, 국내 OTT 서비스 중 1개를 1개월 이런 식으로 구독할 수도 있다. 인기 독점 콘텐츠가 계속해서 새로 나오지는 않기 때문에 한 곳의 서비스를 일정 기간 이용하다가 다른 서비스로 갈아타는 경우가 생긴다.

오랜 시간에 걸쳐 멀티호밍이 일어나는 경우가 많아지면 몇 개의 OTT 서비스를 연계한 서비스도 나올 수 있지 않을까? 가령 넷플릭스와 디즈니 플러스가 연합하여 둘 다 볼 수 있는 구독 서비스를 할인 가격에 제공하는 것이다. 이는 멀티호밍 고객을 안정적으로 만들어서 두 스트리밍 플랫폼이 공존하는 환경을 더 굳건하게 만들어 준다. 멀티호밍 하는 사용자의 효용 또한 증가한다. 하지만 이런 두 경쟁 플랫폼 간 협력은 쉽게 일어나지 않는다. 굳이 이런 서비스를 만들지 않더라도 멀티호밍 할 고객은 원래 가격을 주고도 두 OTT를 이용할 것이기 때문이다. 그리고 연합 구독료를 어떻게 분배할 것인지에 대한 이견이 두 플랫폼 간에 존재할 수 있다.

플랫폼은
혁명이 아니라
진화다

지금은 크게 성장하여 다방면으로 사업을 확장했지만 여전히 처음 시작했던 비즈니스도 계속해서 영위하는 기업이 있다. 프록터&갬블(P&G)은 비누를 시작으로 각종 세제 등의 소비재를 만들어 200년 가까이 세계시장을 이끌고 있다. 리바이스는 1853년부터 캘리포니아 금광에 종사하는 사람들이 오랫동안 입을 수 있는 옷으로 청바지를 만들기 시작했다. 지금도 리바이스는 청바지의 대명사로 알려져 있다. 수많은 올림픽을 후원한 코카-콜라는 100년이 넘도록 코카나무의 잎과 콜라나무의 열매로 시작한 코카콜라를 여전히 대표 상품으로 판매한다. 이런 전통적인 기업은 제품을 소비자에게 파는 단면 시장에 머물러 있다.

이와 달리 오랜 기간에 걸쳐 다양한 플랫폼 비즈니스로 진화한 경우도 있다. 플랫폼 비즈니스를 하기 위한 가장 기본적인 전제 조건은 닭과 달걀의 문제를 뛰어넘는 것이다. 단면 시장에서 어느 한 그룹의 고객에게 양질의 서비스를 제공하다 보면 양면 시장으로 넘어갈 기회가 보인다. 이를 잘 포착하면 충분히 매력적인 플랫폼으로 발전할 수 있다.

미국의 대표적인 금융 기업인 골드만삭스는 100년이 넘는 기간 동안 점진적으로 플랫폼 비즈니스로 진화하고 변신했다. 골드만삭스의 전신인 마커스골드만은 1869년 뉴욕에 세워졌다. 창립자인 골드만은 약속어음(promissory note)을 사고팔아 이익을 남겼다.[45] 약속어음은 상업어음(commerical paper)의 일종으로 정해진 날짜에 명시된 금액을 갚겠다는 증서다. 당시 단기자금이 필요한 기업들의 약속어음을 할인된 가격으로 산 후 은행이나 투자자에게 재판매했다. 예를 들어 단기자금이 필요한 기업이 1,000만 원짜리 어음을 발행했다고 하자. 골드만은 5퍼센트 할인한 950만 원에 어음을 사면서 1,000만 원의 0.5퍼센트인 5만 원을 수수료로 받았다. 어음을 계속 가지고 있으면 만기일에 1,000만 원을 받을 수 있지만 950만 원의 돈은 묶여 있다. 골드만은 950만 원을 빨리 회수하기 위해 해당 어음을 은행이나 투자자에게 다시 팔았다. 마커스골드만은 이런 상업어음 비즈니스를 주력 사업으로 삼았다. 이를 통하여 자금이 필요한 기업과 돈을 투자하고 싶은 은행을 비롯한 투자자를 잘 알게 되었다. 1900년대 초부터 기업과 투자자 그룹을 연결하는 기업공개(Initial Public

---

45   리사 엔드리치, 21세기북스, 『골드만삭스 금융제국의 탄생과 몰락, 그리고 부활』

Offering: IPO) 업무를 시작했다. 기업 중 주식을 발행하여 자금을 조달하려는 그룹과 이런 신규 주식을 사려는 투자자 그룹을 연결한 것이다. 골드만삭스가 플랫폼 비즈니스에 첫발을 내디딘 순간이었다. 아이러니하게도 골드만삭스는 투자은행 중에서 가장 늦게 자신의 주식을 상장했다. 골드만삭스는 이후에도 투자자 그룹과 금융 상품을 발행하려는 그룹을 연결하면서 트레이딩이나 자산 관리 비즈니스에 집중했다.

주로 전문 투자자를 고객으로 상대하는 골드만삭스는 설립된 지 100년이 훌쩍 지난 2016년 일반인을 위한 온라인 예금 및 대출 플랫폼인 마커스를 설립했다. 마커스는 일반인 예금자 그룹과 돈을 빌리고 싶은 개인 및 소상공인 그룹을 연결하는 서비스를 제공한다. 마커스는 출시 3년 만에 50조 원 규모의 예금을 확보하고 5조 원에 가까운 대출을 실행했다. 2023년에는 애플과 손잡고 연이율 4퍼센트가 넘는 예금 상품도 출시했다.

금융이라는 영역 안에서 이루어진 골드만삭스의 플랫폼 진화와는 달리 전혀 다른 비즈니스에서 금융 플랫폼으로 진화한 기업도 있다. 바로 신용카드 회사로 잘 알려진 아메리칸 익스프레스다. 아메리칸 익스프레스의 역사를 살펴보면 플랫폼은 혁명처럼 짧은 순간에 이루어지기보다 긴 시간에 걸쳐 완성된다는 것을 알 수 있다.

○
아메리칸 익스프레스의 진화

국내에서 아메리칸 익스프레스는 신용카드 회사로 알려져 있다. 줄여서 아멕스라고 부르기도 한다. 회사 이름을 글자 그대로 살펴보면 '익스프레스' 즉 특급 운송이라는 뜻이 들어 있다. 신용카드 회사인데 왜 이름에 특급 운송이라는 표현이 들어가 있을까? 신용카드 회사와 특급 운송이 도대체 어떤 연관이 있는 것일까?

특급 운송 서비스는 아메리칸 익스프레스의 초창기 비즈니스였다. 아메리칸 익스프레스는 1850년 중요 물품이나 은행 서류를 빨리 배송하는 특급 운송 서비스 회사로 시작했다. 이때만 해도 미국에 우체국이 설립되기 전이어서 특급 운송은 민간 서비스 영역이었다. 당시 3개의 특급 운송 관련 회사를 운영하던 헨리 웰스, 윌리엄 파고, 존 버터필드가 합작하여 아멕스를 세웠다.

이 중 낯익은 이름이 있다면 아마도 웰스와 파고일 것이다. 미국 캘리포니아 지역을 여행하다 보면 흔히 볼 수 있는 은행이 바로 웰스 파고(Wells Fargo)다. 보통 미국 은행으로 Bank of America, Citi Bank, Chase Bank를 흔히 떠올린다. 하지만 미국 서부에서 자주 보이는 웰스 파고를 미국에서는 4대 은행 중의 하나로 꼽는다. 웰스 파고도 처음 출발은 역시 서부 지역에서의 급행 서비스였다. 2개의 현존하는 대형 금융 기업을 창립했다는 점에서 웰스와 파고는 대단한 기업가임이 틀림없다.

특급 운송 서비스로 시작한 아메리칸 익스프레스는 어떻게 해서 신용카드 플랫폼을 만들었을까? 아멕스는 1958년이 되어서야 신용카드 서비스를 시작한다. 그 이야기는 거의 100년 가까이 다른 비즈니스를 했다는 뜻이다. 아멕스의 특급 운송 서비스를 이용한 주요 고객으로 자금에 관련된 중요한 문서를 보내야 하는 은행 등의 금융기관이 포함되어 있었다. 그리고 중요한 물건이나 돈을 보내야 하는 사업가나 일반인도 고객이었다. 1800년대 후반까지 미국은 공기업 차원의 급행 우편이나 철도 운송 서비스가 제대로 이루어지지 않았다. 그러나 아멕스와 같은 민간 기업이 성장하는 것을 견제하기 위해서 미국 우체국은 우편으로 돈을 부칠 수 있는 우편환(Money Order) 서비스를 제공하기 시작했다. 이는 현금을 운송하던 아멕스 입장에서는 큰 위협이 되었다.

우편환은 돈을 받는 사람에게 보내는 이미 지불이 끝난 금융 증서라고 생각하면 된다. 당시 많은 이민자들이 송금할 때 우편환을 이용했다고 한다. 가령 영국에서 온 이민자가 일을 해서 번 돈을 영국에 있는 가족에게 보낸다고 하자. 이때 영국에 있는 가족의 이름으로 우편환을 끊어서 보낸다. 그러면 가족은 우편환을 받아서 근처 은행에 가면 현금으로 바꿀 수 있었다. 지금이야 은행에 가서 타국 계좌로 돈을 쉽게 보낼 수 있지만 정보 시스템과 인터넷이 없던 19세기에는 돈을 안전하게 해외로 보낼 수 있는 방법으로 우편환이 유일했다.

아멕스는 1882년에 우체국과 경쟁하기 위하여 우편환 서비스에 진출한다. 이런 우편환 서비스를 하려면 받은 우편환을 돈으로 바꿀 수 있는 은행과 같은 금융기관을 확보해야 했는데 이는 아멕스 입장에서는 쉬운 문제였다. 이미 은행 등의 금융기관과 특급 운송 서비스를 통하여 거래하고 있었기 때문이다. 그리고 우편환을 보내는 이민자를 포함한 일반인이나 사업가도 특급 운송 서비스 고객으로 확보가 된 상태였다. 덧붙여 아멕스는 이미 특급 운송 서비스를 위한 사무소나 대리점을 미국과 영국을 비롯한 해외 국가에 가지고 있었다. 이런 사무소나 대리점에서 고객들은 편리하게 우편환을 발급하거나 돈을 지급 받을 수 있었다. 아멕스의 특급 운송 네트워크가 우체국의 지역별 네트워크를 대체한 셈이다.

우편환 서비스도 플랫폼 성격을 가지고 있기에 어느 한쪽 그룹이 확보되지 않으면 시작하기 어렵다. 우편환을 이용하는 사용자 그룹과 우편환을 받아서 처리하는 은행 등의 금융 그룹이 확보되어야 한다. 이런 측면에서 아멕스가 우편환 비즈니스에 진출한 것은 굉장히 영리하고 시기적절한 결정이었다. 이렇게 우편환 서비스를 시작하면서 아멕스는 금융업에 진출한다.

우편환 서비스를 단순히 수수료를 받는 비즈니스라고 보면 안 된다. 아멕스는 우편환을 끊는 고객에게서 현금을 받은 후 우편환이 현금으로 다시 교환될 때까지 돈을 보관한다. 일종의 채무이지만 현금으로 찾기 전까지는 아멕스가 관리하는 단기자금이 되었다. 이 자금의 규모가 엄청나서 해당 자금을 잘 굴리는 것만으로도 이자를 포함하여 상당한 수익을 거두었다.

특급 운송 서비스와 우편환 서비스를 이용하는 사업가들은 종종 해외 출장을 다녔다. 물론 이민자들을 비롯한 일반인도 가끔 해외여행을 갔을 것이다. 해외여행 시 미리 여행지의 돈으로 환전하여 현금을 들고 갈 수는 있지만 분실 우려가 있었다. 특히 큰돈을 해외로 가지고 갈 경우 안전하게 들고 가는 것이 쉽지 않았다. 아멕스는 이런 불편함을 해소할 수 있는 여행자수표 서비스를 1891년에 출시했다. 여행자수표는 해외에서 사용할 수 있는 선지불된 수표다. 10달러, 20달러, 50달러 등 다른 금액으로 발행을 받아서 필요한 만큼만 환전해서 쓰면 된다. 아멕스는 여행자수표를 받아서 환전할 수 있는 해외 은행도 이미 우편환 서비스를 통하여 확보했다. 여행자수표 서비스도 우편환 서비스처럼 플랫폼 성격을 지니고 있다. 아멕스는 사업가를 포함한 여행자 그룹과 여행자수표를 처리해 주는 은행 그룹을 연결한다.

여행자수표 서비스 도입을 하게 된 일화는 유명하다. 창립자 윌리엄 파고의 동생인 제임스 파고가 회장일 때였다. 그가 유럽에 출장을 갔을 때 해외은행에서 현금을 찾는 것이 쉽지 않았다고 한다. 당시에는 신용장을 통해 해외은행에서 현금을 받았다. 신용장을 사용할 때 불편한 점은 신분 확인 과정이 때로는 몇 시간 이상 걸릴 수 있다는 점이다. 제임스 파고는 자신이 아멕스 회장임에도 불구하고 신분 확인에 시간이 오래 걸리는 점이 불쾌했다고 한다. 그리하여 제임스 파고는 미국 여행자가 해외에 갔을 때 좀 더 쉽게 현금을 찾을 수 있는 방법을 고안하라고 지시했다.

여행자수표 도입을 통하여 여행자 그룹을 고객으로 갖게 된 아멕스는 자연스럽게 여행 관련 서비스를 제공하는 사업부를 1915년에 설립한다. 여행자 그룹이 확보되었으므로 여행에 필요한 숙박이나 운송 관련 업체를 끌어들인 것이다. 아멕스를 통하여 숙박이나 교통편을 예약한 고객은 해외에 나갔을 때 아멕스의 해외 사무소를 통하여 안내도 받고 여행자수표도 찾을 수 있었다.

아멕스는 1935년에 여행 관련 잡지도 발행한다. 여행 서비스를 통하여 이미 확보한 비즈니스 출장자나 일반 여행객이 잡지의 주요 독자였다. 이런 독자 그룹을 바탕으로 해당 잡지에 광고를 싣고자 하는 광고주를 모았다. 광고주가 될 만한 숙박, 운송, 식당 등의 업체는 여행 서비스를 제공하면서 이미 확보한 상태였다. 아멕스의 여행 잡지 발행은 자연스러운 수순이자 진화로 볼 수 있다.

아멕스의 이런 금융 및 여행업 진출은 1918년에 닥친 위기를 극복할 수 있는 발판이 되었다. 미국 정부가 철도를 국유화하고 모든 특급 운송 서비스 회사를 통합하기로 결정한 것이다. 이로 인하여 아멕스는 주요 사업이었던 특급 운송 서비스에서 손을 떼야 했다. 그렇지만 특급 운송 서비스에서 이미 확보한 고객을 바탕으로 금융 및 여행 플랫폼 비즈니스로 진화했기 때문에 살아남을 수 있었다. 회사 이름에는 여전히 특급 운송을 뜻하는 익스프레스가 남아 있지만 그 이후부터는 우편환과 여행자수표를 취급하는 금융업과 여행업에 치중한다. 플랫폼으로 진화한 것이 이런 갑작스런 정부의 정책 변화에도 살아남을 수 있었던 원동력이 되었다.

아멕스는 대체 언제 신용카드 서비스를 시작했을까? 아멕스가 특급 운송을 그만둔 후 40년이 지난 1958년에 시작했다. 이는 특급 운송 서비스를 시작한 지 108년이나 지난 후였다. 지금 우리가 아는 아멕스의 모습을 갖추기까지 100년이 넘는 시간이 걸렸다. 아멕스는 전통 기업이 초창기 비즈니스와는 전혀 다른 영역으로 진입하여 플랫폼으로 진화할 수 있다는 것을 보여준다.

아멕스는 신용카드 서비스를 시장에 처음 선보인 회사는 아니다. 프랭크 맥너마라가 만든 다이너스 클럽이 세계에 처음으로 등장한 신용카드 회사다. 다이너스 클럽은 아멕스보다 8년이나 빠른 1950년에 신용카드 서비스를 선보였다. 이때만 해도 신용카드 회사의 업무는 단순했다. 다이너스 클럽은 식당에게는 음식값을 지불할 것을 보증하고 카드 사용자로부터는 대금을 회수하는 일을 했다. 요즘처럼 다양한 할인 서비스를 제공하는 등의 부가적인 기능은 없었다. 다이너스 클럽은 이름이 말해 주듯이 고급 식당을 이용하는 사업가 그룹과 식당 그룹을 연결했다. 다이너스 클럽은 초창기에는 돈을 갚지 않는 불량 고객 때문에 흑자를 내지 못했다. 불량 고객이 카드 사용 금액을 갚지 않으면 다이너스 클럽은 식당에 해당 금액을 대신 지불해야 했기 때문이다. 하지만 시간이 흐르면서 다이너스 클럽은 흑자로 돌아섰고 많은 경쟁자가 생기기 시작했다.

아멕스는 기존의 우편환이나 여행자수표를 사용하는 사업가나 부유층을 고객으로 확보한 상태였으므로 신용카드 사업에 손쉽게 진출할 수 있었다. 하지만 다이너스 클럽이 1956년 기업을 인수해 달라고 요청했을 때는 이를 거절했다. 아마도 우편환이나 여행자수 표처럼 이미 받은 금액을 나중에 주는 것이 아니고 나중에 회수가 안 될 수도 있는 금액을 식당에 먼저 주어야 한다는 것이 부담으로 느껴진 것 같다. 아멕스는 다이너스 클럽 인수는 거부했지만 1958년 독자적인 신용카드를 만들어 시장에 내놓았다. 이용자의 연체에 따 른 비용이 부담되긴 하지만 많은 사업가들이 사용하기 시작한 신용 카드라는 새로운 시장을 놓치기 싫었던 것이다. 또한 기존의 여행자 수표에 대한 수요가 신용카드로 흡수되는 것을 우려했다.

사업 초기에 아멕스가 신용카드 가맹점으로 확보하기 손쉬운 업 체는 무엇이었을까? 아멕스는 이미 여행 사업을 통하여 숙박 업체와 좋은 비즈니스 관계를 유지하고 있었다. 호텔 업계를 끌어들여 가맹 점을 늘리면 신용카드 고객으로 부유층이나 사업가 또는 일반 여행 객을 모을 수 있었다. 그러나 그 당시 미국 호텔 협회가 유니버설 트 래블이라는 카드 서비스를 이미 시작했다. 호텔 협회의 반발을 고려 하여 아멕스는 비밀리에 신용카드 서비스를 계획했다. 운이 좋게도 바로 그때 미국 호텔 협회가 자신의 카드 서비스를 인수해 달라는 요 청을 한다. 당시 호텔 협회가 발행한 유니버설 트래블 카드는 10만 명이 넘는 이용자와 5,000개 정도의 호텔을 확보한 상태였다. 아멕 스는 유니버설 트래블 카드 인수를 통하여 닭과 달걀의 문제를 단숨 에 해결했다. 아멕스는 인수 직후 25만 장의 신용카드를 발행하고 1 만 7,500개 정도의 가맹점을 확보했다.

아멕스는 신용카드 서비스 진출로 금융업에 좀 더 치중하게 되고 이후 보험, 증권, 투자은행업에도 기업 인수를 통하여 진출한다. 지금 우리가 알고 있는 신용카드 회사를 넘어선 종합 금융 기업을 꿈꾸었던 것이다. 그런데 아멕스는 10년 넘게 경영하던 보험과 투자은행 및 증권회사를 분사나 매각을 통하여 처분했다. 이런 업종은 중개자 역할 이외에 해당 업무에 대한 전문성을 확보하는 것이 중요하다. 그래서 그동안 확보한 기존 고객이나 사업 파트너만을 토대로 해당 사업를 하기에는 어려웠을 것이다. 돌이켜 보면 아멕스가 성공적으로 수행했던 우편환, 여행자수표, 여행업 및 신용카드 서비스는 중개업 성격이 강한 업종이다.

아멕스는 2020년 Kabbage를 인수하면서 소상공인을 위한 자동 대출 서비스를 시작했다. 2008년에 만들어진 Kabbage는 기존 은행 대출과는 달리 소상공인의 매출액, 사업 기간, 신용 점수, 소셜미디어 활동 등과 같은 데이터를 분석하여 자동으로 대출을 실행한다.[46] 요즘 비즈니스 화두인 인공지능을 대출에 적용한 것이다. Kabbage가 주요 목표 고객으로 삼은 것은 매출 규모가 크지 않은 소상공인이다. 소상공인이 기존 은행을 이용하여 운영자금을 대출하려면 복잡한 대출 프로세스를 거쳐야 한다. 하지만 Kabbage는 데이터에 근거하여 운영에 필요한 자금을 적절한 시점에 손쉽게 제공한다는 점에서 주목을 받았다.

아멕스가 Kabbage를 인수한 이유는 무엇이었을까? 바로 기존

---

46 Ingrid Lunden, TechCrunch, 2019, "Kabbage secures $200M to fuel its AI-based loans platform for small businesses"

신용카드 가맹점인 소상공인 그룹이 Kabbage의 고객이 될 수 있다는 점 때문이다. 소상공인에게 신용카드 수수료만 받는 것이 아니라 대출에 따른 이자도 챙길 수 있다. 특급 운송부터 시작하여 Kabbage 인수에 이른 아멕스의 진화는 그림 7-1과 같다.[47]

Kabbage를 통한 대출 서비스는 엄밀하게 따지면 플랫폼 비즈니스는 아니다. 소상공인과 예금자 그룹을 연결하지 않기 때문이다. 허나 Kabbage는 플랫폼으로 발전할 여지는 있다. 소상공인을 위한 대출 서비스만 제공하는 것이 아니라 소상공인 그룹과 소비자 그룹을 연결할 수 있기 때문에 플랫폼 서비스로 진화할 수 있다. 코로나19 위기가 한창인 2020년에는 소상공인 업체의 선물 상품권(gift certificate)을 누구나 구매할 수 있는 helpsmallbusiness.com을 일시적으로 운영했다. 사용자 그룹뿐만 아니라 소상공인이 필요한 서비스를 제공하는 다른 그룹과 소상공인 그룹을 연결하는 것도 가능하다. 가령 소상공인이 필요한 보험이나 파트타임 인력 중개 업체도 연결할 수 있다.

안타깝게도 Kabbage는 2022년에 파산 신청을 했다. 미국의 트럼프 행정부는 코로나19 위기로 인하여 어려워진 소상공인이 낮은 이자율의 대출을 받아서 직원들 월급이나 필요 경비를 지급할 수 있는 Paycheck Protection Program을 집행했다. 그런데 Kabbage

---

47 아멕스의 플랫폼 진화를 그림 7-1과 같이 표현하는 아이디어는 스탠퍼드에서 박사과정 시절 조교를 했던 Edison Tse 교수의 Dynamic Entrepreneurial Strategy 강의에서 따왔다. 특히 이 책에 묘사한 아멕스와 아마존의 플랫폼 진화 그림은 해당 강의에서 제시한 다이어그램을 토대로 수정하고 확장한 결과물이다.

[그림 7-1] 아메리칸 익스프레스의 플랫폼 진화

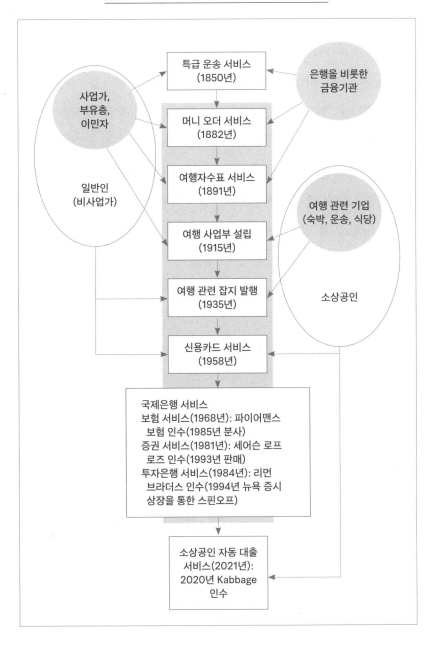

는 허위 대출 신청을 제대로 가려내지 못했고 이에 대한 부실 대출이 드러나면서 Chapter 11 파산을 신청했다.

아멕스는 Kabbage를 다시 살리지 않고 2023년 초 Amex Business Blueprint로 이름을 변경하여 해당 서비스를 이어 나간다. 아멕스는 이 서비스를 아마도 소규모 기업의 자금 관리를 위한 플랫폼으로 만드는 것 같다. 소상공인의 여러 데이터를 토대로 적절한 현금 흐름을 가지도록 돕는 것이다. 그 이후에는 요즘 금융권의 화두 중 하나인 플랫폼 뱅킹과 유사한 형태를 보일 것으로 예상한다. 즉, 소규모 기업 입장에서 필요한 다양한 금융 및 비금융 서비스를 한곳에서 모두 제공하는 플랫폼이 되는 것이다. 플랫폼 뱅킹에 대해서는 8장에서 금융업의 플랫폼 전환에 대해서 다룰 때 상세하게 살펴본다.

아멕스는 오랜 기간에 걸쳐 플랫폼 비즈니스로 진화했지만 요즘 온라인 플랫폼은 상대적으로 짧은 기간에 다양한 서비스를 제공하고 새로운 고객 그룹을 끌어들이며 진화하는 모습을 보여준다. 사용자 그룹 간 상호작용이 훨씬 더 잘 일어날 수 있는 온라인에서는 한번 성공적인 궤도에 안착하면 연결된 사용자 그룹이 서로 커지면서 거래 규모도 더욱더 커진다. 물론 성공적인 궤도에 안착하려면 닭과 달걀의 문제를 극복해야 한다. 3장에서 살펴본 것처럼 닭과 달걀의 문제를 극복하기 위한 방법 중 한 가지는 매력적인 서비스를 제공하여 한쪽 그룹의 사용자를 먼저 확보하는 것이다. 그러면 그 그룹이 다른 그룹에 미치는 그룹 간 네트워크 효과를 이용하여 다른 그룹을 끌어들인다. 페이스북이나 카카오처럼 나누어서 정복하기를 적용하여 닭과 달걀의 문제를 해결하는 것이다. 한번 궤도에 오른 후에는 계속적으로 사용자 그룹의 확장을 꾀할 수 있다. 이를 잘 보여주는 대표적인 진화 플랫폼으로 글로벌 온라인 시장을 선도하는 아마존을 살펴보자.

○
아마존의 진화

지금은 아마존이라는 거대 기업을 모르는 사람이 거의 없다. 아마존의 2023년 미국 시장점유율은 37퍼센트로 월등히 높은 1등을 차지했다.[48] 뒤를 이은 월마트의 시장점유율은 6퍼센트에 지나지 않는다. 앞서 살펴본 이베이는 3퍼센트에 불과하다. 아마존은 현재 온라인 시장만 운영하는 것이 아니다. 아마존 웹 서비스로 클라우드 시장을 선도하고 있다. 전자책 서비스인 킨들도 제공하고 소상공인을 위한 물류 대행 서비스도 제공한다. 아마존이 어떤 과정을 거치면서 이렇게 다양한 서비스를 제공하는 플랫폼으로 진화했는지 살펴보자.

1994년, 아마존의 시작은 온라인 서점이었다. 당시는 인터넷의 상업화가 이루어지기 시작한 시기다. 수많은 닷컴 회사들이 만들어지

---

48   Statista, 2023, "Market share of leading retail e-commerce companies in the United States in 2023"

[그림 7-2] 아마존의 수직 확장

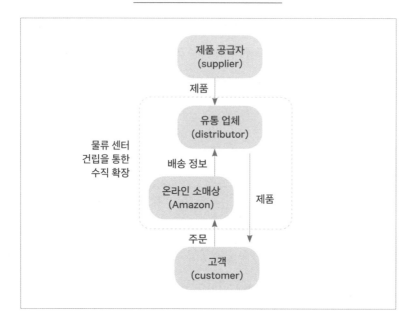

고 있었다. 제프 베이조스는 인터넷 비즈니스의 엄청난 발전을 예상한 혜안이 있었던 것 같다. 아마존의 처음 시작은 온라인 서점이었지만 지난 20여 년간 끊임없이 진화했다. 제프 베이조스 본인도 차고에서 책을 포장하던 1994년에는 아마존이 현재와 같은 모습으로 성장하리라고는 기대하지 않았을 것이다.

아마존은 초기 온라인 서점이 성공하면서 판매 제품을 늘리는 수평 확장(horizontal expansion)과 가치 사슬을 확장시키는 수직 확장(vertical expansion)을 동시에 꾀하였다. 먼저 1997년부터 책 이외에도 전자 제품, 음악 CD, 영화 DVD 및 옷 등을 판매하기 시작하면서 온라인 소매상으로 진화하는 수평적 확장을 이루었다. 온라인으로 판매하는 제품의 종류와 양이 증가하면서 같은 해 아마존은 최초의 물류 센터를 시애틀에 마련하였다.[49] 이는 아마존이 제품을 고객에게 배송하기 위해서 거쳐야 하는 가치 사슬 일부를 아마존의 영역으로 만드는 수직 확장에 해당한다. 이해를 돕기 위해서 아마존의 가치 사슬을 간단하게 표현하면 그림 7-2와 같다.

물류 센터가 없다면 아마존은 고객의 주문을 받아 유통 업체를 통하여 고객에게 제품을 배송하게 된다. 아마존은 물류 센터를 지음으로써 유통 업체 역할을 할 수 있게 되어 고객의 주문을 신속하게 처리한다. 수직으로 아마존의 업무 범위가 늘어나기 때문에 이를 수직 확장이라고 부른다. 보관해야 하는 제품의 양이 늘어날수록 규모의 경제 효과도 누릴 수 있다.

당시의 닷컴 기업 상당수는 아마존처럼 공격적으로 물리적 시설에 투자하지 않았다. 왜냐하면 창고나 물류 센터에 투자할수록 운영비가 높아져 이익의 폭이 줄어들기 때문이다. 이베이가 바로 그런 경우다. 전문가들도 닷컴 기업의 최대 장점은 물리적 시설이 없어 운영비가 절감된다는 점을 꼽았다.

현재 아마존은 미국에만 100개가 넘는 물류 센터를 확보했다. 이런 물리적 자원이 닷컴 기업으로 출발한 아마존의 경쟁 우위를 지켜준다는 점은 어느 정도 아이러니 같다는 생각이 든다. 돌이켜 보면 인터넷 비즈니스는 단순히 온라인상의 비즈니스를 의미하는 것이 아

---

49   Emma Taubenfeld, Reader's Digest, 2022, "Here's What It Looks Like Inside an Amazon Warehouse"

니다. 온라인 비즈니스를 통하여 고객에게 전달하는 가치가 달라졌을 뿐 비즈니스를 수행하기 위한 자원을 확보하여 효율적으로 가치를 전달한다는 것에는 차이가 없다. 아마존은 고객이 원하는 제품을 빠른 시간 안에 배송하기 위해 물리적 자원을 확보하는 일에 소홀하지 않았던 것이다. 아마존이 가치 사슬의 한 부분인 제품 보관 및 배송을 다른 유통 업체에 의지했다면 지금처럼 신속한 배송 서비스가 불가능했을 것이다.

아마존은 2000년대 들어 도약을 위한 새로운 비즈니스 형태를 도입하기로 결정했다. 바로 2000년 11월에 온라인 시장으로의 변환을 꾀했다. 온라인 시장으로 진화하면서 제3의 업체가 아마존을 통해 고객에게 물건을 팔 수 있게 되었다.[50]

아마존의 온라인 시장 진화는 정말 신의 한 수다. 아마존은 서비스를 시작한 1994년 이후로 2001년까지 계속 적자였다. 적자를 흑자로 만들기 위해서는 거래량을 늘리고 일정 이익률을 확보하는 것이 필요했다. 온라인 시장에서 제품을 팔기 위해 모인 판매자 그룹은 그룹 간 네트워크 효과에 의하여 더 많은 사용자를 아마존으로 끌어들였다. 또한 아마존이 팔지 않는 물건도 구매할 수 있어 사용자의 효용이 올라갔다. 이는 거래량 증가로 이어졌다. 외부 판매자가 물건을 팔 경우 거래 금액에 비례하여 수수료를 받으므로 일정 수준의 이익을 확보

---

50 한국에서는 온라인 시장을 오픈 마켓이라고 부른다. 마켓이 다른 판매자에게 열려 있다는 의미다. 오픈 마켓은 우리나라에서 주로 사용하는 콩글리시에 가깝다. 영어권에서 오픈 마켓은 보통 누구나 참여 가능한 시장이나 자유무역이 가능한 시장을 의미한다.

하는 데 도움이 된다. 외부 판매자를 통한 거래 규모가 점점 증가하여 2023년에는 아마존 거래 물량의 60퍼센트를 넘어섰다.[51]

특히 마진이 적은 제품은 외부 판매자가 판매하여 수수료를 받는 것이 아마존의 이익률을 높일 수 있다. 가령 아마존이 재고 비용 등을 포함한 원가가 2,000달러인 컴퓨터를 2,100달러에 판다고 하자. 아마존이 직접 팔면 100달러의 이익을 얻는다. 이때 아마존이 아닌 제3의 업체가 동일 제품을 2,000달러에 판매한다고 가정해 보자. 아마존은 굳이 경쟁하려고 가격을 낮출 필요가 없다. 소비자가 해당 업체로부터 컴퓨터를 살 경우, 8퍼센트의 판매 수수료라면 160달러를 이익으로 얻는다. 직접 파는 것보다 외부 업체를 통해서 팔 경우 60달러를 더 벌 수 있다.

온라인 시장 진출로 인하여 아마존이 감수해야 하는 위험은 무엇일까? 바로 아마존의 고객을 경쟁하는 타 온라인 소매상에게 노출시킬 수 있다는 점이다. 이로 인하여 가격경쟁이 심화되거나 다른 판매자에게 고객을 빼앗길 수 있다. 하지만 실제로 그럴 가능성은 높지 않다. 아마존에서 쇼핑하는 고객을 두 부류로 나누어 보자. 첫 그룹은 가격을 검색하지 않고 아마존에서만 제품을 구매하는 충성 고객이고, 두 번째 그룹은 가격을 비교한 후 싼 곳에서 구매하는 비교 고객이다. 비교 고객은 어차피 아마존의 온라인 시장 서비스와 관계없이 가격을 비교하므로 온라인 시장 진출 때문에 다른 판매자에게 노

---

51 Statista, 2024, "Share of paid units sold by third-party sellers on Amazon platform from 2nd quarter 2007 to 1st quarter 2024"

출이 되는 것은 아니다. 오히려 비교 고객이 가격이 더 싼 경쟁자의 사이트에서 구매하는 것보다 아마존을 통하여 해당 경쟁자로부터 제품을 구매하는 것이 아마존에게는 더 낫다. 수수료를 받을 수 있기 때문이다. 충성 고객은 다른 판매자의 가격이 아마존보다 상당히 낮을 경우에만 해당 판매자로부터 구매를 한다. 앞서 설명한 것처럼 아마존은 경쟁자의 낮은 가격을 맞추려고 할 필요가 없다. 무리하게 경쟁해서 마진을 줄이기보다 수수료를 받는 쪽을 택하면 된다. 그러므로 온라인 시장 진출 때문에 가격경쟁이 심화되지 않는다. 또한 다른 판매자는 거래 금액의 일부를 수수료로 내야 하기 때문에 가격을 공격적으로 낮추기 어렵다. 그런데 고객이 다른 판매자가 직접 운영하는 사이트로 빠져나가지는 않을까?

고객 유출을 막으려고 아마존은 가격 통제 정책을 시행했다. 아마존을 통해 제품을 판매하는 제3의 온라인 소매상은 아마존에서 자신의 사이트보다 더 비싼 가격에 제품을 판매하지 못한다. 자신의 사이트에서는 싸게 팔고 아마존에서는 비싸게 판다면 소비자 입장에서는 직접 해당 소매상 사이트에 가서 제품을 살 것이기 때문이다. 아마존에 들어가서 당신이 사고 싶은 제품을 검색해서 두 가격을 비교해 보자. 소매상의 사이트에서는 아마존과 같거나 조금 더 높은 가격에 동일 제품을 판매하는 경우가 대부분일 것이다.

한편 온라인 소매상은 수수료를 내면서도 왜 아마존과 같은 대형 온라인 시장에서 제품을 팔려고 하는 것일까? 수수료를 내더라도 더 많은 사용자를 접해야 매출이 올라가기 때문이다. 전체 시장에 동일 제품을 파는 온라인 소매상 10개가 있다고 하자. 이 온라인 소매상이 모두 아마존을 통해 판매한다고 가정한다. 10개 중 온라인 소매상 1개가 아마존을 통해 팔지 않는다고 결정을 내리면 그 온라인 소매상의 매출은 어떻게 될까? 아마도 줄어들 것이다. 소비자는 아마존을 방문해서 제품을 검색하면 아마존을 포함한 9개의 온라인 소매상 가격을 다 보고 가장 저렴한 옵션을 선택한다. 굳이 검색을 더 하거나 이탈한 온라인 소매상의 사이트를 찾을 확률은 낮다.

아마존은 2006년 들어 더욱 공격적으로 아마존 온라인 시장을 활성화시키기 위하여 Fulfillment by Amazon(FBA) 서비스를 시작했다. FBA란 아마존에서 제품을 파는 개인이나 소상공인이 판매에만 집중할 수 있도록 제품의 픽업, 배송 및 재고관리 등을 아마존이 대신해 주는 것이다. 상당히 높은 수수료를 내야 하지만 온라인 판매 경험이나 물류 관리 역량이 부족한 소상공인 입장에서는 흥미가 당길 만한 서비스다. 아마존은 FBA 고객을 통하여 물류 센터의 처리량을 늘릴 수 있고 동시에 더 많은 판매자를 온라인 시장으로 모을 수 있다. 나아가서 기존 제3의 판매자가 FBA를 이용하면 더 많은 수수료를 매출로 확보할 수 있다.

아마존은 2006년, 또 다른 수평 확장을 시작했다. 클라우드 서비스를 제공하는 아마존 웹 서비스를 출시한 것이다. 웹 서비스는 아마존에서 제품을 파는 제3의 판매자들이 자신의 사이트를 편리하게 만드는 서비스에서 비롯되었다. 이렇게 소프트웨어를 서비스로 제공하는 경험이 쌓이면서 개발자를 비롯한 사용자가 IT 환경에 구애받지 않고 데이터를 손쉽고 안전하게 저장하고 사용할 수 있도록 하는 클라우드 서비스를 선보였다. 이런 아마존의 시도는 빅데이터 시대와 맞물리면서 엄청난 성공을 거둔다.

2007년, 아마존은 기존의 온라인 서점과 연관된 수평 확장을 시도한다. 전자책 태블릿 킨들을 출시하고 전자책 구독 서비스를 시작했다. 킨들은 아마존에서 유통하는 책, 잡지 등을 손쉽게 다운받아 읽을 수 있는 기기인 동시에 전자책 구독 서비스 이름이다. 월간 구독료를 지불하면 킨들 마크가 붙어 있는 책이나 잡지를 킨들 기기나 컴퓨터에서 무한대로 읽을 수 있다. 킨들 기기가 있으면 수백 아니 수천 권 이상의 책을 들고 다닐 필요가 없다. 더구나 전자책은 변동 비용이 0에 가깝다는 점에서 규모의 경제를 실현하기에 딱 맞는 제품이다. 한번 만들어지면 몇 천 명이 더 읽더라도 늘어나는 비용은 없기 때문이다. 킨들 서비스는 성공했다. 아마존의 방대한 고객 그룹을 바라보고 참여하는 작가나 출판사를 모을 수 있었기 때문이다. 아마존은 미국 전자책 시장의 80퍼센트 이상을 점하고 있으며 킨들 구독자 수는 300만 명을 넘은 것으로 알려졌다.[52]

아마존은 수회에 걸쳐 이루어진 비즈니스 확장에 힘입어 수익이 가파르게 상승했다. 그림 7-3은 1995년부터 20여 년간 아마존의 수익 및 순이익 그래프와 주요 사업 확장 포인트를 보여준다. 아마존의 기업 가치도 기하급수적으로 높아졌다. 1997년 7월 2달러 정도에

---

52   Danny McLoughlin, WordsRated, 2022, "Amazon Kindle, E-book, and Kindle Unlimited Statistics"

[그림 7-3] 아마존의 수익 및 주요 비즈니스 확장

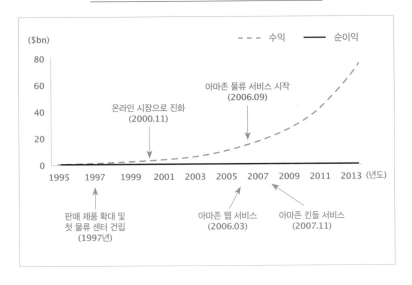

불과했던 아마존 주가는 2017년 7월 1,000달러를 넘었다. 이는 20년 만에 아마존 주식의 가치가 500배 성장했다는 것을 의미한다. 아마존의 공격적인 비즈니스 확장이 이런 엄청난 성장을 가능하게 만든 것이다.

아마존의 비즈니스 확장은 플랫폼으로의 진화와 더불어 이루어졌다. 연도별로 살펴본 아마존의 주요 서비스 확장을 플랫폼 비즈니스 관점에서 재구성하면 그림 7-4와 같다. 온라인 서점이라는 서비스를 통하여 책을 읽는 고객을 확보한 아마존은 다른 제품으로 판매를 확장하면서 더 많은 다양한 고객을 확보했다. 이렇게 거대한 고객 그룹을 확보한 아마존은 이를 바탕으로 제3의 판매자 그룹을 확보한다. 바로 온라인 시장 서비스를 통해서다. 구매자 그룹과 판매자 그룹을 확보하게 되면서 아마존은 닭과 달걀의 문제를 해결했다. 플랫폼으로서의 아마존은 물류 센터를 확충하면서 더 나은 서비스를 양쪽 그룹에 제공한다. 구매자 그룹에게는 더 빠른 배송을, 판매자 그룹에게는 판매, 재고, 배송 등의 서비스를 공급하는 것이다. 이런 물류 서비스를 통하여 두 그룹 모두 더욱더 성장했다. 킨들 서비스를 통하여

[그림 7-4] 아마존의 플랫폼 진화

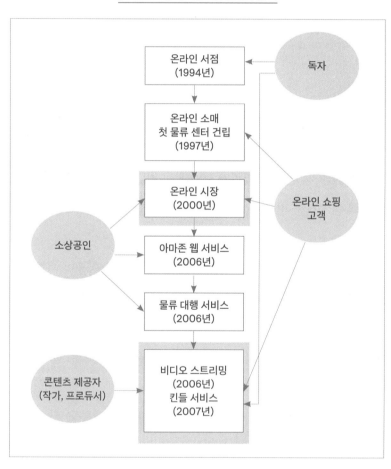

기존 고객을 전자책 고객으로 확보하거나 새로운 전자책 고객을 끌어들여 구매자 그룹을 더 확장시켰다. 클라우드 서비스도 기존의 판매자 그룹에게 필요한 서비스다. 물론 클라우드 서비스에 새롭게 참여한 기업도 있다. 이들이 아마존을 통한 제품 판매에 참여한다면 판매자 그룹도 덩달아 성장한다.

단순히 기업의 성장을 연도별로 열거하기보다는 플랫폼 관점에서 성장을 정리하면 아마존의 성장 전략이 유기적으로 연결되어 있음을 알 수 있다. 이 책에서는 아마존과 같은 성장 방식을 플랫폼 진화라고 부른다. 플랫폼 진화는 수평 및 수직 확장을 통하여 기존의 사용자 그룹을 성장시키다가 적당한 기회가 오면 새로운 그룹을 네트워크 효과로 끌어들인다. 기존의 서비스로도 가능하지만 때로는 새로운 가치를 주는 서비스를 통하여 이루어질 때도 있다.

아마존과 비슷한 시기인 1995년에 설립된 글로벌 온라인 전자상거래 회사 이베이는 기업 인수를 통한 수평 확장 방식을 통하여 세계 시장에 진출했다. 두 기업의 성장 방식을 비교함으로써 플랫폼 진화가 수평적인 확장에 비하여 가지는 이점을 알아보자.

O

이베이의 수평적 확장

이베이는 아마존의 플랫폼 진화와는 달리 온라인 경매나 유사한 서비스를 제공하는 기업을 인수하는 수평적 확장을 주로 취했다. 미국 내에서는 잠재적 경쟁자이거나 특정 분야에 치중한 틈새시장 기업(niche player)을 다수 인수했다. 예를 들어 이베이는 Half.com을 2000년에, Stubhub를 2007년에 사들였다.

Half.com은 경매 방식의 이베이와는 달리 판매자가 가격을 설정하는 온라인 시장 형태를 가지고 있었다. 사이트 이름은 마치 반값에 제품을 살 수 있다는 뉘앙스를 풍긴다. 주로 책이나 교과서, 음반이나 비디오 게임 타이틀 등을 팔았다. 예전에 미국에서 교과서를 사려고 인터넷 가격 검색 사이트를 찾아보면 종종 Half.com에서 파는 책을 볼 수 있었던 것으로 기억한다. 2017년에 운영이 중단되었고 지금은 주소창에 Half.com을 입력하면 이베이로 연결된다.

앞에서 언급한 Stubhub는 운동경기나 콘서트 등의 표를 거래할 수 있는 온라인 시장이다. 가령 운동경기 티켓을 구입했다가 못 가게 될 경우 Stubhub를 통하여 제3자에게 되팔 수 있다. 공식 콘서트 예매 사이트에서는 이미 매진된 표를 여기서 구할 수 있다. Stubhub는 중고 티켓 거래라는 특화된 기능을 제공한다. 가령 축구 경기 표를 구매하려고 들어가면 어느 구역인지를 경기장 좌석 그림과 함께 알려 주고 최종 구매 후에 정확한 좌석 위치를 알려 준다. 한 가지 재미있는 사실은 이베이는 2020년에 원래 창업주인 에릭 베이커에게 Stubhub를 재매각한다. 에릭 베이커는 자신이 창업한 Stubhub에서 쫓겨난 후 2020년에 새로 세운 런던 중심의 Viagogo라는 회사를 통해서 Stubhub를 다시 사들였다. 이베이는 운 좋게도 코로나19

위기로 인한 손실을 회피할 수 있었다.

이베이가 수평적 방식이 아닌 수직 확장을 한 경우는 유일하게 온라인 결제 시스템에 관련된 업체를 인수했을 때다. 먼저 1999년도에 Billpoint를 인수하여 이베이 고객들이 송금 시 이용하도록 유도했으나 그리 성공적이지는 않았다. 이에 이베이는 2002년에 온라인 결제 플랫폼인 페이팔(PayPal)을 인수했다. 페이팔은 인수되기 전에 이미 이베이 사용자들에게 큰 인기를 끌고 있었다. 이베이는 페이팔 인수를 통하여 안전하고 편리한 결제 시스템을 갖추게 된다. 한편, 창업자 중 한 명이었던 일론 머스크는 페이팔 매각을 통해 새로운 창업을 위한 자금을 확보했고 같은 해 우주여행과 위성 인터넷 서비스 등을 제공하는 스페이스X를 설립한다. 다음해인 2003년에는 전기자동차 제조업체인 테슬라를 만들었다. 만약 일론 머스크가 이베이 경영에 참여했다면 현재의 이베이는 온라인 경매나 시장을 벗어나는 다른 확장을 하지 않았을까?

이베이는 미국 내 다른 시장에 진출하기보다는 세계시장 진출을 통한 시장 확대를 꾀했다. 기존 온라인 경매 업체를 인수하거나 로컬 기업과의 합작을 통해서다. 이베이는 미국에서 온라인 경매 사업을 시작한 첫해부터 흑자를 달성할 정도로 효율적인 비즈니스 운영을 했다. 미국에서의 사업 방식을 인수한 기업이나 합작회사에 그대로 적용하고 싶었던 것으로 보인다. 하지만 이베이의 글로벌 확장은 5장에서 살펴본 것처럼 아시아 시장에서만큼은 고전을 면치 못했다.

이베이는 일본에 2000년 2월 일본 전자 기업인 NEC와의 조인트

벤처 형태로 진출하여 당시 온라인 시장을 이끌던 야후 재팬과 경쟁한다. 이베이의 수수료 수익 비즈니스 모델은 일본 시장에서 성공하지 못했다.[53] 미국에서 이베이가 성공할 수 있었던 근본적인 이유는 중고 물품을 수집하는 사람들의 수요가 충분했고 온라인 경매 시장 초기에 두 번째로 진출했기 때문이다.[54] 하지만 일본 시장에서 이베이는 후발 주자였고 게다가 야후 재팬도 부과하지 않았던 거래 수수료를 처음부터 받는 악수를 두었다. 2001년 비즈니스위크 기사에 따르면,[55] 야후 재팬은 온라인 경매 시장의 95퍼센트를 차지할 정도로 선발자이익(first-mover advantage)을 누렸다. 그리하여 결국 이베이 재팬은 온라인 경매 시장에서 2002년을 기점으로 문을 닫았다.

당시 이베이를 이끌던 마거릿 휘트먼은 매해 50퍼센트 이상의 매출액 증가를 토대로 2005년에는 3조 원 매출을 달성하겠다는 목표가 있었다. 이를 구현하는 방법으로 글로벌 확장을 선택했기에 2003년에는 중국 시장에 진출한다. 앞서 일본 시장에서의 합작이 실패했기 때문인지 당시 중국의 온라인 개인 간 거래 사이트 중 가장 큰 시장점유율을 가진 EachNet을 인수하면서 중국에 진출했다. 당시 기업과 기업 간 거래 사이트인 알리바바를 이끌던 잭 마윈은 타오바오

---

53   Nick WingfieldStaff Reporter of The Wall Street Journal, 2002, "EBay Will Close Japan Auction Site As Sale Rates Remain Below Normal"

54   1995년 5월 미국에서 첫 온라인 경매 사이트 Onsale.com이 만들어졌다. 이베이는 4개월 후인 그해 9월에 세워졌다.

55   Belson, Ken, Hof, Rob, Elgin, Ben, BusinessWeek, 2001, "How Yahoo! Japan Beat eBay at Its Own Game"

각주 36, 38 확인 필요

라는 C2C 온라인 사이트를 열어 이에 맞섰다.[56] EachNet의 시장점유율이 월등히 높았기 때문에 이베이는 미국에서 했던 것처럼 판매자에게 물건을 올릴 때와 판매했을 때 모두 수수료를 부과했다. 이와는 달리 타오바오는 초기에 수수료를 부과하지 않았다. 후발 주자로 판매자를 확보해야 하는 타오바오는 초기 적자를 감수한 것이다. 이베이는 이런 타오바오의 제로 수수료 정책을 그다지 심각한 위협으로 느끼지 않았기에 기존에 부과하던 수수료를 고수했다.

타오바오는 또한 판매자와 구매자가 서로 쉽게 온라인으로 연락할 수 있도록 WangWang이라는 메시징 서비스를 제공했다. 가령 구매자는 타오바오를 방문하면 현재 온라인에 접속 중인 판매자가 올린 물건만 검색할 수 있고 관심 있는 물건에 대해서는 그 자리에서 WangWang을 이용하여 서로 연락을 취할 수 있다. 이베이도 2005년에 인수한 스카이프를 이용하여 판매자와 구매자의 연결을 도우려 하였으나 스카이프를 사용하는 비율이 그리 높지 않아 큰 성과를 거두지 못했다. 결국 이베이는 2006년 말에 이베이 중국 사이트를 닫아야 했다.

이베이의 일본과 중국에서의 실패는 어느 한 지역에서 성공한 플랫폼 수익 모델이 다른 국가로 옮겨졌을 때 적절한 현지화를 하지 않는다면 실패할 수 있다는 것을 잘 보여준다. 미국에 비하여 일본과 중국의 온라인 고객은 수수료에 대한 저항감이 있었다. 이베이가 중

---

56   Carol Xiaojuan Ou, Robert M. Davison, communications of the acm, 2009, "Why eBay Lost to TaoBao in China: The Glocal Advantage"

국에서 EachNet을 인수하면서 확보한 판매자와 구매자 그룹 간 네트워크 효과는 분명 타오바오가 가지지 못한 것이었다. 하지만 이를 맹신한 채 타오바오의 시장점유율을 높이기 위하여 시도한 제로 수수료 정책이나 자체 메시징 서비스 개발을 심각한 위협으로 받아들이지 않았다. 이런 점으로 인하여 이베이는 일본에서의 실패를 중국에서도 되풀이했다.

이베이는 한국 시장에서도 온라인 시장을 선도하던 업체를 인수하는 수평적 확장을 펼쳐 나갔다. 이베이는 2001년 인수했던 옥션을 이긴 G마켓까지 2009년에 인수했다. 그로부터 12년이 지난 2021년 이베이코리아는 자신의 지분 80퍼센트를 신세계그룹 이마트에 팔았다. 그 가격이 3조 4,400억 원이었으니 한국 시장에서 겪었던 초반 실패를 M&A를 통하여 만회한 것이다. 왜냐하면 이베이는 옥션과 G

[그림 7-5] 아마존과 이베이의 수익 성장 곡선(2005~2015년)

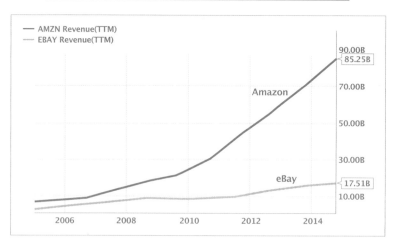

마켓을 1,500억 원과 5,500억 원에 인수했기 때문이다.

세계시장 진출을 통한 시장 확장에도 불구하고 이베이의 수익은 아마존과 비교하여 천천히 점진적으로 높아졌다. 그림 7-5는 아마존과 이베이가 초기 성장 단계를 지난 2005년부터 10년간의 매출을 그래프로 보여준다. 2007년까지는 큰 격차를 보이지 않다가 이후 두 플랫폼 기업의 매출 격차가 벌어지기 시작하여 2015년에는 5배 이상의 차이를 보인다. 연간 수익 성장률을 보더라도 2007년 이후로는 아마존이 계속해서 이베이를 능가했다(그림 7-6 참조).

두 기업의 시장가치 또한 더 크게 벌어진다. 2015년 아마존의 기업 가치는 2,500억 달러로 340억 달러 정도인 이베이보다 7배 이상 높게 평가받았다. 5년 후인 2020년 아마존의 시장가치는 1조 400억

[그림 7-6] 아마존과 이베이의 연간 수익 성장률 비교(2006~2022년)

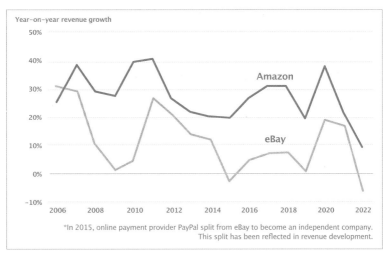

(출처: www.statista.com, 2024, "Year-over-year revenue growth of Amazon.com and eBay Inc. from 2006 to 2023")

달러로 380억 달러의 이베이 시장가치를 38배 정도 앞서 나간다. 플랫폼 진화 방식을 택한 아마존의 압승이라고 볼 수 있다.

이베이의 글로벌 시장 진출은 기존 고객 그룹을 이용한 유기적 성장을 만들어 내지 못했다. 미국에서의 성공으로 얻어진 방대한 사용자 그룹을 주춧돌로 삼아 다른 나라에서 구매자나 판매자를 모을 수는 없기 때문이다. 지금처럼 해외 구매도 흔하지 않았다. 이에 이베이는 진출하려는 나라의 플랫폼을 확보하여 미국의 비즈니스 방식을 그대로 붕어빵 찍어 내듯이 도입했다. 쉬워 보이지만 상당한 투자와 위험을 안고 있었다.

이와는 달리 기존 사용자를 토대로 끊임없이 새로운 서비스를 선보이면서 다양한 플랫폼을 만들어 낸 한국의 사례를 알아보자. 바로 카카오톡으로 시작하여 단기간에 많은 서비스 플랫폼을 만들어 낸 카카오다.

○

카카오의 진화

카카오톡을 만든 회사가 카카오일까? 대다수의 사람들이 그렇게 알고 있지만 실제로 카카오톡을 만든 것은 2006년에 만들어진 아이위랩이라는 스타트업이다. 카카오의 시작 및 역사에 대해서 살펴보기 위해 카카오 홍보 사이트를 방문했다. 그곳에서 알게 된 '카카오톡의 탄생'은 무척 흥미로웠다. 해당 기록에 따르면 아이위랩의 시작은 그리 순탄하지 않았다. 많은 스타트업이 시행착오를 겪은 것처럼 아이위랩도 3년 정도 개발한 서비스였던 부루닷컴과 위지아닷컴이 모두 실패했다. 나도 해당 사이트를 처음 들었다. 아마도 두 서비스 모두 사용자를 확보하는 데 큰 어려움을 겪었던 것 같다. 한게임을 창업하여 NHN과 합병까지 시킨 김범수 창업자는 이미 스타트업의 성공을 경험한 상태였다. 하지만 아이위랩은 고전했다.[57]

카카오톡의 탄생을 읽으면 당시 느꼈던 창업 멤버들의 고통을 조금이나마 느낄 수 있다. 나는 대학 졸업 후 잠깐 웹 전략 시뮬레이션 게임을 만드는 회사에 다닌 적이 있다. 무엇인가 될 것 같은 느낌과 희망은 있지만 막상 개발한 서비스가 큰 주목을 받지 못하면 실망하면서도 문제점을 찾기가 어렵다. 아이위랩은 창업 멤버들이 스타트업으로 이미 성공한 경험이 있고 어느 정도 자본도 확보된 상태여서 다른 스타트업보다는 나은 조건에 있었다. 하지만 계속된 실패로 인하여 왜 성공하지 못하는 것인지 고민이 깊었을 것이다. 성공에 대한 조바심이 났을 것이다.

아이위랩은 사람들이 스마트폰을 쓰기 시작하면서 데스크톱에서처럼 채팅을 할 수 있는 메시징 서비스에 대한 수요가 있음을 파악했다. 단기간에 카카오톡 개발을 끝내고 시장에 내놓았다. 메시징 서비스는 사용자 그룹 내 네트워크 효과가 존재하는 곳이다. 카카오톡을

---

57   장윤희, 넥서스BIZ, 2016, 『Connect Everything 새로운 연결, 더 나은 세상 카카오 이야기』

쓰는 친구가 늘어날 때마다 내가 카카오톡을 쓸 때의 효용은 증가한다. 달리 이야기하면 친구들이 대부분 카카오톡을 쓴다면 다른 메시징 서비스보다 카카오톡을 쓰는 것이 당신에게 더 많은 혜택을 준다. 카카오톡은 무료였기 때문에 급속히 퍼져 나갔다. 덩달아 강력해진 그룹 내 네트워크 효과로 인하여 자연스럽게 경쟁자를 따돌렸다.

카카오톡은 2010년 3월에 출시된 후 1년도 지나지 않은 2010년 말 500만 명의 사용자를 확보했다. 기존 통신사는 문자 메시지 서비스를 자사의 수익 수단으로 삼은 반면 카카오톡은 무료로 이용할 수 있다. 나아가서 카카오톡에서는 다자간 메시지가 편하게 공유된다. 여기서 한 가지 짚고 넘어갈 것은 카카오톡 자체는 플랫폼이 아니다. 사람들이 스마트폰으로 다자간에 서로 메시지를 편리하게 보낼 수 있는 서비스일뿐이지 2개의 다른 그룹을 연결하지는 않기 때문이다.

카카오가 처음 만든 플랫폼은 2010년 12월 선보인 선물하기 서비스다. 선물하기는 사용자 간에 말 그대로 선물을 주고받는 것에 불과한데 어떻게 플랫폼이라고 생각할 수 있을까? 카카오톡을 사용하는 사람들과 선물을 공급하는 기업을 연결하기 때문이다. 사용자 그룹과 선물 공급자 그룹 사이에는 양의 네트워크 효과가 존재한다. 사용자가 많아질수록 선물하기 공급자의 매출이 높아진다. 한편 선물 공급자가 늘어나 선물의 종류가 다양해지면 사용자가 원하는 선물을 찾을 확률이 올라간다. 물론 카카오톡 사용자 그룹은 이미 카카오톡으로 인하여 형성이 된 상태이므로 선물 공급자 그룹의 크기가 커진

[그림 7-7] 카카오의 플랫폼 진화

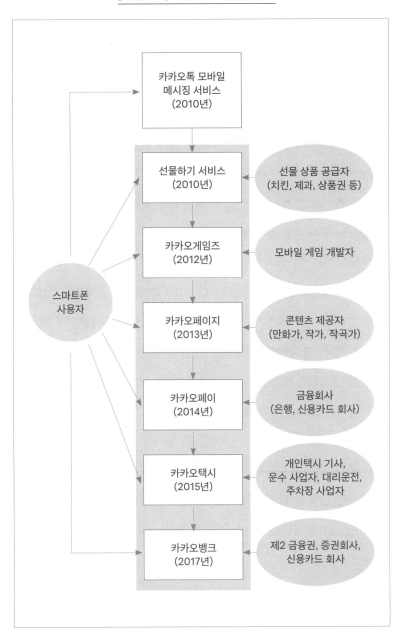

다고 해서 비례하여 사용자 그룹에 가입하려는 사람들이 늘어난다고 보기는 어렵다. 즉, 선물 공급자 그룹이 사용자 그룹에 미치는 네트워크 효과가 그리 크지는 않다.

선물하기 서비스 초기에는 선물 공급자 그룹에 속한 입점 제품을 직접 관리하지 않고 기존의 모바일 상품권 업체를 활용했다. 이런 점에서 카카오는 기술적으로는 모바일 상품권 업체를 소비자와 연결하는 역할을 했지만 궁극적으로는 선물 공급자와 소비자를 연결한 것으로 볼 수 있다. 카카오는 2014년부터 직접 선물 공급자를 관리하면서 플랫폼 역할을 수행하고 있다.[58]

선물하기는 지인의 생일에 간단한 클릭으로 치킨이나 피자 등의 쿠폰을 보낼 수 있어서 편리한 기능이다. 선물하기는 무엇을 선물할지에 대한 고민과 어떻게 전달할지에 대한 어려움을 클릭 몇 번으로 없앤다. 이런 편리함에 힘입어 2011년 당시 100개 정도였던 입점 제품 수가 2020년 8월에는 50만 개에 이를 정도로 규모가 성장했다. 2021년 카카오에서 거래된 선물의 거래 금액이 3조 원을 넘었다고 하니 수수료를 보수적으로 5퍼센트만 잡아도 1,500억 원 정도의 매출을 올린 것으로 보인다.[59] 사용자는 편리하게 서로 선물을 주고받긴 하지만 결국은 카카오만 덕을 본 것이 아닌가 싶다.

카카오는 늘어나는 운영비를 감당하기 위한 수입원으로 게임을

---

58 임근호, 한국경제신문, 2014, "카카오톡, 모바일 상품권 직접 판다"

59 이신혜, 조선비즈, 2022, "카카오 등 선물하기 거래액 年 3.3조… 수수료 30% '깜깜이' 수익 창출"

생각하고 2012년에 카카오게임즈를 출시했다. 게임을 떠올린 계기는 아마도 한게임을 이끌었던 창업자 김범수의 경험이 큰 영향을 끼쳤을 것이다. 그는 한게임을 통하여 게임을 무료로 제공하면서 아이템 등으로 수익을 거둔 경험이 있다. 실제로 카카오는 카카오게임즈의 성공에 힘입어 2012년이 지나면서 흑자 전환에 성공했다.

카카오게임즈는 사용자와 모바일 게임 개발자를 연결하는 플랫폼이다. 카카오톡 사용자를 토대로 모바일 게임 개발자 그룹을 모은 것이다. 앞서 살펴본 비디오 게임기처럼 사용자와 개발자 그룹 간에는 네트워크 효과가 존재한다. 더 많은 사용자가 카카오게임즈를 이용할수록 개발자의 매출이 올라가고 더 많은 개발자가 참여할수록 사용자는 더 다양한 게임을 즐길 수 있다.

카카오게임즈는 출시 후 1년 만에 3억 명의 사용자를 확보할 정도로 성공적이었다.[60] 개발자 그룹의 규모는 어느 정도로 커져 있었을까? 처음 시작할 때는 7개의 게임 회사와 10개의 게임으로 시작했다. 1년 후에는 99개의 게임 회사와 180개의 게임을 확보했다. 큰 폭으로 증가했지만 생각보다는 규모가 크지 않다고 생각할 수 있다. 하지만 보통 개발자 그룹은 사용자 그룹에 비하여 규모가 훨씬 작다. 매출은 얼마나 발생했을까? 2013년 상반기에 발생한 카카오게임즈의 총 판매액은 3,480억 원으로 연간 7,000억 원에 가까운 매출을 일으켰다.[61] 이 중 킬러 게임인 애니팡과 드래곤 플라이트는 2,000만

60   김효진, 한국경제신문, 2013, "1주년 카카오 게임, 히트작 8개 출시…가입자 3억 돌파"
61   송예원, 디스이즈게임닷컴, 2013, "카카오 게임, 2013년 상반기 매출 3,480억"

다운로드를 기록할 정도다. 카카오게임즈는 당시 21퍼센트 정도의 수수료를 게임 회사로부터 받았기에 1,400억 원에 달하는 수익을 거두었다. 카카오의 2013년 수익이 2,100억 원 정도였으니 카카오게임즈가 카카오 수익의 60퍼센트 이상을 책임졌던 것이다.

카카오게임즈로 성공을 거둔 카카오는 사용자 그룹과 연결할 수 있는 다른 그룹을 염두에 두고 다양한 서비스를 제공하기 시작한다. 2013년에 시작한 카카오페이지는 상당수의 사용자를 확보한 카카오가 콘텐츠 제공자 초기부터 그룹을 끌어들이면서 시작했다. 800명이 넘는 콘텐츠 제공자가 참여했다는 것을 보면 수많은 예비 콘텐츠 소비자가 미치는 힘이 크다는 것을 알 수 있다. 그러나 첫날 매출 100만 원 정도를 찍은 카카오페이지는 그 이후로 매출이 점점 줄기 시작했다. 카카오페이지 운영진은 콘텐츠를 한꺼번에 팔려고 한 것이 이유라고 생각했다. 사람들이 전체 내용을 모르는 상태에서 책 한 권, 만화책 한 권, 앨범 전체 등을 사는 것은 부담스러울 수 있다. 그래서 카카오페이지는 콘텐츠를 쪼개서 팔기 시작했다. 이 시도는 꽤 성공적이었다. 사람들이 온라인상에서 만화나 소설을 보기 위하여 한 번에 전체를 구입하기보다는 초기 부분을 본 후 마음에 들면 더 구매하는 것이다. 하지만 이렇게 나누어 판매하는 것도 손익분기점을 맞출 정도로 성공적이지는 않았다. 아무래도 온라인 콘텐츠를 무료가 아닌 돈을 주고 구매하려는 사용자가 많지 않았던 것이다.

유료 콘텐츠를 구입하지 않는 사용자의 관심과 트래픽을 끌어모으기 위하여 카카오페이지가 선택한 것은 기다림을 돈과 같은 화폐로 인정한 것이다. 2014년 10월부터 카카오페이지는 일정 시간이 지나면 다음 편을 공개하기 시작했다. 며칠을 기다린 사용자는 그다음 부분을 볼 수 있으므로 다시 방문할 것이다. 무료로 풀린 부분을 읽다 보면 해당 웹툰이나 소설에 빠져들면서 기꺼이 돈을 지불하는 유료 사용자로 바뀔 수 있다. 처음 유료 구매가 어렵지 그다음부터는 돈을 내서라도 빨리 후속 내용이 보고 싶어질 수 있다. 며칠 기다리면 무료 콘텐츠를 볼 수 있기에 구매율이 떨어지지 않을까 걱정할 수도 있다. 하지만 실제로는 구매 전환율이 3~4퍼센트에서 25퍼센트까지 올랐다고 한다. 일단 사용자가 관심을 갖고 계속해서 방문할 수 있도록 유도하는 것이 주효했던 것이다. 단순히 사용자나 콘텐츠가 많다고 해서 잘되는 것이 아니라 사용자가 콘텐츠를 소비하도록 가격 구조를 잘 설계하는 것이 중요하다는 것을 보여준다.

카카오는 온라인뿐만 아니라 오프라인으로 서비스를 확장하기 시작했다. 2015년 3월에 택시 호출 앱을 출시했다. 택시를 잡지 못해서 발을 동동 굴러 본 적이 누구나 한 번쯤은 있을 것이다. 추운 겨울날 언제 잡힐 줄 모르는 택시를 기다리는 것은 고역이다. 콜택시 서비스를 제공하는 사무실에 전화를 걸어서 차량을 부를 수도 있지만 처음 방문한 지역에 있다면 어떤 번호에 전화를 걸어야 하는지부터 난관이다. 그래서 이미 카카오톡을 사용 중인 사용자를 기반으로 택시 기사 그룹을 끌어들여 온라인과 오프라인을 연동한 것이다. 기존의 택시 호출 서비스는 지역적으로 한정되어 있기 때문에 플랫폼 성격을 제대로 살리기에는 한계가 있었다. 택시 호출 서비스를 이용하는 택시 수가 우선 전체 시장의 작은 부분을 차지하고 택시 호출 서비스를 이용하는 주요 고객도 해당 지역의 주민으로 제한되어 있다. 택시 호출 서비스는 플랫폼과 유사하게 두 그룹을 연결하지만 그룹 간 네트워크 효과를 제대로 살릴 수 없는 비즈니스 모델이었다.

이런 취약점을 제대로 파고들었던 것이 카카오택시의 시작이다. 카카오톡 사용자 그룹과 개인택시 기사 및 운수 사업자 그룹을 연결하여 전국적으로 확장 가능한 모델을 만들었다. 카카오에서 출시한 기존의 다른 서비스는 온라인상의 사용자 활동에 초점을 두었다. 이와는 다르게 카카오택시는 앱 사용자가 오프라인 택시를 부르는 Online-To-Offline(O2O) 서비스다. 보통 O2O 서비스를 정착시키려면 오프라인에서 활동 중인 그룹의 참여를 이끌어 내는 것이 필요하다. 카카오택시의 경우에는 오프라인 그룹인 택시 기사의 참여가 꼭 필요했다.

택시 기사들은 상대적으로 연령대가 높아 스마트폰에 앱을 설치하고 사용하는 것이 어려웠다. 이런 점을 극복하기 위하여 카카오는 택시 기사가 앱을 사용하기 쉽도록 여러 가지 아이디어를 냈다. 우선 아이디와 비밀번호를 일괄적으로 쉽게 정해 주었다. 보통 새로운 앱을 사용하려고 할 때 걸림돌이 되는 것이 아이디 생성이다. 생성하고 등록하는 과정은 시간도 걸리고 그 과정이 복잡할 경우 앱 사용을 그만두게 만들기도 한다. 카카오는 택시 기사의 전화번호를 아이디로 생년월일을 비밀번호로 세팅했다. 그리고 화면의 글씨 크기도 크게 하여 택시 기사들이 읽기 쉽게 만들었다. '단순히 카카오톡 사용자가 많다는 이유로 택시 기사들이 카카오택시 앱을 자발적으로 설치해서 사용할 것이다'라는 안일한 생각을 하지 않았기에 카카오택시는 성공적인 출발을 할 수 있었다.

최근에 카카오택시 앱은 택시 호출 앱을 벗어나 이동 수단 대부분을 연결하는 모빌리티 앱을 지향하고 있다. 전기 자전거 및 자동차 렌탈 서비스도 들어와 있고 기차, 시외버스 및 항공편도 검색해서 예약할 수 있다. 주변의 주차장도 요금 정보와 함께 검색된다. 이렇게 다양한 이동 서비스를 담은 카카오택시 앱은 2017년에 카카오T로 이름이 변경되었다. 여기에 덧붙여 광고주도 끌어들여서 수익의 다양성을 꾀하고 있다. 카카오는 궁극적으로 이동과 관련된 모든 서비스를 담은 시장을 형성하려는 것이다.

이렇게 다양한 이동 서비스와의 결합과 더불어 카카오택시가 계속해서 신경 써야 할 부분은 배차 실패율을 모니터링하여 줄이는 것이다. 배차 실패는 사용자가 택시를 호출했을 때 차량이 제때 잡히지 않는 것이다. 이런 배차 실패는 교통이 혼잡한 곳이나 수요가 공급보다 많은 시간대에 발생할 수 있다. 가령 대학교 입학 시험장 근처에서는 교통 혼잡으로 택시를 호출해도 제때 오지 못할 수 있다. 물론 시험장 근처의 교통 상황이 좋지 않은 특수한 상황이어서 카카오택시의 잘못은 아니다. 그렇지만 이런 배차 실패가 여러 번 생긴다면 택시 앱에 대한 신뢰도가 낮아지고 결국에는 사용하지 않을 수도 있다. 배차 알고리즘 및 적절한 인센티브를 통하여 배차 실패율을 줄이면 사용자의 충성도는 자연스럽게 높아진다.

배차 성공률을 높여 사용자의 만족도를 높이는 것도 중요하지만 공정하게 배차하는 것도 중요하다. 특히 사용자를 요금에 따라 등급을 나누어 다른 서비스의 질을 제공할 때는 신중한 접근이 필요하다. 실제로 2021년 카카오는 요금을 더 낼 경우 배차를 우선하는 서비스를 제공하려 여론의 악화로 인해 중단했다. 근래에는 기업 회원에게는 100퍼센트까지 가능한 배차 서비스를 제공했다는 점이 지적되기도 했다.[62] 사용자 그룹을 요금으로 차별화하는 것은 기업의 이익 극대화를 위한 타당한 선택일 수 있다. 그렇지만 택시가 가지는 공공성을 무시하고 수익만 쫓을 경우 카카오택시에 대한 여론이 우호적이지 않을 수 있다. 이는 궁극적으로 일반 사용자의 반발 및 이탈로 이어진다. 그러므로 카카오는 사용자 차별화 문제를 더욱 조심스럽게 다루어야 한다.

비단 사용자 그룹 내의 차등화로 인한 갈등만 있었던 것은 아니다. 가맹 택시와 비가맹 택시 그룹 간의 형평성에 대한 논란도 있었다. 가맹 택시는 개인이나 법인 택시 기사 모두 가입할 수 있고 수수료를 내는 대신에 안정적으로 택시 승객을 확보한다는 장점이 있다. 비가맹 택시는 카카오택시뿐만 아니라 다른 호출 앱을 사용할 수 있다. 별도의 수수료를 내지 않아도 된다. 비가맹 택시는 호출을 가려 받을 수 있지만 가맹 택시는 자동으로 배차가 이루어진다. 배차 시 가맹 택시를 더 우대했다는 의혹이 제기된 적이 있었다. 이에 자체적

62   전성필, 국민일보, 2022, "'웃돈' 기업 고객은 100% 배차…카카오택시 차별 논란"

으로 구성한 모빌리티 투명성 위원회를 통하여 조사가 이루어졌다. 위원회는 2022년 9월 그런 차별은 없다고 결론을 내렸다. 그렇지만 다음해 2월 공정거래위원회는 카카오가 가맹 택시를 우대했다는 이 유로 과징금 257억 원을 부과했다.

경제학적 관점에서는 플랫폼에 더 큰 효용을 주는 서브 그룹을 우 대하는 것이 맞다. 가맹 기사의 경우에는 택시 호출 발생 시 자동으 로 수락한다는 점에서 사용자 그룹에 더 큰 효용을 준다. 이에 대한 인센티브로 호출을 더 받게 할 수 있지만 역시 공정성이라는 이슈를 고려하지 않을 수 없다.

꼭 공정성만을 위하여 비가맹 기사를 가맹 기사와 동등하게 대우 하는 원칙이 필요한 것은 아니다. 궁극적으로 배차 성공률을 높이기 위해서는 비가맹 기사의 콜 거부를 낮출 방안을 마련해야 한다. 동 시에 가맹 택시를 늘리기 위한 노력도 게을리하지 말아야 한다. 가맹 택시는 자동으로 배차가 이루어지므로 배차 성공의 기본적인 바탕 을 제공한다. 수수료 인하처럼 공정성을 해치지 않는 수단을 통하여 가맹 택시를 늘리는 것이 바람직하다.

카카오, 금융업에 진출하다

카카오는 택시 호출 시장에 진출하기 6개월 전인 2014년 9월 카 카오페이를 통하여 처음 금융시장에 발을 디뎠다. 카카오페이가 제공하는 간편 결제 서비스를 이용하는 방법은 간단하다. 사용자는 자신이 가지고 있는 은행의 계좌나 카드를 미리 등록한다. 그러면 사용자는 오프라인과 온라인 상점에서 간편 결제 서비스를 통하여 손쉽게 제품이나 서비스를 구매할 수 있다. 물론 상점이 간편 결제 서비스를 허용해야 한다. 일일이 신용카드 번호를 웹사이트에 입력할 필요도 없고 실물 카드를 들고 다닐 필요도 없다.

간편 결제가 등장하기 전에는 신용카드 회사나 은행이 소비자와 상점을 연결하는 플랫폼 역할을 했다. 소비자는 신용카드나 체크카드를 이용해서 현금 없이도 상점의 제품을 살 수 있었다. 간편 결제는 이제 카드마저도 가지고 다닐 필요가 없게 만들었다. 기존의 소비자와 상점을 연결하던 플랫폼 역할을 간편 결제가 대체한 것이다. 중개자의 중개자 역할을 한다고 볼 수 있다(그림 7-8 참조). 은행이나 신용카드 회사에게는 그리 달갑지 않은 구조다. 고객과의 접점을 잃어버리고 수수료를 간편 결제 플랫폼에 내야 될 수도 있기 때문이다.

카카오페이가 출시된 2014년 9월에는 결제의 주도권을 빼앗길 수 있다는 우려 때문인지 다수의 신용카드 회사가 불참했다. 간편 결제 서비스를 이용하는 소비자가 초기에는 그리 많지 않기도 했다. 하지만 2년 정도 후에는 불참했던 신용카드 회사도 모두 참여한다. 간편 결제 시장이 전체 신용카드 매출에서 차지하는 비중이 점차 증가하면서 무시할 수 없게 된 것이다. 2016년 간편 결제 서비스 이용 금액은 11조 8,000억 원으로 하루 평균 결제 건수가 85만 9,000건에 달

[그림 7-8] 간편 결제 서비스 도입으로 인한 결제 생태계 변화

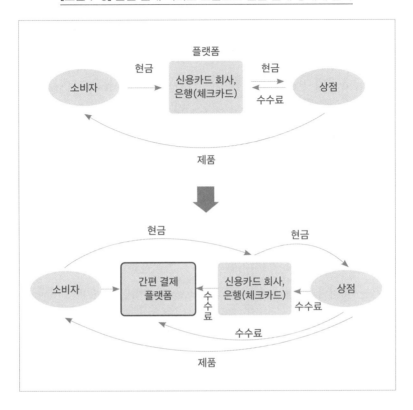

했다.[63] 카카오페이 가입자 수도 2016년 6월 1,000만 명을 넘게 된
다.[64] 결제 시장은 계속 성장하여 2023년에는 전체 신용카드 시장의
18.5퍼센트를 차지한다.[65] 신용카드 회사 입장에서는 지불해야 하는
수수료가 아까울 수 있지만 간편 결제 시장의 규모가 무시할 수 있는

---

63   김은비, 월간 KIET 산업경제, 2018, "국내 모바일 간편 결제 서비스 시장 현황과 시사점"

64   강인효, 조선비즈, 2016, "카카오페이 가입자 출시 1년 9개월 만에 1,000만 명 돌파"

65   오정인, SBS비즈, 2023, "'간편 결제·수수료 때문에 힘드네'… 카드사 실적 갈수록 악화"

수준을 넘어섰다.[66]

간편 결제 시장에 진출하여 경험을 쌓은 카카오는 2017년 7월에 컨소시엄을 통하여 인터넷 은행인 카카오뱅크를 설립하면서 본격적으로 금융업에 진출한다. 처음부터 카카오가 가장 높은 지분을 가진 것은 아니었다. 2019년에 지분을 늘리면서 가장 많은 지분을 확보했다. 카카오뱅크는 IT 기업 중 처음으로 은행업에 진출하면서 향후 오픈 뱅킹을 바탕으로 한 플랫폼 뱅킹에 한 발짝 먼저 다가섰다.

사람들은 보통 은행을 플랫폼으로 생각하지 않는다. 은행은 돈을 모아서 보관해 주는 곳, 필요한 자금을 대출받는 곳으로 인식한다. 예금을 하고 대출을 받는 것을 은행이 제공하는 개별적인 서비스로 여기는 것이다. 물론 은행이 직접적으로 예금하는 사람과 대출하는 사람을 연결하지는 않는다. 하지만 예금하는 그룹과 대출하는 그룹을 간접적으로 연결하는 플랫폼으로 생각할 수 있다. 이런 간접적인 플랫폼의 범위를 넘어서 은행 고객과 각종 서비스 제공자를 연결하는 것을 플랫폼 뱅킹이라고 한다. 플랫폼 뱅킹은 은행과 같은 금융회사만 할 수 있는 것은 아니다. IT 기업과 같은 비금융 회사에게도 열려 있다.

카카오뱅크 설립을 통하여 카카오는 플랫폼 뱅킹으로 가는 1차 관문을 통과했다. 카카오뱅크는 이미 증권회사와 연계하여 비대면 증권 계좌를 개설할 수 있도록 하고 있으며 다른 금융기관에서 대출

---

66 지금은 수수료를 받지 않는 간편 결제 플랫폼이 많지만 추후 수수료를 신용카드사로부터 받을 수 있다. 이미 애플페이는 현대카드에 일정 수수료를 부과하고 있다.

을 받을 수 있도록 연계한다. 신용카드 발급도 알선하고 있다. 카카오는 이미 제공 중인 비금융 서비스를 활용하기 때문에 플랫폼 뱅킹으로의 성장이 상대적으로 쉽다. 가령 카카오택시에서 제공하는 내차 팔기 기능이 카카오 플랫폼 뱅킹으로 들어온다고 가정해 보자. 카카오 플랫폼 뱅킹 고객이 자동차를 구입 시 기존의 자동차를 내차 팔기 기능을 이용하여 손쉽게 판매할 수 있다. 개인적으로 중고차 매매를 위하여 따로 알아볼 필요가 없는 것이다. 나아가서 자동차 구매에 따른 금융 서비스와 보험도 제공할 수 있다.

카카오뱅크의 최대 장점이자 단점은 무엇일까? 바로 지점이 없다는 것이다. 지점이 없기에 다른 일반 은행에 비하여 좋은 수익 구조를 가질 수 있다. 이미 기존 은행은 고객들의 오프라인 지점 방문이 뜸해지면서 지점을 없애거나 병합하고 있다. 심지어는 타 은행 지점을 공유하기도 한다. 카카오뱅크는 지점 없이 온라인에서만 영업하기에 낮은 원가를 확보할 수 있다. 그렇지만 지점이 없기 때문에 상담이 필요한 까다로운 상품의 온라인 판매는 어렵다. 그리고 연령대가 높은 고객일수록 모바일 뱅킹보다는 지점을 방문하여 업무 보는 것이 더 편할 수 있다.

카카오뱅크는 이런 고객을 끌어들이기 위해서 역으로 오프라인 지점을 낼 수 있다. 오프라인 지점을 통하여 다소 복잡한 금융 상품 판매도 가능하다. 오프라인 지점이 부담스러울 경우 모바일 지점도 가능하다. 카카오뱅크 버스가 아파트 단지나 중소 도시 또는 시골을 돌아다니면서 모바일 뱅킹에 어려움을 느끼는 고객을 찾아 도움을 줄 수 있다. 어린이나 청소년이 부모와 함께 은행 계좌 개설을 할 수 있도록 도움을 줄 수도 있다. 이런 노력이 쌓이면 지점 축소로 인하여 은행 이용에 어려움을 겪는 시골 주민들에게 도움을 주는, 사회적 책임을 다하는 기업으로 인식될 수 있을 것이다.

○

티맵의 진화

티맵(T-map)은 SK텔레콤이 출시한 대표적인 국내 내비게이션 앱이다. 운전할 때 사용 중인 앱으로 개인적인 인연도 있다. 티맵이 스마트폰용 내비게이션 앱을 2009년 출시하고 6년 정도 지난 2015년이었다. 티맵을 관리하는 부서에서 근무 중인 MBA 재학생의 사례 연구를 지도하게 되었다. 티맵의 품질과 교통정보 정확도와의 연관성을 살펴보았는데 티맵의 품질이 시간대에 따라서 어떻게 변하는지 볼 수 있어서 흥미로웠던 프로젝트였다.

당시 프로젝트를 할 때 의아했던 것은 왜 티맵은 SK텔레콤 사용자를 위한 내비게이션에만 집중하는가였다. 2012년에 경쟁 회사인 KT와 LG 유플러스 사용자를 위한 앱을 개발했지만 유료였기 때문에 대부분의 사용자는 SK텔레콤 이용자였다. 2015년에도 외부에서 보기에는 SK텔레콤의 하부 서비스로만 티맵이 존재하는 듯했다. 마치 대기업의 IT 부서가 분사된 후에도 해당 대기업의 프로젝트를 주로 다루는 것처럼 말이다. 티맵은 그다음 해인 2016년이 되어서야 다른 이동통신 사용자에게도 무료로 제공된다. 티맵 사업부는 5년 후인 2020년 말이 되어서야 분사했다. 티맵은 본격적으로 통합 모빌리티 앱으로 진화하기 시작했다.

이제는 스마트폰에서 티맵 첫 화면만 보더라도 모빌리티 플랫폼으로의 진화가 이루어졌다는 것을 알 수 있다. 그림 7-9는 티맵의 첫 화면이다. 내비게이션을 위한 메뉴 아래 부분에 대리운전부터 시작하여 렌터카 등 다양한 서비스 아이콘이 있다. 2019년부터 2022년에 이르는 기간 동안 티맵은 사용자와 이동에 관련된 서비스 제공자

[그림 7-9] 티맵 첫 화면

를 연결하는 플랫폼으로 진화했다.

티맵의 이런 진화는 더 일찍 이루어질 수 있었다. 카카오는 김기사라는 내비게이션 앱을 2015년에 사들이면서 2016년 2월 카카오 내비게이션 서비스를 제공하기 시작했다. 이에 대항하기 위해 같은 해 7월 티맵은 타 이동통신 사용자에게도 무료로 제공했다. 만약 티맵이 좀 더 일찍 독립적인 회사로 탈바꿈했다면 카카오보다 먼저 모빌리티 서비스를 시작했을 것이다.

티맵은 모빌리티 플랫폼 비즈니스에 늦게 뛰어들었지만 높은 내비게이션 품질과 앱의 무료화로 많은 사용자를 확보했다. 더불어 내비게이션 사용자 그룹을 바탕으로 다양한 서비스 제공자를 모았다. 특히 2016년에 이루어진 전면 무료화는 고객 그룹을 키우는 데 효과적이었다. SK텔레콤이 티맵 서비스를 경쟁 이동통신 고객에게도 무료로 개방하면서 신규 고객이 한 달 만에 100만 명 이상 증가한 것이다.[67] 만약 SK텔레콤이 경쟁 통신사 고객에게 티맵을 계속해서 유료로 배포했다면 티맵 사용자의 규모는 지금보다 훨씬 작았을 것이다.

티맵은 이렇게 통신사에 상관없이 스마트폰 사용자를 고객으로 확보함으로써 플랫폼으로 가기 위한 닭과 달걀의 문제를 더 쉽게 극복했다. SK텔레콤 사용자만으로도 어느 정도 모빌리티 플랫폼으로의 진화는 가능했다. 하지만 타사 사용자를 끌어들임으로써 이동과 관련된 보험회사나 렌터카 업체 및 킥보드 사업자 등을 모으는 것이

---

67   SK텔레콤 뉴스룸 네이버 포스트, "한 눈에 보는 T 맵의 역사"

[그림 7-10] 티맵의 모빌리티 플랫폼 진화

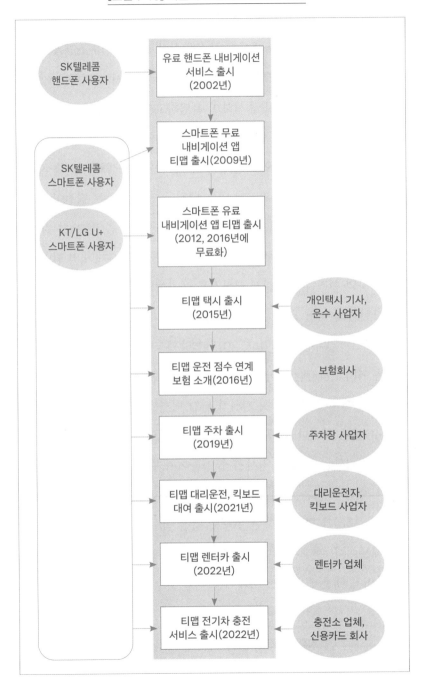

더 쉬워졌다. 그림 7-10에서 티맵의 플랫폼 진화를 살펴보면 첫 출발은 티맵 택시다. 왜 티맵 택시가 첫 모빌리티 플랫폼 서비스였을까?

2007년에 이미 SK그룹 계열사인 SK에너지에서 나비콜(NaviCall)이라는 콜택시 서비스를 출시하여 운영하고 있었다. 보통 승객이 콜택시 회사에 전화하면 안내원이 탑승 장소와 목적지를 물어본 후, 가능한 택시를 수작업으로 중개한다. 나비콜은 승객의 위치를 자동으로 파악하고 가까운 거리에 있는 택시를 연결해 주는 장점이 있었다. 택시 기사에게는 실시간 교통정보를 이용하여 좀 더 빠른 길 안내를 제공했다. 이런 장점을 바탕으로 나비콜은 200여 개의 법인 택시 회사와 협력하여 콜택시 서비스를 제공했다.[68]

나비콜의 이런 운영 경험은 티맵 택시를 성공적인 플랫폼 서비스로 만드는 밑바탕이 되었다. 2015년 당시 티맵을 관리하던 SK플래닛은 이미 1,800만 명의 티맵 사용자를 확보했다. 거대한 티맵 사용자 규모 때문에 많은 택시 기사가 티맵 택시에 가입할 것이라고 생각할 수 있다. 하지만 SK플래닛은 택시 기사들을 위한 티맵 택시 설명회를 개최하는 등 택시 기사를 끌어들이기 위해 상당한 노력을 기울였다. 아무리 많은 티맵 내비게이션 사용자가 있더라도 티맵 택시에 가입한 택시가 별로 없다면 누구도 티맵 택시를 이용하지 않을 것이기 때문이다. 게다가 티맵 내비게이션 사용자의 상당수가 자가용 운전자이기 때문에 서비스 초기에는 티맵에서 택시 호출을 별로 시도

---

68 SK플래닛, 2015, "SK플래닛, T맵 택시(T map Taxi) 기사 회원 가입용 앱 출시"

하지 않았다. 그러므로 SK플래닛은 나비콜 택시 기사들이 티맵 택시를 설치하고 콜을 받도록 별도의 설명회까지 개최했다. 이를 통하여 티맵 택시를 통하여 부를 수 있는 택시 기사를 충분히 확보하려고 노력한 것이다. 이렇게 가입한 나비콜 택시 기사를 바탕으로 티맵 택시 승객을 모았다. 이를 바탕으로 일반 택시 기사도 티맵 택시에 가입할 수 있도록 유도했다.

카카오택시가 2015년에 출시되면서 SK플래닛은 택시 호출 시장 진출을 서둘렀다. SK그룹은 택시 호출 서비스인 나비콜 운영 경험이 있었고 티맵 교통정보 수집을 위한 다수의 법인 택시 및 개인택시 기사들과의 관계도 이미 확보한 상태였다. 그런데 카카오가 먼저 택시 호출 서비스에 진출해 버렸으니 티맵 입장에서는 억울한 상황이었다. 게다가 카카오는 3,000만 명이 훌쩍 넘는 카카오톡 사용자를 확보하고 있었기에 카카오택시는 빠르게 나비콜 시장을 빼앗았다. 카카오택시와 경쟁하기 위해서라도 티맵의 전면 무료화를 통한 사용자 확대를 꾀해야 했다. 물론 나비콜이 잘되고 있었기에 티맵의 택시 호출 서비스 진출이 늦어졌을 수도 있다. 하지만 늦은 시장 진출로 인하여 티맵 택시는 카카오택시의 시장점유율에 한참 못 미치는 성과를 내다가 2021년 우버와 합작법인 우티(UT)를 설립한다. 우티의 시장점유율은 10퍼센트에도 못 미칠 정도로 카카오택시가 여전히 시장을 장악하고 있다.[69]

---

69   이상은, 이지은, 인베스트조선, 2023, "사면초가 카카오모빌리티… '만년 2위' 우티엔 절호의 기회?"

미래 택시 호출 시장에서 우티는 어느 정도의 위상을 가질 수 있을까? 카카오택시를 뛰어넘어 전세를 역전할 수 있을까? 공정거래위원회로부터의 과징금을 받는 등 카카오택시의 대외적인 상황이 좋지 않지만 이에 대한 본질적인 답은 택시 호출 시장에서 승객과 택시 기사가 어느 정도의 싱글호밍을 하는지에 달려 있다. 승객이 카카오택시와 우티를 동시에 또는 순차적으로 시도하는 경향이 강해질 때 우티가 전세를 바꿀 가능성이 생긴다. 또는 멀티호밍 하는 택시 기사가 늘어나고 카카오택시 호출보다는 우티 호출 받는 것을 선호한다면 우티가 시장점유율을 높일 수 있다. 이를 위해서 우티는 가맹 택시의 수수료를 낮추고 여러 가지 프로모션을 지속적으로 제공해야 한다. 이런 노력은 카카오택시의 대응에 따라 결실을 맺지 못할 수도 있다. 승객 입장에서 카카오택시를 이용할 때 여전히 택시가 잘 잡힌다면(즉, 승객과 택시 기사와의 매칭이 잘 이루어진다면) 굳이 우티를 이용하는 번거로움을 택하지 않는다. 카카오택시의 매칭률이 떨어질 때 우티는 기회를 잡을 수 있다.

티맵 택시 출시 이후 티맵은 사전 경험이 없는 비즈니스와의 결합을 시도한다. 2016년에 자동차 손해보험회사를 끌어들여 티맵 운전 점수와 연동된 보험 상품을 소개했다. 실제로 나의 운전 점수를 가지고 보험 상품을 살펴보았다. 보험회사마다 할인율은 달랐지만 운전 점수가 가령 70점 이상이면 일정 비율을 할인해 주는 방식이었다. 나는 점수가 90점이 넘었기에 더 많은 할인이 되길 바랬지만 더 높은 등급이 따로 있는 보험 상품은 없었다. 아마도 티맵 점수만을 가지고 운전자의 안전 운전 성향을 정확히 파악하는 것에는 한계가 있기 때문일 것이다. 예를 들어 운전자가 길이 막힐 때만 티맵을 켠다면 급가속이나 급정거가 없어 높은 운전 점수를 가질 수 있다. 하지만 티맵을 켜지 않을 때 차를 제한속도 이상으로 몰 수도 있다. 좀 더 상세한 상품 설계를 하려면 추가적인 검증 작업이 필요하다. 예를 들어 티맵 점수와 운전자의 교통사고 건수 및 보상 금액 간의 상관관계를 볼 수 있다. 또는 티맵 점수 및 다른 변수(운전 시간대, 연령, 자동차 종류 및 운행 경로 복잡성 등)를 고려하여 사고 확률을 계산한다면 보험 상품 세분화에 따른 맞춤 가격을 정할 수 있다.

티맵은 보험 상품 연계를 필두로 다양한 플랫폼 비즈니스에 진출했다. 티맵 모빌리티가 출범하기 한 해 전인 2019년 보안업체인 ADT 캡스와 연계하여 티맵 주차를 출시한다. 주차장 사업자는 티맵 주차에 가입할 경우 주차장을 관리하기 위한 인건비를 줄일 수 있다. 24시간 주차장 운영이 가능하다는 장점도 있다. 사용자는 미리 자동차를 등록하고 결제 수단을 정해 놓으면 별도의 요금 정산 없이 주차장을 이용할 수 있다. 물론 목적지 근처의 이용 가능한 주차장 관련 정보도 찾아볼 수 있다.

나는 아직까지 티맵 주차를 이용해 본 적은 없다. 티맵 주차를 이용해야 할 만큼 다양한 장소를 운전해서 가지 않기 때문이다. 그리고 새로운 장소를 방문할 때 주차할 곳을 미리 알아보고 가거나 해당 빌딩의 주차장을 이용할 때가 많다. 티맵 주차를 이용하려면 차량을 추가하고 신용카드를 입력하는 등의 절차가 필요하다. 이런 절차가 귀찮아서 티맵 주차를 이용하지 않은 탓도 있다.

티맵 주차 서비스를 이용하는 고객을 늘리려면 가입 절차를 최대한 간편하게 만들고 목표 고객을 티맵 내비게이션 데이터를 토대로 잘 선정해야 할 것이다. 가령 시내 주행이 많거나 낯선 곳을 자주 가는 운전자에게 주차 할인 등의 홍보 메시지를 보낼 수 있다. 적절한 인센티브를 통해서 가입 절차를 마칠 수 있도록 독려하고 티맵 주차를 이용할 수 있도록 유도해야 한다.

티맵은 주차 서비스 이외에도 다양한 모빌리티 서비스를 중개한다. 2021년에는 대리운전 및 킥보드 대여 사업에 진출했다. 그다음 해인 2022년에는 렌터카 및 전기차 충전 서비스를 시작했다. 그림 7-10에 나와 있는 것처럼 티맵 사용자를 미끼로 대리운전자, 킥보드 사업자, 렌터카 업체 및 충전소와 신용카드 회사를 모은 것이다. 티맵의 플랫폼 진화 방식은 사용자 그룹을 최대한 키우고 다른 그룹을 연이어 유도하는 방식을 취했다. 이런 방식은 모빌리티 서비스에 진출하는 시점을 늦추는 결과를 가져왔다. 그렇지만 완성도 높은 내비게이션 품질은 고객 확대와 더불어 그들의 충성도를 강화시켰다.

플랫폼 전환이 늦었기에 티맵은 모빌리티 시장에 진입할 때 기존 플랫폼과의 연계를 꾀했다. 직접 플랫폼 서비스를 처음부터 구축하는 것보다 빨리 시장에 진출할 수 있기 때문이다. 티맵 렌터카의 경우, 렌터카 업체를 일일이 수소문하여 티맵의 플랫폼에 가입시키지 않았다. 이미 전국적인 네트워크를 가지고 있는 카모아와 제휴하여 티맵 렌터카 서비스를 재빠르게 구현했다. 카모아의 경우 이미 전국

500개가 넘는 중소 렌터카 업체를 고객으로 확보한 상태였다.[70] 이렇게 확보된 지역별 렌터카 업체 덕분에 티맵에서 대여 차량을 검색하면 해당 지역 렌터카 업체를 쉽게 찾을 수 있다.

수수료 수익에 있어서 단점은 있다. 렌터카 업체를 직접 플랫폼으로 끌어들이지 않았기 때문에 발생하는 중개 수수료를 카모아와 나누어 가져야 한다. 그리고 렌터카 업체는 티맵에 가입한 것이 아니라 여전히 카모아의 중개 서비스를 이용한다고 여긴다. 이에 렌터카 그룹을 직접 확대하는 것이 어렵고 렌터카 업체의 서비스 질을 모니터링하는 것도 한계가 있다. 그러므로 티맵은 카모아와의 전략적 제휴 관계를 잘 유지해야 한다. 물론 티맵 내비게이션 사용자가 렌터카 서비스를 이용하도록 유도하는 것도 필요하다. 렌터카 서비스뿐만 아니라 티맵의 다양한 모빌리티 서비스를 활성화시키려면 티맵 사용자를 모빌리티 고객으로 전환시키는 것이 다음 목표다.

기존 티맵 사용자가 모빌리티 서비스를 이용하도록 유도하려면 무엇이 가장 중요할까? 우선 모빌리티 서비스를 이용하기 위한 가입 절차를 간소화해야 한다. 실제로 티맵의 모빌리티 서비스인 주차나 렌터카를 클릭해서 살펴보니 필요한 정보만 입력하도록 되어 있어 이 부분은 상당히 잘 운영되고 있는 것 같다. 새로운 서비스인 만큼 기존 내비게이션 사용자가 관심을 가질 정도의 적절한 프로모션도 필요하다. 실제로 티맵에 들어가면 모빌리티 서비스에 대하여 무료나

---

70 임민철, 아주경제, 2022, "'티맵에서 렌터카 실시간 예약' … 티맵모빌리티, 팀오투와 '티맵 렌터카' 출시"

반값 행사를 하는 경우가 있다.

끝으로 개별적인 서비스의 완성도도 중요하겠지만 목적지까지 도착하는 데 필요한 모든 이동 수단을 적절하게 조합하여 사용할 수 있는 옵션을 제안한다면 모빌리티 서비스 고객으로의 전환율이 더 높아질 것이다. 가령 킥보드를 라스트 마일 수단으로 이용할 경우, 걸어서 정류장이나 지하철역에 갈 때보다 대중 교통과 연계한 전체 이동 시간이 얼만큼 줄어드는지를 보여줄 수 있다. 사람들은 원래 하던 방식에서 새로운 방식으로 변화하는 것을 꺼리는 경향이 있다. 나만해도 길거리에 세워져 있는 킥보드를 보기만 했지 한국에서는 한 번도 이용한 적이 없다. 정작 미국의 워싱턴에 학회 참석차 갔을 때는 호기심으로 이용해 본 적 있다. 그러나 한국에서는 진짜 바쁠 때도 뛰어서 지하철역에 가거나 택시를 불러서 간다. 왜냐하면 킥보드를 이용하려면 QR코드를 찍고 신용카드를 등록하는 등의 절차가 필요했기 때문이다. 더구나 킥보드를 이용했을 때 실제로 얼마나 더 빨리 목적지에 갈 수 있는지에 대한 구체적인 정보가 없다. 그래서 아직은 고객이 지하철역까지 걸어가거나 버스를 탈 때 드는 비용과 시간을 계산하여 이용해야 할 교통수단을 결정한다. 만약 라스트 마일과 관련한 다양한 옵션을 티맵의 서비스와 연계하여 제공한다면 기존 사용자가 새로운 모빌리티 서비스에 자연스럽게 노출될 것이다. 그 연계가 쉽고 매끄러울수록 진정한 라스트 마일 모빌리티 서비스 제공자가 된다.

플랫폼 진화는 스타트업이나 대기업을 가리지 않는다. 아멕스처럼

100년이 넘는 기간에 걸쳐 플랫폼 비즈니스로 진화하거나 카카오나 티맵처럼 10년도 안 되는 세월에 다양한 플랫폼으로의 전환이 이루어질 수 있다.

플랫폼 진화는 플랫폼 비즈니스로 전환된 것만을 의미하지 않는다. 기존 고객을 대상으로 비즈니스 영역을 확장하는 것도 포함한다. 그림 7-11은 단면 시장의 기업이 플랫폼으로의 진화를 위하여 취할 수 있는 비즈니스 영역의 확장 및 플랫폼 전환을 2가지 기준으로 구분하여 보여준다. 우선 가로축은 기존의 고객 그룹을 위한 서비스인지 새로운 고객 그룹을 위한 서비스인지를 나타낸다. 세로축은 기존의 업무인지 아니면 새로운 업무인지를 나타낸다. 수직 확장은 기존 고객 그룹을 위하여 기존 업무 영역을 벗어나서 가치 사슬을 따라 아래위로 확장하는 것을 의미한다. 아마존이 물류 센터를 세워 판매 제품의 보관 및 운송 영역까지 업무를 확대한 것을 예로 들 수 있다. 연관되지 않은 새로운 사업 영역으로 확대하는 경우는 사업 다각화 (diversification)라고 본다. 아마존이 클라우드 서비스에 진출한 것을 예로 들 수 있다. 수평 확장은 종전의 고객 그룹을 위한 기존 서비스가 확장되는 것을 의미한다. 아마존이 온라인상에서 책만 팔다가 전자 제품이나 옷 등으로 판매 제품을 확대하여 온라인 소매상으로 진화한 것을 들 수 있다. 수평 확장이 주로 기존 시장에서 이루어지는 점을 고려하면 이베이가 다른 국가에 진출하여 온라인 경매 시장에 참여한 것은 시장 확대(market expansion)로 생각해 볼 수 있다.

플랫폼 전환은 새로운 그룹을 끌어들일 때만 가능하다. 이때 기존

[그림 7-11] 플랫폼 진화 구성 체계

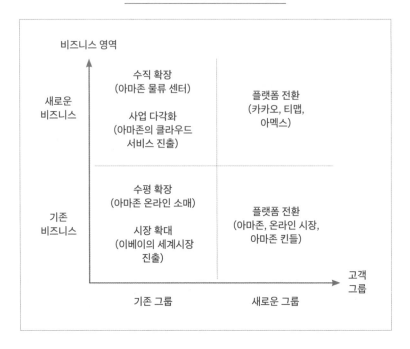

비즈니스 영역을 그대로 가져갈 수도 있고 새로운 비즈니스 영역으로 진출할 수도 있다. 아마존이 온라인 소매상에서 온라인 시장으로 전환했을 때는 제3의 판매자를 끌어들였을 뿐이지 온라인에서 제품을 파는 비즈니스는 그대로였다. 이에 비하여 카카오는 메시징 서비스와는 전혀 다른 게임이나 택시 호출 서비스 플랫폼 등으로 전환했다. 티맵도 내비게이션과는 무관한 자동차 보험이나 렌터카 예약 플랫폼 등으로 전환했다.

다음 장에서는 새로운 고객을 끌어들여 플랫폼 전환을 이룰 수 있는 구체적인 방식을 알아보자. 단면 시장에서 하나의 고객 그룹만 상대하던 기업이 플랫폼으로 전환하려면 어떤 점을 알고 있어야 할지 먼저 살펴본다. 그다음 전통 산업인 제조업, 건설업, 금융업에 속한 단면 기업[71]이 어떻게 플랫폼으로 전환해야 할지 그 방법을 알아보자.

---

71   플랫폼이 두 그룹을 연결하여 만들어진 곳을 양면 시장이라고 한다. 여기에서 단면 기업은 단면 시장에서 한쪽 고객만 상대하는 기업을 일컫는다. 대부분의 전통 기업이 단면 기업이다.

단면 기업의
플랫폼 전환

○

플랫폼 비즈니스를 꿈꾼다면
알아야 하는 것들

플랫폼 비즈니스라 하면 흔히 스타트업을 떠올리는 경우가 많다. 차량 호출 서비스로 성공한 북미의 우버나 리프트, 동남아시아의 그랩은 전통적인 자동차 기업이 아니었다. 이들을 비롯한 많은 온라인 또는 모바일 플랫폼 중에는 1990년대 이후 출발한 스타트업이 많다. FAANG(Facebook, Amazon, Apple, Netflix and Google)이라고 불렸던 미국의 5대 정보 기술 업체 중 플랫폼 비즈니스를 하는 페이스북, 아마존, 넷플릭스, 구글 모두 1990년대 이후에 세상에 나온 스타트업이다.

한국에서 성공한 플랫폼 기업도 스타트업인 경우가 많다. 대표적인 정보 기술 기업 네이버나 카카오, 송금 서비스에서 인터넷 은행으로 성장한 대형 금융 플랫폼인 토스까지 모두 스타트업이었다. 그렇다면 플랫폼 비즈니스는 이런 스타트업만 가능한 것일까?

위에서 언급한 FAANG에 속한 애플은 다른 4개의 빅테크 회사와는 달리 1976년에 설립되어 애플 컴퓨터를 판매한 파이프라인 회사로 출발했다. 파이프라인 회사는 원래 석유 유통 회사처럼 파이프를 통하여 원유 등을 운송하는 회사를 의미한다. 하지만 비즈니스 모델에서 쓰이는 파이프라인 기업은 플랫폼 회사와 대비되어 기존의 단면 시장에서 비즈니스를 하는 기업을 일컫는다. 파이프라인의 왼쪽 끝에 재료를 넣으면 중간 과정을 거쳐 오른쪽 끝에서 완성된 제품이 나와 최종 소비자에게 전달되는 것을 상상하면 된다. 우리가 알고 있는 대부분의 전통 기업을 파이프라인 회사로 볼 수 있다.

애플은 파이프라인 회사에서 플랫폼 비즈니스로의 확장을 성공적으로 이끈 기업이다. 애플이 만든 스마트폰인 아이폰은 기능 자체로는 팜 파일럿과 같은 Personal Digital Assistant(PDA)와 휴대폰을 합한 것으로 기술적으로 그다지 새로운 것은 아니었다. 1990년대 후반부터 2000년대 초기까지 PDA는 영업 사원이나 컨설턴트와 같이 이동이 잦은 회사원들이 스케줄링이나 이메일 처리 등 간단한 업무를 하려고 들고 다닌 조그마한 컴퓨터였다. 지금의 스마트폰보다 더 두껍고 투박했지만 형태는 비슷했다. 아이폰이 나옴으로써 휴대폰과 PDA를 동시에 들고 다닐 필요가 없어졌다. 애플이 정말 잘한 것은 이런 하드웨어적인 편리함을 넘어서 아이폰을 구동하는 iOS에서 작동하는 수많은 앱을 사용자가 손쉽게 접근할 수 있는 앱 스토어를 만든 것이다. 이런 앱 스토어는 아이폰 사용자와 아이폰에서 돌아가는 앱을 연결하는 플랫폼 역할을 한다. 유용한 앱으로 인하여 사용자의 삶에 많은 변화가 생겼다. 은행 창구를 방문하기보다는 앱을 이용해서 송금하고, 택시도 앱을 이용하여 호출하게 된 것이다.

물론 애플은 맥 운영체제라는 플랫폼을 이미 운영하기 때문에 자동차 회사나 일반 소비재 회사처럼 전형적인 파이프라인 기업은 아니다. 애플은 컴퓨터를 만들어 팔면서 맥 운영체제를 통하여 맥 위에서 돌아가는 프로그램 개발자와 맥 사용자를 연결하는 역할을 어느 정도 하고 있었다. 하지만 마이크로소프트의 윈도우와 비교하면 꽤 폐쇄적이다. 이는 맥 컴퓨터의 완성도를 높이는 데는 도움을 주지만 맥 컴퓨터를 둘러싼 생태계를 크게 키우지는 못했다. 애플은 아이폰을 시장에 내놓으면서 아이폰을 위한 응용프로그램을 직접 만들기보다 제3의 개발자에게 맡기는 개방 정책을 통하여 진정한 플랫폼 비즈니스에 발을 담근다.

애플처럼 전통적인 파이프라인에 가까운 기업도 플랫폼 비즈니스에 진출할 수 있다. 실제로 많은 전통 기업이 플랫폼 비즈니스에 진출하고 싶어 한다. 이미 플랫폼 비즈니스에 진출한 전통 기업도 있다. 가령 차량 대여 사업은 전형적인 파이프라인 비즈니스다. 차량을 대량으로 확보하고 이를 고객에게 단기나 장기로 빌려주어 수익을 얻는다. 국내 차량 대여 기업 중 점유율 1위를 차지하는 롯데렌탈은 렌탈파트너라는 자회사를 통해 그레잇카라는 장기 차량 대여 가격 비교 사이트를 2022년 4월부터 시작했다.[72] 롯데렌탈은 왜 자신의 사이트가 아닌 자회사를 통하여 가격 비교 서비스를 했을까? 플랫폼 비즈니스가 익숙하지 않기 때문에 자회사를 통해 실험적으로 플랫폼을 운영해 보고 싶었던 것일까?

만약 그레잇카가 성공하면 롯데렌터카의 매출이 떨어지는 것은 아닐까? 롯데렌터카의 매출은 그리 큰 변화가 없을 수도 있다. 롯데렌터카의 충성 고객은 어차피 가격 비교를 하지 않고 롯데렌터카에서 대여할 것이므로 충성 고객으로부터의 매출은 유지된다. 어차피 가격을 비교하는 고객은 그레잇카가 없다고 해도 대여 업체 중 가격이 낮은 곳을 알아볼 것이다. 롯데렌터카보다 가격이 저렴한 업체를 고를 경우에는 그레잇카를 통해서 해당 업체를 선택하는 것이 낫다. 그러면 판매 금액의 일정 부분을 수수료로 받을 수 있기 때문이다. 실제로 그레잇카를 방문하니 판매하는 업체는 대부분 캐피털 업체였다. 캐피털 업체는 대여를 중간에서 알선하고 실제 차량 대여 및 관리 등의 업무는 렌터카 업체에 맡긴다. 이런 업무를 롯데렌터카가 맡으면 사실 롯데렌터카가 얻는 불이익은 거의 없다.

그레잇카의 등장으로 인하여 다른 경쟁 업체와의 가격경쟁이 더 치열해지지 않을까? 그레잇카를 통하여 가격 비교가 수월해지면서 차량 상태나 대여 조건이 비슷하다면 가격이 구매를 결정짓는 가장

---

72 김형규, 선한결, 한국경제신문, 2022, "경쟁사 車도 대여…렌터카 빅3, 플랫폼 변신 선언"

큰 요인이 될 수 있다. 하지만 경쟁 업체가 그레잇카를 통하여 차량을 대여할 때는 일정 부분 수수료를 지급해야 되기 때문에 가격을 낮추면서 고객을 지속적으로 확보하는 것은 어렵다. 오히려 수수료로 인하여 자사 사이트보다 가격을 약간 높여서 제시할 수도 있고 가격경쟁이 오히려 완화될 수도 있다. 이는 아마존이 다른 판매자를 끌어들여 온라인 시장으로 진화했을 때 가격경쟁이 완화된 것과 유사하다.

매출에 있어서는 타격이 별로 없겠지만 새로운 서비스를 시작하고 유지하는 데는 추가적인 인력과 자본의 투입이 필요하다. 그러면 롯데렌터카는 플랫폼 비즈니스 진출을 통하여 무엇을 얻을 수 있을까? 먼저 플랫폼 비즈니스에 대한 경험을 쌓을 수 있다. 양쪽의 고객을 어떻게 상대해야 하는지와 어느 정도의 수수료를 받아야 거래가 활성화될 수 있는지에 대한 노하우 및 데이터를 갖게 된다. 다음으로는 고객에 대한 정보의 양이나 질이 높아진다. 롯데렌터카의 기존 고객에 대한 정보는 이미 가지고 있겠지만 가격을 비교하는 비충성 고객에 대해서는 많은 정보를 가지고 있지 않을 것이다. 고객의 개인 정보, 가격 민감도, 구매 패턴, 선호 브랜드 및 차량 조건 등에 대한 좀 더 폭넓은 데이터를 가지게 된다. 특히 온라인상에서 사용자가 어떤 메뉴를 거쳐 구매하는지, 구매할 때 몇 개의 옵션을 비교하는지 등 구매 전환율을 높이기 위한 중요한 자료를 얻을 수 있다.

롯데렌탈은 그레잇카를 관리할 때 어떤 점에 중점을 두어야 할까? 기존의 차량 대여 업체에서 하던 방식으로 매출이나 이익 등과 같은 재무적인 정보를 주시하고 있어야 할까? 차량의 회전율과 같은 운영 관련 측정치에 관심을 가져야 할까? 물론 전통적인 기업에서 관심 갖는 재무와 운영 정보를 살펴보는 것도 필요하다. 이런 재무와 운영 성과를 좋게 하려면 그레잇카는 가격 비교를 통해서 사용자가 최적의 선택을 손쉽게 할 수 있도록 도와주어야 한다. 이런 측면에서 사용자가 원하는 차량을 만족할 만한 가격에 잘 대여하고 있는지는 기본으로 체크해야 한다. 사용자가 어떤 기준으로 차량을 선택하는지도 면밀히 관찰하고, 구매로 이어지지 않은 경우에 대한 분석도 필요하다. 그리고 얻은 정보를 플랫폼 디자인에 반영해서 선순환을 이루도록 해야 한다.

그러면 그레잇카는 매출이나 이익보다는 사용자 수를 최대화하는 데 가장 큰 관심을 가져야 하는 것일까? 사용자 수를 늘리는 것도 필요하다. 적정 규모를 넘는 고객을 확보할 때 그레잇카는 그룹 간 네트워크 효과에 의하여 차량 대여 업체를 쉽게 끌어모을 수 있다. 하지만 단순히 사용자 수를 늘리기보다 사용자가 그레잇카에서 차량을 대여하는 매칭 성공률을 늘리는 데 중점을 두어야 한다. 이외에도 등록된 사용자 중 장기간에 걸쳐 사이트에 들어오지 않는 비활성 고객의 비중이 높아지고 있는지 항상 체크해야 한다. 만약 그렇다면 장기 비활성 고객이나 탈퇴 고객이 다른 가격 비교 사이트나 제3의 옵션을 찾고 있는 것인지에 대해 알아봐야 한다. 이렇게 플랫폼 비즈니스와 파이프라인 비즈니스는 중점 관리해야 하는 측정치가 다를 수 있다.

그레잇카의 경쟁 상대는 누가 될 수 있을까? 우선 이미 차량 대여 중개를 하는 플랫폼이 경쟁 상대일 것이다. 그러면 이런 차량 대여를 중개하는 플랫폼은 어떤 회사가 있을까? 중소 대여 플랫폼도 있지만 의외로 빅테크 기업이 차량 대여 업체를 사용자와 중개하고 있다. 카카오에서 운영하는 쇼핑하우는 장기 렌터카 비교 서비스를 통하여 소비자와 차량 대여 업체를 연결한다. 카카오뿐만 아니라 네이버도 네이버 쇼핑을 통하여 차량 대여 업체를 연결해 준다. 카카오나 네이버는 차량 대여에 관련된 일을 하는 회사는 전혀 아니다. 그렇지만 워낙 많은 사용자를 확보하고 있기 때문에 차량 대여 업체를 연결하는 서비스가 상대적으로 쉬운 것이다. 이렇게 플랫폼 비즈니스에서는 해당 산업에 속하지 않아도 사용자 그룹을 확보한 플랫폼이라면 언제든지 경쟁 상대가 될 수 있다. 기존의 파이프라인 산업에서 마이클 포터는 현재의 경쟁자, 새로운 참가자 및 대체 가능 제품이나 서비스 제공자를 넓은 의미에서 경쟁자로 고려했다. 가령 큰 규모의 차량 대여 업체는 직접 플랫폼을 만들 수 있으므로 잠재적인 경쟁자로 본다. 플랫폼 비즈니스에서는 이를 뛰어넘어 동일한 한쪽 그룹을 확보한 플랫폼이라면 언제든지 경쟁 상대가 될 수 있다. 해당 플랫폼의 원래 비즈니스는 다를 수 있다. 네이버의 주된 서비스는 검색이고 카카오의 기본 서비스는 카카오톡을 이용한 메시징이다.

앞선 2장에서 경쟁 플랫폼으로 꼽은 구글과 페이스북처럼 플랫폼 비즈니스에서의 경쟁자는 서로 다른 서비스를 제공할 수 있다. 이 두 기업이 소비자에게 제공하는 서비스는 검색과 소셜미디어로 완전히 다르다. 하지만 다른 한쪽 그룹인 광고주를 끌어모으기 위한 경쟁을 한다. 페이스북 다음으로 미국에서 많은 온라인 광고 매출을 일으킨 아마존을 생각해 보면 더 확실하다. 두 플랫폼과는 전혀 다르게 온라인 소매 및 시장 서비스를 제공하고 있다. 이렇게 플랫폼 비즈니스에서는 주요 서비스는 달라도 어느 한쪽 그룹에 대해서는 경쟁자가 될 수 있다.

전통 기업이 플랫폼 비즈니스에 진출할 때 겪는 어려운 결정 중의 하나는 가격 설정이다. 파이프라인 비즈니스와는 달리 연결하는 두 그룹에 대하여 각각 수수료를 매긴다. 파이프라인 비즈니스에서는 제품이나 서비스 제공에 따른 원가를 계산한 후 적당한 마진을 붙여서 판매 가격을 설정한다. 얼마만큼의 마진을 가져갈 것인지는 해당 산업의 경쟁 상황과 소비자가 느끼는 효용에 따라서 다르다. 이런 마진에 근거해서 이익이 얼마 정도 발생할 것이라고 예상한다. 하지만 플랫폼 비즈니스에서는 3장의 비대칭 가격에서 설명한 것처럼 각 그룹이 플랫폼 비즈니스에 미치는 영향력 등을 고려하여 수수료를 다르게 정한다.

그레잇카는 어떻게 고객과 차량 대여 업체에 받을 수수료를 정해야 할지 생각해 보자. 그레잇카는 고객에게 수수료를 부과하지 않았다. 고객에게 수수료를 부과한다면 다른 무료 중개 서비스나 차량 대여 업체 사이트를 직접 방문할 수 있기 때문이다. 그리하여 차량 대여 업체만 그레잇카에 매출의 일정 부분을 수수료로 낸다. 초창기라서 수수료가 거의 없거나 적을 수는 있겠지만 시간이 흘러 인기를 끈다면 상당히 높은 수수료가 부과될 수 있다. 차량 대여 업체는 고객이 계약을 체결했을 때 얻는 이익이 크다면 수수료를 내더라도 그레잇카에서 영업을 하고 싶을 것이기 때문이다. 이렇게 수수료는 고객 그룹과 차량 대여 업체 그룹을 유지하는 데 드는 비용에 적정 마진을 더해서 정해지는 것이 아니다. 플랫폼 비즈니스 환경에 따라 수수료를 부과하여 수익을 이끌어 내는 그룹이 달라진다. 더욱이 수수료 수준을 결정하는 것은 매우 신중하게 이루어져야 한다.

그레잇카는 몇 년 안에 흑자를 낼 수 있을까? 그레잇카의 운영 방식에 따라 달라질 수 있다. 그레잇카를 순수한 장기 대여 가격 비교 플랫폼으로 운영한다면 단기간에 흑자를 낼 수도 있다. 왜냐하면 이베이처럼 물리적인 투자가 없는 중개 서비스이기 때문이다. 만약 그레잇카를 통해 들어온 고객이 롯데렌탈이나 캐피털 회사의 차량을 대여할 경우, 제반 운영을 렌탈파트너가 한다면 흑자를 내기까지 더 오랜 시간이 걸릴 수 있다. 대여 서비스를 위한 차량 구매 및 보관에 따라 주문 및 재고 유지 비용이나 차량 관리 비용이 상당할 수 있다. 그레잇카를 순수 장기 대여 가격 비교 플랫폼으로 운영한다고 가정해 보자.

만약 그레잇카가 고객을 모으기 위해서 대대적인 프로모션을 한다면 첫해는 흑자를 내는 것이 어려울 수도 있다. 웹사이트와 앱을 새로 개발하고 운영하는 데 자본과 인력을 투입해야 한다. 다른 차량 대여 업체와의 정보 시스템 연결을 위한 투자도 필요할 수 있다. 수수료가 주 매출일 것이므로 사용자가 얼마나 확보되는지와 실제로 거래가 이루어지는 매칭 확률에 따라서 매출액이 달라진다. 그레잇카에서 실제로 차량을 장기 렌트하는 건수가 어떻게 증가하는지에 따라 손익분기점을 넘는 시점이 달라질 것이다. 잡코리아에 따르면 렌탈파트너의 2022년 매출은 16억 원, 영업이익과 당기순이익은 8억 원 상당의 적자가 났다.[73] 8억 원 상당의 적자는 플랫폼에서의 초기 투자 비용으로 인하여 발생했을 것이다.

2023년 말 그레잇카에 접속하려고 보니 사이트가 아예 연결되지 않는다. 그레잇카의 운영이 순조롭지 않았다는 것을 짐작할 수 있었다. 아나나 다를까 롯데렌탈은 그레잇카 서비스를 중단했다.[74] 중단한 이유를 정확히는 알 수 없지만 그레잇카를 이용하는 수요가 예상보다 적어서 플랫폼 운영을 포기한 것 같다. 이미 장기 대여를 이용 중인 사람은 기존 렌터카 회사에서 이어서 차량을 대여하는 경우가 많다. 그러므로 그레잇카는 처음으로 차량을 장기 대여하는 고객을 목표로 삼아야 했다. 그레잇카의 신뢰가 확보되지 않은 상태에서 선뜻 차량을 장기로 빌리는 고객을 모으는 것은 쉽지 않다. 나아가서 장기 대여는 보통 2~5년 동안 이루어지므로 단기간에 단골이 생기기 어려운 구조다. 플랫폼의 성과는 장기간에 걸쳐 나오는 경우가 많으므로 롯데렌탈이 그레잇카를 성공시키려면 좀 더 많은 인내심이 필요했을 것이다.

플랫폼이 상당 수준의 투자를 필요로 하는 경우나 연결하는 양쪽 그룹으로부터 모두 수수료를 받기 어려운 상황이라면 이익을 내기까지 오랜 시간이 걸릴 수 있다. 아마존은 흑자를 내기까지 7년

---

73   잡코리아, 렌탈파트너㈜ 채용 공고
74   박형민, 일요신문, 2023, "롯데렌탈, 장기렌터카 가격비교 서비스 '그레잇카' 운영 중단"

정도 걸렸고 쿠팡은 13년 만에 첫 연간 흑자를 달성했다. 이렇게 플랫폼이 실제로 돈을 벌기까지는 충분한 시간이 필요하다. 때로는 이런 불확실성 때문에 전통 기업은 플랫폼 비즈니스에 진출하는 것을 꺼린다.

지금까지 살펴본 파이프라인 기업이 플랫폼 비즈니스에 진출할 때 염두에 두어야 하는 점을 요약하면 다음과 같다. 이 사항은 꼭 전통 기업에만 적용되는 것은 아니다. 플랫폼 비즈니스를 시작하려는 스타트업도 알고 있어야 한다.

첫째, 중점 관리해야 하는 측정치(metric)가 다르다. 매출이나 이익 또는 투자 대비 수익률 등과 같은 재무적인 측정치나 재고 수준이나 재고 회전율과 같은 운영적인 측정치는 전통적인 파이프라인 비즈니스에서 중요하다. 플랫폼 기업은 이런 수치도 추적해야겠지만 상호작용 성공률, 활성 사용자 수 및 장기 비활성 사용자 비율 등 플랫폼에서 매칭이 얼마나 잘 이루어지는지를 중점 관리해야 한다.

둘째, 경쟁자의 개념이 확장된다. 동일한 사용자 그룹을 이미 확보한 기업이라면 어떤 기업도 해당 플랫폼 비즈니스에 뛰어들 수 있다. 사용자 그룹에 제공하는 서비스는 달라도 다른 그룹을 끌어들이기 위한 경쟁을 벌일 수 있기 때문이다.

셋째, 가격 설정 방식이 달라진다. 비용에 마진을 더하는 것이 파이프라인 비즈니스 모델에서의 가격 결정이라면, 플랫폼 비즈니스는 우대해야 하는 그룹을 선정하고 어느 정도의 수수료가 적당한지를 찾아가는 과정을 거친다. 수수료에 민감한 그룹은 수수료 인상으로 인해 플랫폼을 떠날 수 있으므로 유의해야 한다.

넷째, 이익을 내기까지 오랜 시간이 필요할 수 있다. 그렇기 때문에 파이프라인 기업이 플랫폼 비즈니스에 진출할 때는 단기적인 재무 성과에 의한 평가를 지양하고 첫 번째 이야기한 상호작용 성공률과 같은 지표를 우선시해야 한다. 충분한 시간이 주어지지 않는다면 단기간의 성과를 증명해야 하는 최고 경영자 입장에서는 플랫폼 비즈니스에 선뜻 진출하는 것이 쉽지 않다.

플랫폼에 대한 강의를 대기업 임직원 앞에서 하면 "플랫폼 비즈니스를 꼭 해야 하느냐?"와 "지금 준비 중인 특정 플랫폼 비즈니스가 잘될 수 있을까?"라는 질문을 종종 받는다. 어떤 플랫폼 비즈니스를 준비해야 하는지도 궁금해한다. 플랫폼 비즈니스를 꼭 해야 되는 것은 아니다. 선택의 문제다. 하지만 전통 기업은 플랫폼 비즈니스를 시작할 때 넘어야 하는 닭과 달걀의 문제를 상대적으로 쉽게 극복할 수 있다. 한쪽 그룹인 사용자를 확보한 경우가 많기 때문이다. 사용자 그룹을 바탕으로 다른 한쪽 그룹으로 누구를 끌어들일 수 있는지에 따라서 어떤 플랫폼 비즈니스를 할지가 달라진다. 지금 준비 중인 플랫폼 비즈니스에서 확보해야 하는 다른 한쪽 그룹과 이미 비즈니스를 해 본 경험이 있다면 성공 확률이 높아진다. 앞에서 언급한 4가지 사항을 염두에 두고 플랫폼 비즈니스를 구상한다면 전통 기업과 같은 단면 기업도 충분히 승산이 있다.

이번 장에서는 단면 기업이 어떤 방식으로 플랫폼 비즈니스에 진출할 수 있는지를 사례를 통하여 살펴본다. 제조업과 건설업에서는 기업이 판매하는 제품을 기반으로 플랫폼 비즈니스에 진출하는 방법을 모색한다. 금융업에서는 플랫폼 뱅킹과 오픈 뱅킹의 개념 및 도입 배경을 알아본다. 그다음 플랫폼 뱅킹 진출 시 고려해야 하는 전략적 사항을 소개한다. 여기 나온 사례나 개념이 플랫폼 비즈니스를 준비 중인 전통 기업의 경영진과 실무자에게 조금의 실마리라도 주었으면 한다. 전통 기업이라고 해서 대기업만을 의미하는 것은 아니다. 전통 산업에 속하는 중소기업이나 스타트업도 얼마든지 플랫폼으로의 전환을 꾀할 수 있다.

O

제조업의 플랫폼 전환

제조업은 2019년 기준 한국 GDP의 27.5퍼센트를 차지하고 있을 정도로 여전히 한국 경제의 큰 부분을 차지하고 있다.[75] 제조업은 전형적인 파이프라인 비즈니스 모델을 가지고 있다. 대부분의 제조업은 원자재를 투입하여 자본과 노동의 힘으로 제품을 생산, 소비자에게 전달하는 방식으로 가치를 만든다. 이런 제조업에 속한 기업은 어떻게 플랫폼 비즈니스에 진출할 수 있을까?

제조업에 종사하는 사람은 '옛날 비즈니스라서 요즘 사람들이 이

---

75   송경호, 재정포럼, 2022, "한국 제조업의 생산성 성장과 산업 역동성"

야기하는 플랫폼 비즈니스와는 거리가 멀다'라고 생각할 수 있다. 하지만 제조업은 제품이라는 플랫폼 비즈니스를 할 수 있는 좋은 재료를 가지고 있다. 여기까지만 보고도 '아하! 그렇지!'라는 생각이 들면 이미 전통 기업이 플랫폼 비즈니스 형태로 진화하기 위한 아이디어에 근접한 상태라고 볼 수 있다. 무슨 이야기인지 모르는 경우라도 조금 있으면 제조업이 왜 플랫폼 비즈니스를 할 수 있는지 이해할 수 있다.

제조 기업은 제품을 사는 소비자를 이미 확보한 상태다. 관건은 이 소비자를 한쪽 그룹으로 두고 다른 쪽 그룹에 누구를 끌어들일 것인지를 고민해야 한다. 건강검진을 하러 병원에 가거나 헬스장에 가면 요즘에는 이 기계를 쉽게 볼 수 있다. 바로 체지방 등을 쉽게 분석해서 신체의 균형 상태를 알려 주는 '인바디'라는 기구다. 팔을 양 옆으로 벌린 상태에서 인바디 측정 팔을 잡고 있으면 잠시 후 몸무게, 근육량, 체지방량 등을 세밀하게 분석한다. 그리고 인바디 점수라고 해서 100점 만점 기준으로 당신 몸이 신체적으로 몇 점인지 알려 준다. 사실 체지방 분석기 제조업체인 인바디는 이미 플랫폼 비즈니스에 발을 담그기 시작했다. 인바디가 어떤 방식으로 플랫폼 비즈니스에 진출했는지 살펴보자.

인바디의 플랫폼 진화

어느 날 가정에서 쓸 수 있는 인바디 제품을 아내가 사 왔다. 처음에는 골격근량, 체지방량을 측정해 준다고 해서 몇 번 사용해 보고 안방 한구석에 두었다. 한참 지난 후에 둘째 아이가 스마트폰에 인바디 앱을 깔고 연결해서 사용할 수 있다는 것을 알려 주었다. 처음에는 "오, 이런 게 있구나!" 하는 정도였다. 몇 달이 지나 겨울방학이 끝날 즈음 건강을 위해서 몸무게를 줄이려고 채식을 하기로 마음먹었다. 채식을 하면서 일어나는 몸의 변화를 알기 위해 인바디 앱을 이용하기로 했다. 매일 아침 인바디 제품과 연결해서 측정을 마치고 그 결과를 인바디 앱을 통해서 확인했다. 앱에서 '런바디챌린지'라는 프로모션을 보았다. 일정 금액의 참가비를 내고 매일 미션을 다 마치면 4주 후에 그 돈을 다시 참가자에게 돌려주는 행사였다. 프로모션을 살펴보니 상당히 많은 사람들이 참여하는 것 같고 큰 부담이 없어 보였다. 리뷰도 1,000개 이상 달려 있었다. 다이어트에 성공하고 바디 프로필을 찍은 회원들이 성공기를 공유하면 댓글로 사람들이 응원도 했다. 여기까지만 보면 인바디 앱은 인바디 제품을 통하여 다이어트에 관심 있는 사람들을 모으는 온라인 커뮤니티 역할을 하는 것으로 보인다.

그러다 '런바디마켓'이라는 앱 메뉴를 통해 다이어트 관련 식품을 파는 것을 발견했다. 인바디 앱은 온라인 커뮤니티 역할에 그치지 않고, 건강과 체중 조절에 관심 있는 사용자 그룹과 다이어트 식품 판매자 그룹을 연결하는 플랫폼 역할을 하고 있었다. 체성분 측정 기기 제조사인 인바디는 가정용 인바디 제품을 바탕으로 플랫폼 비즈니스에 진출한 것이다. 물론 인바디 앱은 인바디 제품을 쓰지 않더라도 사용할 수 있다. 하지만 나처럼 대부분의 사용자는 인바디 제품을 사용하면서 스마트폰에 인바디 앱을 설치했을 것이다. 향후 인바디 앱이 더 성공한다면 인바디 제품을 쓰지 않는 사용자까지도 끌어들일 수 있다. 인바디 앱 사용자를 토대로 상당수의 다이어트 식품 판매자를 모을 수 있기 때문이다.

인바디 앱은 사용자와 식품 판매자의 거래를 유도하기 위하여 런바디챌린지를 영리하게 활용했다. 인바디 앱을 자신의 신체 상태를 파악하는 데만 쓰는 사용자는 다이어트 식품을 사려는 시도를 하지 않을 수 있다. 런바디챌린지 참여자는 식단에 대한 영양사의 평가 및 제안을 받고 30분 정도의 홈트레이닝 영상을 볼 수 있다. 열심히 참여한다면 꽤 좋은 효과를 볼 수 있을 것이다. 게다가 4주 동안 참가한 날만큼 참가비를 일부 또는 전부 돌려받는다. 단지 현금이 아닌 런바디마켓에서 쓸 수 있는 적립금으로만 환급된다. 런바디챌린지 참여자는 이렇게 환급된 참가비를 쓰기 위해서라도 런바디마켓에서 다이어트 식품을 구매할 것이다. 인바디는 런바디챌린지를 통해서 참가자의 다이어트를 돕고 동시에 다이어트 식품을 파는 판매자를 끌어들일 수 있는 사용자 수요를 만들었다.

인바디가 플랫폼 비즈니스에 진출한 과정을 생각해 보면 가정용 인바디가 시작점이었다. 인바디를 구매한 사용자는 자신의 신체 정보를 기록하기 위하여 인바디 앱을 쓰게 되고, 온라인 챌린지 프로그램에 참여할 기회를 가진다. 챌린지 프로그램에서 받은 환급금으로 인바디 앱에서 연결하는 식품 업체에 원하는 음식을 주문한다. 인바디를 구매한 사용자 그룹이 있었기에 인바디 앱은 플랫폼으로 발전할 수 있었다.

인바디의 플랫폼 진화를 다이어그램으로 표현하면 그림 8-1과 같다. 인바디는 전문적인 체성분 분석 기계를 출시하여 병원, 스포츠센터, 프로 운동 팀 등에 제품을 판매한다. 병원이나 스포츠센터에 있는 인바디 기계는 고가의 제품이라 사용자가 집에서 편안하게 측정할 만한 가정용 인바디 기계를 별도로 판매하기 시작했다. 이를 계기로 건강이나 다이어트에 관심 있어 체중이나 근육량 및 체지방량을 체계적으로 관리하고 싶은 개인을 고객으로 확보했다. 여기까지는 전형적인 제조업 영역이다. 가정용 인바디 기계와 연동하여 작동하는 앱을 통하여 고객들이 달성하려는 다이어트 목표를 돕는 코칭 프로그램을 만들었다. 가정용 인바디 구매자 그룹을 바탕으로 앱이 활성되면서 인바디가 없는 개인도 끌어들여 앱을 설치하고 다이어트 관련 프로그램에 참여할 수 있게 한다. 동시에 다이어트 식단을 직접 준비하기 어려운 사람들이 다이어트 식품을 살 수 있도록 판매자를 끌어들여 온라인 다이어트 식품 시장을 만들었다. 다이어트 식품 판매자에게는 체중 조절에 관심이 많은 사람들이 모여 있는 인바디 앱이 매력적이다. 왜냐하면 앱을 활발히 이용하는 사람은 기본적으로 다이어트 식품을 구매할 가능성이 높은 목표 고객이기 때문이다.

그림 8-1에 묘사된 인바디의 플랫폼 진화는 진행 중이다. 인바디 앱은 개인 사용자 그룹과 건강식품 판매자 그룹만 연결하고 있다. 이를 확장할 수 있다. 점선으로 표현된 것처럼 인바디 앱에 병원

[그림 8-1] 인바디의 플랫폼 진화

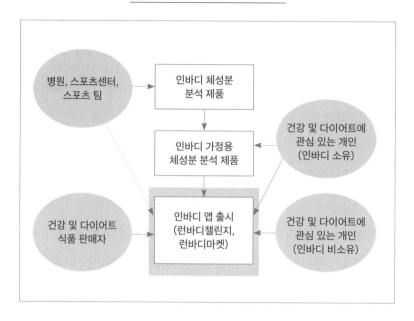

이나 스포츠센터가 들어오는 것을 상상해 보자. 가령 인바디를 소유한 개인이 자신의 신체 데이터를 병원과 공유하면 병원에서는 데이터를 토대로 가능성 있는 질병이나 현재 상태를 체크하여 적당한 검진 플랜을 추천한다. 그러면 개인은 해당 사항을 검토하여 마음에 들면 추천 받은 검진 플랜을 인바디 앱을 통하여 신청한다. 인바디 앱을 통하여 신청할 경우, 할인을 받거나 무료 추가 검진 같은 혜택이 있다면 건강검진을 할 예정인 개인 사용자는 마다할 이유가 없다. 인바디 앱을 꾸준히 이용하는 개인은 건강에 관심이 많은 잠재 고객이므로 병원 참여를 어렵지 않게 이끌어 낼 수 있다. 스포츠센터는 개인의 신체 상태에 맞는 운동 프로그램을 추천할 수 있다. 인바

디 앱은 운동을 체계적으로 하고 싶은 고객을 위하여 위치에 기반한 근처의 좋은 프로그램을 추천해 줄 수 있다.

기존 고객인 병원과 스포츠센터 이외에도 건강이나 운동에 관련된 다른 산업과의 연결을 고려할 수 있다. 가령 건강에 관련된 보험 상품을 파는 생명 및 손해보험회사도 인바디 앱으로 끌어들일 수 있다. 체성분 기록을 꾸준히 기록한 개인은 보험회사의 입장에서 매력적인 고객이다. 나아가서 인바디 앱을 통해 얻은 고객의 체성분 데이터와 보험 청구 금액 간의 관계를 알아낸다면 개별화된 보험 상품을 인바디 앱 사용자에게 판매할 수 있다. 한편 운동이나 수면에 대한 기록을 담는 웨어러블 디바이스 관련 기업을 끌어들여 인바디 앱 사용자와 연결할 수 있다. 그러면 인바디 앱 사용자는 자신의 운동이나 수면 기록이 체성분 변화와 어떤 관계를 가지는지를 쉽게 확인할 수 있다. 데이터에 기반한 좀 더 체계적인 건강관리가 가능해지는 것이다. 이는 인바디 앱이 다이어트 식품을 구매할 수 있는 플랫폼에서 헬스케어 플랫폼으로 진화하는 계기가 될 수 있다.

완성차 업체의 플랫폼 진화

국내 자동차 시장을 주도하는 현대자동차나 기아와 같은 완성차 업체의 비즈니스 모델은 전형적인 파이프라인이다. 완성차 업체는 차량 제조에 필요한 각종 원자재 및 부품을 공급받아 공장에서 조립

과정을 거쳐 자동차를 완성한다. 제조원가에 적당한 마진을 더한 가격에 완성된 자동차를 소비자에게 판매한다.

완성차 업체는 자동차 산업 전반에 걸쳐 변화가 요구되는 시기에 직면했다. 전기차를 비롯한 친환경 차에 대한 수요가 증가하고 자동차 호출 플랫폼 및 공유 라이드 서비스 같은 새로운 이동 서비스가 등장했다. 이동 서비스 시장이 성장하고 자동차를 소유하는 소비자의 수가 줄어든다면 완성차 업체의 위상이 바뀔 수 있다. 지금은 완성차 업체가 직영 대리점이나 딜러 등을 거쳐 최종 소비자에게 자동차를 판다. 차가 고객에게 주는 가치를 만들고 그에 대한 가격을 받아 이윤을 남기는 주도적인 역할을 한다. 새로운 이동 서비스가 소비자와의 접점을 차지한다면 완성차 업체는 현재의 위상을 그대로 유지하는 것이 어려울 수 있다. 단순히 이동 서비스 업체에 차량을 공급하는 납품 업자로 바뀌는 것이다.

자동차 호출 서비스는 승객과 개인 운전자를 연결하는 플랫폼이다. 한국에서는 호출 서비스가 승인 나지 않아 접할 수 없지만 미국, 중국 및 동아시아에서는 각각 우버와 리프트, 디디추싱, 그랩 등이 영업하고 있다. 쉽게 생각하면 자신의 자동차를 가지고 파트타임 또는 전업으로 택시 역할을 할 수 있는 운전자와 이동 수단이 필요한 승객을 연결하는 것이다. 미국 출장을 갔을 때 우버나 리프트를 이용하면 미리 요금이 얼마인지도 알 수 있고 택시보다 요금이 쌀 때가 있어서 편리하게 사용했다. 한국은 택시 면허 없이 운송 서비스를 제공할 수가 없기에 개인이 자신의 차량을 가지고 영업 행위를 하는 것은 금지

되어 있다. 이로 인하여 택시 호출 서비스만 가능한 상황이다.

차량 호출 서비스가 기존의 택시에 비하여 편리한 점은 스마트폰으로 손쉽게 차량을 예약하고 요금을 지불할 수 있다는 점이다. 특히 택시를 잡기 어려운 시간대나 외곽 지역에서도 차량을 호출할 수 있고 신용카드만 앱에 등록해 놓으면 출발 전에 요금을 미리 결제할 수 있다.

차량 호출 서비스에 완성 자동차 업체가 직접 진출한 사례는 없다. 현대자동차가 동남아시아의 그랩과 인도의 올라에 각 3억 달러 정도 투자했지만 직접 호출 서비스에 진출할 계획은 현재 없어 보인다.[76] 일본에서는 토요타가 2019년에 차량 공유 서비스에 진출한 바 있다. 토요타 딜러 등의 판매망을 통해서 차량을 빌릴 수 있도록 한 것이다. 닛산은 2018년부터 자사의 전기차를 빌려주는 서비스를 제공한다.

차량 호출 서비스가 국내에서는 원천적으로 막혀 있지만 차량 공유 서비스에 완성차 업체가 진출하는 것은 가능하다. 하지만 국내의 차량 공유 서비스는 규모의 경제를 이루는 것이 쉽지 않다. 대표적인 업체인 쏘카도 아직 수익성을 확보하지는 못한 것으로 알려져 있다.[77] 또한 차량 공유 서비스가 활성화될 경우 자동차 매출에는 부정적인 영향을 줄 수 있기에 신중한 접근이 필요하다. 이런 부정적인 영향을 줄이면서 자동차 판매에도 기여할 수 있는 비즈니스 모델을

---

76 이종혁, 매일경제, 2019, "동남아 그랩·인도 올라…모빌리티도 공들이는 현대車"
77 권진욱, 서울파이낸스, 2021, "쏘카, 지난해 영업 손실 264억 원…매출 방어·수익 개선"

개발한다면 차량 공유 서비스 진출도 고려할 수 있다.

한 가지 아이디어로 소비자가 차를 살 때 차량 공유 옵션을 선택하면 할인을 받을 수 있는 프로그램을 생각해 볼 수 있다. 가령 신차 구매 시 1년에 30일을 공유 차량으로 쓸 수 있게 하면 차량의 대금을 일부 할인해 주는 것이다. 공유 차량으로 가능한 날 수가 늘어날수록 더 많은 할인을 받을 수 있다. 이를 통하여 평일 또는 주말에 자동차 사용이 거의 없는 고객은 차를 놀리지 않고 적극 활용하여 신차 구입의 경제적 부담을 줄일 수 있다. 물론 완성차 업체는 차량 공유에 대한 불안감이나 거부감을 낮추기 위한 노력을 해야 한다. 공유 프로그램을 이용하는 운전자의 신원을 확인하고 에티켓을 지킬 수 있도록 해야 한다. 공유 프로그램 가입자가 이를 지키지 않을 경우 탈퇴시키는 등의 규칙을 만들어서 관리해야 한다. 공유에 따른 사고를 처리할 수 있는 보험도 손해보험회사와 공동으로 개발해야 한다. 차량 공유 서비스 산업이 미래에 활성화된다면 완성차 업체는 이런 프로그램을 통하여 다른 차량 공유 서비스와 경쟁하면서 동시에 신차 판매량을 유지할 수 있다.

이외에도 단순히 자동차를 판매하는 수익을 생각한다면 차량 호출 또는 공유 서비스를 하는 회사에 차를 대량으로 판매하는 것을 고려할 수 있다. 이렇게 대량으로 차량을 판매하는 것을 fleet sale 이라고 하며 실제로 완성차 업체가 하고 있는 파이프라인 비즈니스다. 그렇지만 이런 비즈니스는 연속적으로 사용료를 받을 수 있는 수익 구조는 아니다.

지금까지 살펴본 완성차 업체가 모빌리티 서비스와는 성격이 다른 플랫폼 비즈니스에 진출할 수 있을까? 가능하다. 플랫폼 비즈니스 모델을 계획할 때는 어떤 두 그룹을 연결하여 가치를 만들지가 중요하다. 이를 위하여 어느 한 그룹을 확보하고 있으면 닭과 달걀의 문제를 쉽게 극복할 수 있다. 완성차 업체는 이미 해당 차량을 보유한 소비자 그룹을 확보한 상태다. 하지만 지금까지는 차량을 팔고 난 후 소비자와의 연결 교점이 없었다. 차량을 판매한 영업 사원이 개인적으로 연락하고 관계를 유지하는 경우는 간혹 있겠지만 회사 차원에서 실질적으로 소비자와 교류하는 프로그램은 없다. 소비자가 차량을 구입한 후 차량 점검이나 서비스를 받기 위하여 직영 수리 센터나 가맹 수리 센터에 방문하는 일 정도가 전부다. 어떻게 하면 차를 팔고 난 후 고객과의 관계를 계속 유지하면서 플랫폼 전환을 할 수 있을까?

소비자 그룹과 다른 그룹을 연결하려면 소비자에게 도움을 줄 수 있어야 한다. 자동차를 운행하며 축적되는 정보를 다른 그룹과 공유함으로써 소비자에게 혜택이 돌아가도록 할 수 있다. 우선 영업용 차량에 달려 있는 디지털 운행 기록계와 같은 시스템을 설치하여 차량 운행 정보를 수집한다. 해당 정보를 소비자가 필요로 하는 서비스 업체와 공유한다면 완성차 업체가 플랫폼 비즈니스에 진출하는 것이 생각보다 쉽게 이루어질 수 있다. 여러 가지 서비스 분야가 있지만 자동차를 운행할 때 꼭 필요한 보험을 먼저 살펴보자. 테슬라는 이미 테슬라 차량을 위한 별도의 보험을 홍콩, 호주, 미국 등에서 직접 판매 중이다. 국내 완성차 업체가 보험 상품을 직접 팔기에는 여러 가지 법적 절차나 사회적 합의가 필요할 것이므로 자동차 보험 상품을 중개하는 서비스를 고려할 수 있다.

우선 완성차 고객 중에서 차량 상태나 운행 기록을 보험회사를 포함한 관련된 회사와 공유할 수 있는 소비자를 모집한다. 자동차를 살 때 해당 공유 프로그램에 가입할 경우 금전적인 인센티브를 지급할 수 있다. 인센티브로는 일정 금액을 적립시켜 나중에 연결 회사의 서비스를 이용할 때 사용할 수 있게 한다. 일부 완성차 업체가 고려 중인 블록체인에 기반한 코인이나 기존에 사용 중인 포인트 제도를 활용할 수 있다.

이렇게 모은 소비자 그룹을 바탕으로 보험 중개 플랫폼을 세운다. 차량의 상태, 주행 정보 및 사고 여부는 미래의 사고 위험을 예측할 수 있는 중요한 정보다. 그러므로 보험회사는 이런 정보를 바탕으로 보험 상품을 만들 수 있는 기회를 마다하지 않을 것이다. 기본적으로 많은 소비자를 확보한 플랫폼에 합류하지 않을 이유가 없다. 스마트폰에서 사용하는 길 안내 앱인 티맵은 이미 운전자의 안전 점수를 고려한 보험 상품을 연계하고 있다. 그런데 이런 앱은 운전자가 원할 때만 주행 정보를 기록할 수 있다는 한계가 있다. 이에 반하여 자동차에 자동으로 저장된 운행 및 상태 정보는 차량의 모든 운행 기간에 대하여 수집된다는 장점이 있다. 보험사는 이런 정보를 바탕으로 운전자의 주행 습관 및 차량 상태에 따른 개별화된 상품을 설계할 수 있다. 안전 운전을 하는 소비자에게 더 많은 할인을 주는 것이 가능해져 양질의 고객을 모을 수 있다. 시작은 자사 차량으로 하겠지만 자사 차량 고객이 소유한 다른 회사의 차량도 보험에 가입시킬 수 있다. 플랫폼에 가입한 보험회사가 늘어남에 따라 정보 공유 프로그램에 가입하려는 자사 차량 소유주가 늘어난다. 나아가서 타사 차량만 가진 소유자도 기술적으로 운행 정보만 제공할 수 있다면 보험에 가입할 수 있게 할 경우, 소비자 그룹을 확대할 수 있다. 보험회사는 가입자가 늘어남에 따라 더 나은 예측 모델을 개발하고 이를 다시 상품에 반영하는 선순환을 가질 수 있다.

보험 중개 플랫폼뿐만 아니라 중고차 중개 플랫폼도 가능하다. 중고차 중개 플랫폼에 진출 시 정보 공유 프로그램에 가입되어 있는 자사 차량 판매자에게는 일정 부분 인센티브를 줘서 매물을 올릴 수 있도록 유도한다. 해당 매물 차량의 운행 정보 및 상태 정보를 믿을 수 있으므로 잠재적인 중고차 구매자를 쉽게 모을 수 있다. 이렇게 확보한 구매자 그룹은 다른 브랜드의 차량을 팔려는 판매자도 모을 수 있다. 물론 타 브랜드 차량의 운행 정보를 확보할 수 있다면 매물의 신뢰성은 높아진다.

완성차 업체의 중고차 시장 진출은 법적으로 문제가 없을까? 2022년 3월에 중고차 매매업을 생계형 적합 업종에 지정하지 않기로 하면서 완성차 업체가 중고차 시장에 진출하는 것이 가능해졌다.[78] 실제로 2023년 10월부터 현대차는 인증 중고차를 파는 사이

---

78 김재홍, 뉴데일리경제, 2022, "현대차, 중고차 시장 진출한다… 중기부 '조건부 허용'"

트를 개설했다. 아직은 운행 정보를 이용하기보다는 차량을 점검하여 상태가 좋은 중고차를 매물로 올리고 있다.

마지막으로 완성차 업체는 자동차 수리 업체를 중개하는 플랫폼 서비스를 제공할 수 있다. 지금도 자동차 브랜드를 단 서비스 센터가 있지만 자동차의 개별적인 상태를 미리 알고 적절한 시점에 서비스를 받게 하는 예측 정비를 하지는 못한다. 현재는 매뉴얼에 근거하여 일정 마일리지나 시기에 도달하면 엔진오일, 브레이크액, 미션오일 등의 소모품을 교환하는 예방 정비가 최선이다. 그렇지만 자동차의 상태나 주행 정보를 플랫폼을 통해서 공유하면 개별 차량에 맞는 정비 스케줄을 소비자에게 알려 줄 수 있다. 또한 필요한 점검 및 수리 서비스를 진행할 수 있는 집이나 회사 주변의 서비스 센터를 추천할 수 있다. 소비자는 정보 공유 대가로 받은 포인트나 코인을 서비스 받을 때 사용한다.

중개된 서비스 센터를 이용한 소비자의 평가를 데이터로 잘 정리하면 다른 브랜드의 고객도 모을 수 있다. 보통 소비자 입장에서는 어떤 서비스 센터를 가는 것이 좋을지 직접 알아보고 결정해야 한다. 수리 가격도 서비스 센터마다 다르고 서비스 수준이나 가격도 제대로 알기 어렵다. 이용해 본 사람들의 리뷰도 무작정 신뢰하기 힘들다. 실제로 이용하고 난 후에야 해당 서비스 센터에 대한 판단을 할 수 있다. 서비스 항목과 잘 정리된 체계적인 리뷰가 있는 플랫폼이라면 소비자를 지속적으로 끌어모으고 이를 바탕으로 품질이 우수한 서비스 업체도 모을 수 있다.

지금까지 언급한 완성차 업체의 보험 상품, 중고차 및 차량 서비스 센터 중개 서비스 진출을 도식화하면 그림 8-2와 같다. 특히 중고차 시장과 자동차 수리 시장은 소비자와 공급자의 정보 비대칭이 심한 대표적인 곳이다. 소비자는 중고차 매물이나 자동차 수리점에 대한 정확한 정보를 알기 어렵기 때문이다. 완성차 업체는 공정한 플랫폼을 통하여 소비자에게 정확한 정보를 전달함으로써 사회적 책임을 다한다. 이외에도 자동차 애프터서비스 마켓에 관련된 업체를 소비자와 연결할 수 있다. 블랙박스나 차량 유리 틴팅 설치 업체 등을

[그림 8-2] 완성차 업체의 플랫폼 진화

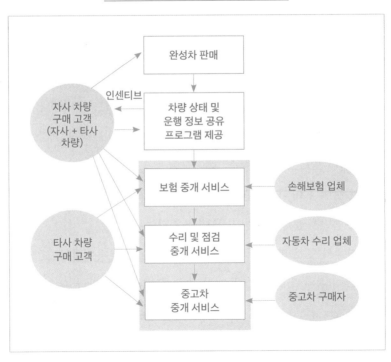

플랫폼으로 끌어들일 수 있다.

식품 업체의 배달 플랫폼 진화

2022년 4월 4일 한국경제신문에 SPC 그룹이 도보 배달 서비스인 해피크루를 시작한다는 기사가 나왔다.[79]

"SPC 그룹의 정보통신기술(ICT) 계열사 섹타나인은 도보 배달 서비스 중개 플랫폼인 해피크루 서비스를 시작한다고 4일 발표했다. 만 19세 이상이면 누구나 도보 배달에 참여할 수 있다."

기사에서 SPC 그룹 이름이 약간 낯설 수 있다. 하지만 소속 식품 브랜드 이름을 들으면 금방 어떤 회사인지 안다. 어느 동네에나 있는 제과점 프랜차이즈인 파리바게뜨를 비롯하여 파리크라상, 베스킨라빈스, 던킨 도너츠, 잠바주스, 쉐이크쉑 등을 보유하고 있다. 기사를 보면서 빵이나 아이스크림과 같은 식품을 파는 회사가 왜 도보 배달 서비스를 만들었을까 하는 의문이 들었다.

여기에서 도보 배달 서비스 중개 플랫폼이라는 용어를 보고 배달의 민족이나 쿠팡 이츠 같은 배달 주문 플랫폼을 생각할 수 있다. 나

---

79   한경제, 한국경제신문, 2022, "걸어서 단품 배달··SPC도 뛰어든다"

도 처음에는 그렇게 생각했지만 아니다. 해피크루는 도보로 배달을 수행하는 사람들을 위한 앱이다. 우리가 생각하는 중개 역할보다는 배달원이 주문콜을 받고 배달을 할 수 있게 길을 안내하는 기능이 중심이다. 해피크루는 SPC 각 브랜드의 가맹점 그룹과 도보 배달원 그룹을 기술적으로 연결하는 것이다.

해피크루는 배달원을 충분히 모집할 수 있었을까? 배달원을 모집하려면 우선 배달할 충분한 주문이 있어야 한다. 해피크루에 들어오는 주문은 모두 SPC가 만든 '해피오더'라는 자체 배달 주문 앱을 통해서 들어온다. 도착지가 가까운 주문은 해피크루를 통해 배달하는 것이 가맹점 입장에서도 좋다. 배달 시간이 크게 차이가 나지 않으면서 타 배달 주문 앱에 비하여 수수료가 낮기 때문이다. 그러므로 해피오더가 근거리 배달 주문을 충분히 확보한다면 해피크루도 배달원에게 일할 거리를 줄 수 있다. 그림 8-3에 의하면 2022년 6월에 비하여 2023년 6월에는 해피크루를 이용한 배달이 3만 6,000건으로 2배 이상 증가했다. 배달의 민족 앱은 코로나19 위기가 아직 한창이던 2021년 8월 한 달 간 이용 건수가 1억 건을 넘어간 적이 있다고 하니,[80] 상대적으로 많은 수는 아니다. 물론 SPC 가맹점에 들어온 주문을 중심으로 배달이 이루어진다는 한계점은 인정해야 한다.

기존의 부업으로 도보 배달을 하던 사람들이 해피크루에도 가입하는 멀티호밍을 하면 해피크루는 성공적으로 배달원을 모집할 수

---

80   이동우, 머니투데이, 2021, "배달의민족, 월 1억 건 주문 넘겼다…'엄청난 잠재력 봤다'"

[그림 8-3] SPC 해피크루 배달 건수

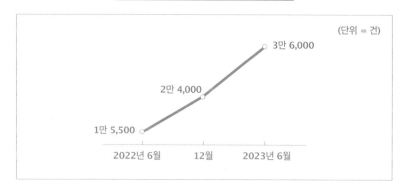

(단위 = 건)

3만 6,000

2만 4,000

1만 5,500

2022년 6월   12월   2023년 6월

있다. 해피크루만 가입한 배달원도 있겠지만 기존의 도보 배달을 하던 사람들이 가입할 확률이 더 높지 않을까 예상한다. 2023년 9월 매일경제 기사의 일부를 보면 해피크루 앱이 어느 정도 활성화되었는지를 알 수 있다.[81]

"19일 SPC의 마케팅솔루션 계열사 섹타나인에 따르면, 회사가 지난해 4월 새롭게 출시한 도보 배달 서비스 중개 플랫폼 '해피크루'는 출시 1년여 만에 가맹점 수 5,000개, 누적 크루(배달원) 수 2만 5,000명을 돌파했다."

누적 배달원 수가 2만 5,000명이라는 것은 어느 정도 수준일까? 2023년 조선일보 기사에 따르면 배달의민족 전업 배달원은 4,500

---

81   송경은, 매일경제, 2023, "'2,000원대 배달비'…고물가 부담에 도보 배달 주목"

명, 커넥터라 불리는 부업 배달원은 9만 명 정도라고 한다.[82] 배달의 민족이 시장을 이끌어 가는 앱이라고 보았을 때, 2만 5,000명 정도면 그동안의 성과로 괜찮아 보인다. 앞서 설명한 것처럼 동일한 배달원이 커넥터와 해피크루 등에 동시에 가입했을 수도 있다. 즉 해피크루 전속 배달원이 아니라는 것이다. 이렇게 멀티호밍 하는 배달원은 동시에 주문콜을 받을 경우 더 나은 주문을 선택한다. 누적 배달원의 몇 퍼센트 정도가 실제로 배달을 주기적으로 하는지도 중요하다.

그런데 SPC는 왜 도보 배달 서비스를 자체적으로 만들었을까? 해피크루가 있기 전에는 다른 배달 중개 서비스를 이용했을 텐데 수수료가 상당했을 것이다. 전업 배달원을 모집하기에는 수요가 충분하지 않아 도보로 배달하는 부업 배달원을 모집했을 것이다. 도보 배달은 오토바이나 자동차처럼 화석연료를 소비하지 않으니 환경을 위하는 SPC의 노력으로 간주될 수도 있다.

SPC는 해피크루를 통하여 배달 주문 플랫폼이 확보해야 하는 세 그룹을 모두 가졌다. 해피크루를 통하여 배달원을 확보했다. 해피오더 앱을 이용할 가맹점과 주문 고객은 이미 있다. SPC는 6,000개 이상의 가맹점을 가지고 있기 때문에 이들만 있어도 고객을 끌어들일 수 있다. 실제로 해피오더 앱을 사용하는 고객이 매일 5만 명 정도 된다고 한다. 이렇게 오프라인 비즈니스가 튼튼한 기업은 확보한 그룹을 토대로 닭과 달걀의 문제를 극복하고 플랫폼 비즈니스 전환을 이

---

82   송혜진, 조선일보, 2023, "배민 라이더들 '배달료 올려달라' 어린이날 파업"

룰 수 있다.

그림 8-4에서 보듯이 SPC 제품을 구매할 소비자 그룹이 어느 정도 확보되면 SPC 브랜드가 아닌 다른 제품을 파는 가게나 식당도 끌어들일 수 있다. 비SPC 가게가 늘어나면 SPC 그룹 내 가맹점 제품이 아닌 것을 구매하는 소비도 발생한다. 실제로 피자헛과 CU편의점 등이 해피오더 앱에 입점해 있다. 무엇보다도 비SPC 제품을 구매하려는 새로운 고객도 확보할 수 있다. 궁극적으로는 일반 가게나 식당에서 음식을 구매하는 소비자 그룹과 도보 배달 서비스를 맡길 가게나 식당 그룹이 커진다. 물론 두 그룹이 성장하면서 배달 호출이 늘어남에 따라 배달원 수도 늘어나야 할 것이다. 또한 멀티호밍 하는 배달원이 해피크루의 주문콜을 우선적으로 받게 하려면 수수료를 받지

[그림 8-4] SPC 그룹 배달 주문 플랫폼의 예상 진화 과정

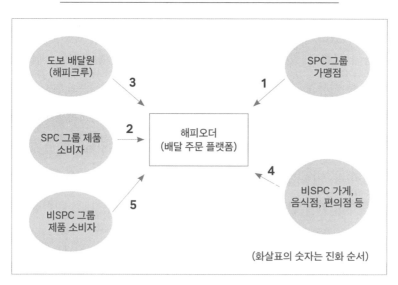

않거나 최소화해야 한다. 배달 건수가 쌓일수록 더 많은 혜택을 주는 인센티브를 고려할 수 있다.

○
건설업의 플랫폼 전환

한국 국민의 상당수는 단독주택보다는 아파트와 연립주택 같은 공동 주거 시설에 산다. 이런 의미에서 아파트 건설사는 플랫폼 비즈니스를 하기 위한 소비자 그룹을 의외로 쉽게 확보할 수 있다. 그렇지만 이를 잘 활용하고 있는 건설사는 없는 듯하다. 건설업은 제조업과 마찬가지로 파이프라인 비즈니스다. 다른 점은 프로젝트 성격을 지니고 있어서 수익이 불규칙하게 발생하며 프로젝트가 끝나야 일정 수준의 매출과 이익을 달성한다. 아파트 건설사를 생각해 보면 먼저 아파트를 지을 토지를 매입하고 시공사 선정 및 분양 허가를 받는 등의 준비 작업이 필요하다. 그 후 아파트를 분양하고 받은 계약금을 토대로 건축을 시작하며 중도금을 받아서 건축을 마무리한다. 입주가 시작되기 전에 잔금을 받아서 수익을 어느 정도 확정 짓고 몇 년간의 하자 보수 서비스에 따른 비용 등을 제하면 이익을 산출할 수 있다. 보통 아파트가 지어지고 모든 잔금을 받으면 아파트 하자 보수를 제외하고는 아파트 건설사와 고객인 입주민의 관계는 없어진다. 여기서 건설사는 플랫폼 비즈니스를 할 수 있는 소비자 그룹을 놓치고 있다.

브랜드 아파트에 입주한 소비자를 다 모으면 규모의 경제를 이룰 수 있을 만큼 큰 집단이다. 건설사는 이 그룹을 주춧돌로 활용하여 다양한 플랫폼 비즈니스를 설계 및 구현할 수 있다. 어떤 플랫폼 비즈니스를 할 수 있을까?

입주민 소비자 입장에서 필요한 것이 무엇인지를 생각해 보면 플랫폼 비즈니스를 할 기회가 보인다. 우선 입주 시점에 필요한 서비스를 생각해 보자. 아파트 입주 시 이사를 하기 때문에 당연히 이삿짐센터를 예약한다. 그리고 입주 청소를 하는 경우도 많기 때문에 믿을 만한 청소 업체를 찾는다. 인테리어나 에어컨 추가 설치 등을 할 수 있다. 입주하지 않고 전세나 월세를 주고 싶어 하는 경우에는 믿을 만한 부동산 업체를 찾는다. 부동산 직거래를 할 수 있는 서비스를 개발하거나 부동산 업체와 집주인을 연결할 수 있다.

입주가 모두 이루어지고 몇 년이 지난 아파트를 고려해 보자. 신규 아파트는 건설 후 일정 기간이 지나면 아파트 하자 보수 의무 기간이 끝난다. 그 이후에는 누수나 벽지 및 장판 교환처럼 수리할 일이 생길 경우 외부 수리 업체를 찾아야 한다. 관리 사무소에 연락하여 수리 업체를 소개받거나 직접 수리 업체를 검색하여 찾는다. 수리 업무는 사후 서비스가 필요할 수 있기 때문에 주변의 믿을 만한 업체를 통해서 하는 것이 낫다. 믿을 만한 수리 업체와 입주민을 연결하는 아파트 하자 보수 중개 서비스를 도입할 수 있다. 이외에도 아파트 주민에게 필요한 가사도우미나 아이 돌봄 서비스 중개 등도 가능하다.

이런 식으로 자사 브랜드 아파트 입주민을 한쪽 면에 두고 다른 쪽 면에는 관련 서비스 업체를 모집한다. 그 후에는 타사 브랜드 아파트나 주변에 살고 있는 사람들도 해당 서비스를 이용할 수 있도록 하여 고객 그룹의 확장을 꾀할 수 있다. 그러면 그룹 간 네트워크 효과에 의하여 더 많은 서비스 업체를 모집할 수 있다. 그림 8-5에 묘사된 아파트 건설사의 플랫폼 전환 순서는 달라질 수 있으며 다양한 형태로 전개될 수 있다.

그림 8-5에 명시된 다양한 플랫폼 비즈니스를 플랫폼 안으로 한꺼번에 끌어들이는 것은 어렵다. 단계적으로 진행하면서 법적으로 문제가 없는 범위에서 진행해야 한다. 한 가지 다른 방법은 분야별로 만들어진 기존 플랫폼을 끌어들여 플랫폼의 플랫폼을 만드는 것도 고려할 수 있다.

건설업에 속한 기업은 전통적으로 투자 대비 수익률, 투자회수기간 및 위험 요소를 감안한 시나리오 등에 근거하여 건설 프로젝트를 평가하고 진행한다. 몇 년간의 준비 기간과 본격적인 공사를 통하여 일정 수준의 이익을 얻고 입주와 동시에 마무리될 것을 기대하면서 프로젝트 선정 및 진행을 한다. 이런 전통적 평가 기준에 의하여 플랫폼 비즈니스를 평가하면 아마 대부분의 플랫폼 비즈니스 모델은 좋은 점수를 받지 못할 것이다. 일정 시간이 흐른 후 안정적인 현금 흐름이나 탈출(exit)을 할 수 있는지가 불명확하기 때문이다. 나아가서 건설업 플랫폼 비즈니스는 투자 대비 수익이 나기까지 꽤 오랜 시간이 걸릴 수 있다. 또한 플랫폼 비즈니스는 건설 프로젝트의 과정과

[그림 8-5] 아파트 건설사의 플랫폼 진화

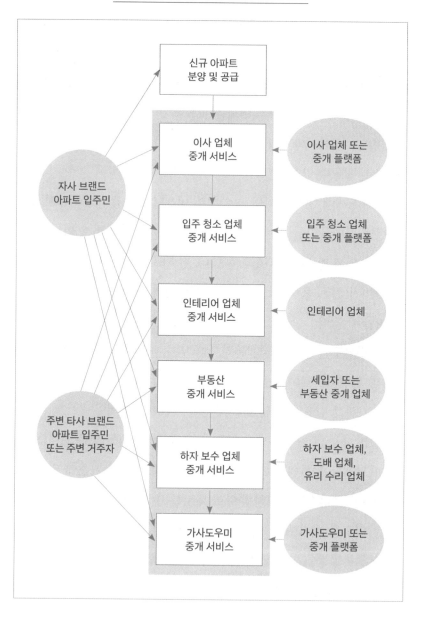

는 달리 양쪽 그룹의 매칭을 신경 써야 하는 좀 더 세심한 고객 관리가 필요하다. 이런 점으로 인하여 건설업체는 플랫폼 비즈니스 진출에 거부감을 가질 수 있다.

그렇지만 아파트 건설사는 입주민 그룹을 토대로 닭과 달걀의 문제를 해결하고 플랫폼 전환이 가능한 이점을 안고 있다. 덧붙여 이사, 청소, 하자 보수 서비스 등에 대한 입주민의 수요는 확보된 상태다. 해당 플랫폼이 성장함에 따라 입주민 외의 주변 거주자를 포함시키는 방식으로 고객 그룹을 확장시킬 수 있다. 또한 한 단지의 플랫폼이 완성되면 서비스 제공자 그룹을 토대로 주변 동일 브랜드 단지의 주민을 쉽게 모을 수 있다는 장점도 있다.

O
금융업의 플랫폼 전환

금융업의 토대인 은행은 애초에 플랫폼이다. 자금을 가지고 있는 개인이나 조직을 돈이 필요한 개인이나 기업과 간접적으로 연결하는 플랫폼 역할을 하고 있다. 자금을 보유한 그룹으로부터 예금을 받고 일정 비율의 이자를 지급한다. 그리고 돈이 필요한 그룹에는 대출을 통하여 자금을 빌려주고 일정 비율의 이자를 받는다. 이 두 이자율 간 차이인 예대 마진이 은행의 안정적인 수입 원천이다. 하지만 최근 규제 개혁의 속도가 빨라지면서 예금이나 대출 같은 금융 업무를 비금융 업체를 통해서 할 수 있는 시대가 오고 있다. 마이데이터 사업과 오픈 뱅킹이 활성화되면서 기존 금융기관이 아닌 IT 기업이나 핀테크 업체가 금융 분야에 진출하는 것이 가능해졌기 때문이다. 금융이라는 분야가 플랫폼이라는 개념과 만나면 어떻게 변할 수 있는지를 알아보자.

금융이 플랫폼으로 들어가면 은행이 고객과의 접점을 잃을 수 있다. 그림 8-6은 인도에서 많은 사람들이 사용하는 금융 앱인 Paytm의 홈페이지를 발췌한 것이다. Paytm은 pay through mobile에서 따온 것으로 인터넷 보급이 상대적으로 느리고 취약한 인도에서 모바일 폰을 통한 플랫폼 뱅킹 앱으로 큰 인기를 끌고 있다. 윗줄의 메뉴를 이용하면 휴대폰 요금이나 가스를 충전하거나 집세, 인터넷 이용료, 전기세 및 신용카드 요금을 지불할 수 있다. 아래에는 영화, 비행기, 버스 및 열차를 예매할 수 있고 보험이나 주식을 살 수도 있다. 그야말로 일상생활에 필요한 다양한 기능을 하나의 앱에서 제공한다. 플랫폼 뱅킹이란 그림 8-7에서 보여주듯이 금융 및 비금융 서비스를 소비자와 연결하는 것이다. Paytm을 쓰는 소비자는 굳이 금융기관 앱을 쓰지 않아도 일상생활에 필요한 다양한 금융 서비스를 누릴 수 있다. 비금융 서비스는 보너스라고 생각해도 좋다.

Paytm은 2010년 설립 시에는 선불 이동전화와 위성 TV 서비스 요금을 충전할 수 있는 단순한 앱이었다(참고로 위성 TV 서비스를 Direct-to-Home, DTH라고 부른다). 단순하지만 인도에서는 꼭 필요한 앱이다. KOTRA의 해외시장 관련 뉴스에 따르면, 설립 당시인 2010년 인도

[그림 8-6] Paytm 홈페이지

(출처: paytm.com)

의 지방 인터넷 보급률은 2.6퍼센트에 불과했다.[83] 게다가 인터넷 속
도는 평균 256kbps 이하인 사용자가 30퍼센트를 넘을 정도로 느렸
다.[84] 이렇게 유선 인터넷 보급이 어려운 환경에서는 오히려 스마트
폰과 같은 모바일 기기를 통한 무선 인터넷 사용이 더 효과적일 수
있다. 2011년에는 약 2억 3,200만 명의 총 인도 가구 중 DTH 서비
스를 이용하는 가구의 수가 3,100만 명에 이를 정도로 DTH는 인도

83   권오경, KOTRA 해외시장뉴스, 2012, "[SW] 인도 인터넷 시장, 중소 도시 이용자 급부상"
84   서우성, KOTRA 해외시장뉴스, 2011, "인도 인터넷 환경, 여전히 열악해"

[그림 8-7] 플랫폼 뱅킹

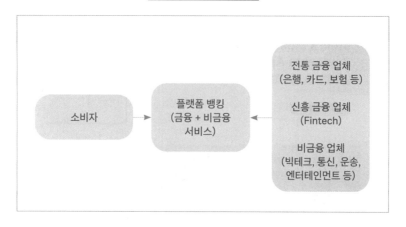

에서 큰 시장을 이루었다. Paytm은 꼭 필요한 2가지 서비스 요금을 낼 수 있는 기능을 제공함으로써 플랫폼 뱅킹으로 진화할 수 있는 초석을 다졌다.

신한은행의 배달앱을 통한 플랫폼 전환

2021년 12월 22일은 신한은행이 음식 배달 앱 '땡겨요'를 출시한 날이다. 아마도 2021년을 넘기지 않고 음식 배달 플랫폼 서비스를 출시하고 싶었던 것 같다. 우선 서울의 6개 구(광진구, 관악구, 마포구, 강남구, 서초구, 송파구)에서 서비스를 시작했다. 한국경제신문 기사에 따르면,[85] 음식점이 플랫폼에 내는 배달 판매 수수료를 기존 배달 플랫폼이 부과하는 평균 수수료의 1/6 수준인 2퍼센트로 정했다. 앱을 사용하는 소비자는 전용 카드 결제 시 10퍼센트의 금액을 적립할 수 있다. 배달 음식을 자주 시키는 고객에게는 솔깃한 제안이다. 게다가 배달원에게는 4퍼센트대의 이자율로 대출을 해 준다고 한다. 신한은행이 소비자와 배달원을 각각 카드와 대출의 새 고객으로 맞이하기 위하여 음식 배달 플랫폼 서비스를 추진하였을까?

해당 기사를 보는 사람들의 첫 번째 반응은 아마도 '은행에서 왜 배달 앱을 출시했을까' 하는 의아함일 것이다. 나도 마찬가지였다. 신한은행은 음식 배달 플랫폼을 통하여 소비자와 배달원을 새로운 고객으로 확보할 수 있다. 그러나 새로운 고객을 확보하기 위한 프로모션으로 보기에는 투자 비용이 만만치 않다. 앱 개발에만 140억 원이 소요되었다고 한다.[86]

배달 앱이 성공한다면 이를 바탕으로 플랫폼 뱅킹의 기반을 쌓을 수 있다. 그러면 신한은행이 출시한 배달 앱은 플랫폼 뱅킹을 시작하기 위한 적절한 실험이 될 수 있을까? 정말 성공할 수 있을까? 신한은행은 이 앱 개발을 위하여 100억 원이 넘는 자금을 투자했기에 당연히 앱의 성공을 바랄 것이다.

배달 앱과 같은 플랫폼이 성장하려면 반드시 뛰어넘어야 하는 것

---

85   김대훈, 빈난새, 한국경제신문, 2021, "신한銀의 '배달 앱 실험'…진짜 노림수 뭘까"
86   김윤주, 아시아투데이, 2021, "20조 원 배달 시장 손 뻗는 신한은행 '땡겨요'…시장 안착 가능할까"

이 닭과 달걀의 문제다. 배달 앱이 기본적으로 성공하려면 배달 앱을 사용하는 소비자 그룹과 동시에 이를 받아 줄 음식점 그룹이 확보되어야 한다. 배달 앱의 특성상 먼저 확보해야 하는 것은 음식점 그룹이다. 소비자 입장에서 이용하려는 음식점이 배달 앱에 없다면 상당히 좋은 적립 혜택을 주는 카드가 있다고 할지라도 굳이 해당 배달 앱을 이용하지 않는다. 음식점 입장에서는 해당 배달 앱을 사용하는 가입자가 어느 정도 확보되어야 이용할 만한 가치가 있기에 단순하게 수수료가 저렴하다고 해서 선뜻 가입하는 수고를 할지 의문이다. 인기 있는 음식점은 기존 배달 앱을 통해서 들어오는 수요가 충분하므로 새로운 앱을 받아들일 필요가 없다. 이외에도 실제로 음식 배달을 할 라이더 그룹을 독립적으로 모집하는 것 또한 비슷한 이유로 쉽지 않다. 기존 배달 서비스를 제공하는 업체와 제휴를 할 수는 있겠지만 해당 라이더가 신한은행의 배달 앱에서 들어온 주문을 우선적으로 처리할 것이라는 보장이 없기에 배송 시간이 오래 걸리는 단점이 있을 수 있다. 이런 삼중고로 인하여 신한은행의 배달 앱이 성공할 가능성은 높지 않다. 아니면 성공하기까지 더 많은 자본과 노력 그리고 시간이 필요하다. 땡겨요는 플랫폼 비즈니스를 경험하고 플랫폼 뱅킹으로 가기 위한 교두보를 확보할 만한 만만한 프로젝트가 결코 아니다.

　이런 어려움이 있음에도 신한은행에서 배달 앱을 출시한 이유가 2가지 정도 추측된다. 첫째, 플랫폼 뱅킹이 본격화되기 전에 플랫폼 운영 경험을 쌓으려는 의도다. 기존의 금융 업무만을 담당한 은행 입장에서는 네이버나 카카오와 같은 소위 빅테크 업체가 금융 플랫폼을 주도할 수 있다는 위기감이 생겼다. 이런 위기감을 기회로 바꾸려는 시도 중의 하나라고 볼 수 있다.

배달 플랫폼은 운영 난이도가 제법 높다. 실시간으로 들어오는 주문을 적절하게 배달원에게 할당하고 정해진 시간에 배달이 이루어지도록 모니터링해야 한다. 후발 주자 입장에서는 고객이 찾는 음식점이 없어서 매칭이 일어나지 못할 때는 해당 음식점을 빨리 추가해야 한다. 때로는 매칭이 제대로 일어나지 못한다는 것을 인식하기 어려울 때도 있지만 지속적인 개선 활동을 하면서 실시간으로 적절한 운영을 해야 한다. 신한은행은 배달 앱 운영을 통하여 각 그룹을 확보 및 성장시키는 방법, 가격 설정 방식 및 매칭률을 높이는 방법 등에 대한 노하우를 쌓을 수 있다.

두 번째는 배달 앱을 통하여 얻을 수 있는 정보를 이용하여 고객을 확대하거나 새로운 방식의 금융 서비스를 선보이기 위함이다. 배달 앱에 등록된 음식점의 배달 매출 정보나 해당 음식점을 이용하는 소비자의 리뷰 등과 같은 새로운 데이터를 얻는다. 이런 정보를 활용하여 기존 담보대출이나 신용 대출 혜택을 받지 못하는 소규모 음식점 주인에게 적용할 만한 새로운 대출 시스템을 개발할 수 있다. 가령 배달 매출은 꾸준히 증가하고 소비자 리뷰가 좋은 음식점이라면 일정 규모 안에서는 매출 금액과 연계한 대출을 자동으로 허용할 수 있다. 신한은행이 처음 배달 앱을 출시할 때 배달원에 대한 특별 소액 대출 프로그램을 출시한 것도 비슷한 맥락이다. 실제로 2023년

1,329건의 대출이 배달원에게 실행되었고 358건의 소상공인 대상 대출이 승인되었다.

신한은행의 배달 앱은 생존 단계를 어렵게 건너고 있는 듯하다. 2023년 9월 기준으로 누적 가입자 수는 266만 명, 가맹점은 12만 8,000개라고 한다. 가입자 수와 가맹점만 보면 어느 정도 임계점을 통과한 듯하다. 하지만 2023년 5월까지의 누적 주문 금액이 1,000 억 원대에 그쳤다.[87] 가입자나 가맹점은 멀티호밍 하는 경향이 있기 때문에 등록되어 있지만 실제 거래는 없거나 드문 경우도 있다. 그러므로 앱을 방문하여 실제로 주문하는 가입자 비율이 늘고 있는지를 확인해야 한다.

신한은행의 배달 앱이 성공한다면 소비자나 음식점 및 배달원이 이용할 만한 금융 및 결제 서비스를 배달 앱 내에서 같이 제공할 수 있다. 비금융 서비스도 추가할 수 있다. 가령 소비자에게는 배달 음식을 먹으면서 볼 수 있는 영화나 드라마 VOD를 구매할 기능을 제공할 수 있다. 이렇게 되면 인도의 Paytm이 하는 것처럼 금융과 비금융 서비스가 모두 가능한 앱으로 진화한다. 그림 8-8은 신한은행의 배달 앱이 성공할 경우 가능한 플랫폼 뱅킹으로의 진화를 보여준다. 인바디나 아파트 건설사와는 달리 신한은행의 기존 고객과 배달 앱과의 연결 고리가 보이지 않는다. 신한은행이 주 은행인 소비자나 음식점을 활용하여 땡겨요 사용자를 늘릴 방안이 강구되어야 한다.

---

87   정예린, 전자신문, 2023, "신한은행, 식당서도 앱 주문… '땡겨요 매장식사' 출시"

[그림 8-8] 신한은행의 플랫폼 뱅킹 진화 예

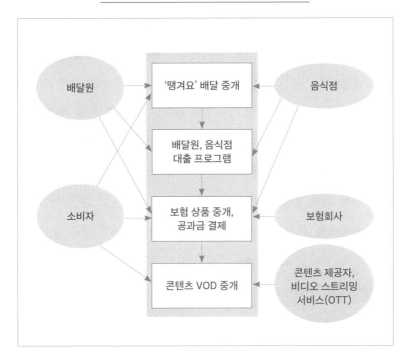

신한은행은 배달 앱을 플랫폼 뱅킹 초기 버전 같은 것으로 생각하지는 않았던 것 같다. 보통 금융 그룹에서 생각하는 플랫폼 뱅킹 앱은 은행, 카드, 보험, 증권 등의 대표적인 업무를 모아 놓은 슈퍼 앱 정도를 말한다. 앞으로의 뱅킹은 꼭 이렇게 기능을 찾아서 소비자가 직접 메뉴에 들어가는 것이 아니라 소비자가 지금 하고 있는 일에 맞추어 금융이 끼워지는 형태일 수 있다. 가령 배달 앱 가맹점이 배달할 음식을 준비하다가 공과금을 내야 된다는 알림을 받고 배달 앱 내에서 전기료 등의 공과금을 바로 지불하는 것이다.

소비자의 욕구를 잘 이해하고 필요한 서비스를 모으는 기업이 플랫폼 뱅킹의 실질적인 운영을 맡을 수 있다. 플랫폼을 운영하는 주체는 금융기관일 수도 있고 비금융기관인, 가령 정보 기술을 기반으로한 기업일 수도 있다. 네이버나 카카오와 같은 대형 정보 기술 기업이 플랫폼 뱅킹을 시도할 만한 가능성이 높지만 꼭 대형 정보 기술 업체만 할 수 있는 것은 아니다. 규모가 상대적으로 작은 기업이라도 일정 수의 사용자를 확보하면 플랫폼 뱅킹으로 진출할 수 있다. 가령 중고 물품 거래 플랫폼으로 유명한 당근의 경우에도 당근페이라는 결제 서비스를 시작으로 비싼 중고 물품 거래를 위한 대출 알선, 부동산 직접 거래를 위한 금융 연계 서비스 등을 제공하는 플랫폼 뱅킹 서비스 제공자가 될 수 있다.

플랫폼 뱅킹 도입에 따른 금융업의 기회와 위기

금융과 비금융 서비스 모두를 제공하는 집합소가 될 플랫폼 뱅킹은 비금융 기업에게 기회일까? 플랫폼 뱅킹이 비금융기관에게 상대적으로 더 큰 기회로 느껴지는 이유는 금융업 면허 없이 플랫폼을 통하여 예금, 대출, 신용카드 발급과 같은 금융업에 진출할 수 있기 때문이다. 상대적으로 정보 기술 업체는 다른 온라인 플랫폼을 운영한 경험이 많기 때문에 온라인으로 회원 가입을 유도하거나 프로모션 계획을 세우는 것에 익숙하다. 온라인 서비스를 개발하거나 안정적으로 관리할 수 있는 기술도 갖추고 있다. 인터넷 은행인 카카오뱅크가 출범 6년 만에 가계 일반 대출 점유율을 6위로 끌어올렸다는 기사 하나만으로도 기술에 기반을 둔 뱅킹이 얼마나 무섭게 성장할 수 있는지를 보여준다.[88] 플랫폼 뱅킹이 본격적으로 이루어지면 사용자의 금융 및 비금융 데이터를 바탕으로 맞춤 서비스를 제공할 수 있다. 이때 머신러닝과 딥러닝 같은 앞선 빅데이터를 다루는 정보 기술 기업이 어느 정도 우위를 점할 수 있다.

플랫폼 뱅킹을 구현함에 있어서 정보 기술 기업에 비하여 금융기관이 가질 수 있는 이점은 무엇일까? 기존 금융기관인 은행, 보험회사, 신용카드 회사가 가질 수 있는 이점은 소비자의 신뢰를 얻기가 좀 더 쉽다는 점이다. 지난 수십 년간 금융 소비자는 금융기관을 통하여 예금을 하고 대출을 받고 보험에 가입했다. 그동안의 금융 경험으로 인하여 금융기관이 운영하는 플랫폼 뱅킹을 더 신뢰한다. 즉, 소비자가 자신의 정보를 플랫폼 뱅킹을 통하여 공유할 때, 비금융권에 비하여 정보가 다른 용도로 쓰이지 않을 것이라는 믿음을 조금 더 가진다. 실제로 미국에서 딜로이트가 조사한 오픈 뱅킹 시 어떤 기업과 정보를 공유하고 싶은지에 대한 결과를 보면, 기존 금융 기업이 비금융 기업에 비하여 소비자의 신뢰가 높았다. 오픈 뱅킹은 플랫폼 뱅킹을 구현하는 방법이라고 생각하면 된다.

정보 기술 기업은 정부의 금융 규제를 제대로 준수하지 못할 수

---

88   박창민, 이코노믹 리뷰, 2022, "[인터넷은행 성장가도③] 카카오뱅크, '빈틈없는' 성장 전략"

있다. 2023년 10월에 인도준비은행은 플랫폼 뱅킹 앱인 Paytm에 65만 달러 정도에 해당하는 벌금을 부과했다. 금융기관이 지켜야 하는 KYC 규정(Know Your Customer)을 제대로 준수하지 않아서다. KYC라는 것은 금융 서비스 대상인 고객에 대한 정보를 알아야 한다는 것이다. 이는 돈세탁 등을 방지하기 위한 방침인 AML(Anti-Money Laundering)을 위한 첫 단계로 볼 수 있다. Paytm은 이런 기본적인 사항을 따르지 않았다. Paytm은 2022년 3월에는 IT 감사 기업을 선임하여 전반적인 시스템 감사를 받을 때까지 새로운 고객을 받지 못한 적도 있다.[89]

플랫폼 뱅킹이 본격화되면 금융감독위원회와 같은 정부 기관은 데이터 관리를 포함한 여러 규제 준수 여부를 점검한다. 해당 점검을 통하여 기준에 미치지 못할 경우 Paytm의 경우처럼 불이익을 받고 나아가서 소비자의 신뢰를 잃을 수 있다. 기존 금융기관은 금융 관련 규제에 좀 더 전문 지식을 갖고 있으므로 비금융기관보다는 플랫폼 뱅킹 관련 점검에 잘 대비할 수 있다. 즉 금융기관은 정보 기술 기업에 비하여 각종 규제에 대한 낮은 준수 위험(compliance risk)을 가지고 있다.

정보 통신 기업이 금융 플랫폼을 운영할 경우 주도권을 빼앗길 수 있다는 우려가 있다. 그렇지만 기존 금융 서비스의 다양한 영역에 대한 경험과 지식을 가지고 있는 쪽은 오히려 금융기관이다. 특히 독립

89 Manojit Saha, Business Standard, 2022, "RBI bars Paytm Payments Bank from acquiring customers, calls for IT audit"

적으로 운영하는 은행, 증권, 보험, 신용카드 등의 금융 계열사를 가졌다면 필수 기능을 모아 종합 금융 서비스를 제공하는 플랫폼을 만들 수 있다. 최근 들어 삼성, 국민, 신한 금융 그룹 등이 스마트폰이나 태블릿에서 사용 가능한 종합 앱(슈퍼 앱)을 제공하려는 이유도 바로 여기에 있다. 우선 자신의 금융 그룹 내에 있는 서비스를 통합하여 종합 금융 플랫폼의 지위를 확보하려는 것이다. 이를 토대로 나중에 비금융 서비스 제공자를 끌어들여 플랫폼 뱅킹으로의 진화를 이룬다. 지금까지 살펴본 플랫폼 뱅킹 도입에 따른 금융기관의 기회 및 위기를 정리하면 표 8-1과 같다.

플랫폼 뱅킹에 참여할 경우, 기존 채널과의 충돌을 잘 조정할 필요가 있다. 앞에서 금융 그룹이 도입한 종합 앱의 경우에도 해당 앱을 이용하는 빈도가 늘어나면 원래 각 금융사별 앱의 사용 빈도가

[표 8-1] 플랫폼 뱅킹 도입에 따른 금융기관의 기회 및 위기

기회	위기
1. 각종 금융 서비스에 대한 경험을 토대로 종합 금융 서비스 제공 2. 다양한 수익 창출 기회 • 비금융사로부터 수수료 수입 발생 • 플랫폼에 참여 시 수익 배분 가능 • 비금융사의 고객에 대한 접근 가능 3. 금융 외 다른 비즈니스에 대한 간접적 진출 가능	1. 정보 통신 (빅테크) 기업의 플랫폼 주도권 확보 가능성 • 소비자 중심의 서비스 경험 • 신속한 앱 개발 및 안정적 관리 가능 • 인공지능을 이용한 개별화된 서비스 가능 2. 고객과의 접점이 희미해짐 3. 기존 채널과의 충돌 가능성

줄어들 수 있다. 물리적인 점포의 많은 기능을 온라인 서비스가 대체했듯이 각 금융사별 모바일 서비스를 종합 앱이 대신한다. 이 경우, 개별 금융사의 모바일 서비스를 담당하는 부서의 위상이 흔들리거나 성과가 줄어드는 현상이 발생한다. 동일한 상품을 플랫폼과 개별 금융사 앱을 통하여 동시에 판매할 경우 다른 조건에 제공하는 일도 발생할 수 있다. 가령 같은 대출 상품이라도 프로모션 등에 따라 다른 이자율을 제공받는 경우가 생긴다. 이런 차이를 어느 정도까지 허용할 것인지에 대한 정책을 마련해야 한다.

플랫폼 뱅킹에 금융기관이 참여해야 하는 이유

금융기관이 플랫폼 뱅킹에 꼭 참여해야 할까? 플랫폼 뱅킹에 참여하지 않아도 주 고객은 지금처럼 개별 금융 앱을 통하여 거래할 수 있지 않을까? 질문에 답을 하기 위해 플랫폼 뱅킹에 소극적으로 참여하거나 지켜보기만 할 경우 금융기관은 어떤 불이익을 가질 수 있는지를 알아보자. 대형 금융 그룹이 애써 큰돈과 시간을 들여 종합 앱을 만들어 배포하는 이유도 여기에서 찾을 수 있다.

플랫폼 뱅킹에 제때 참여하지 않으면 우선 10대와 20대 고객을 놓칠 수 있다. 해당 세대는 금융 업무를 스마트폰으로 이용하는 데 익숙한 세대고 점차 금융 활동이 늘어날 사용자 그룹이다. 이 세대를 놓친다는 것은 10년 후의 경쟁에서 밀려날 수 있다는 것을 암시한다. 미래의 고객을 잃어버리는 것이다.

미래의 고객뿐만 아니라 현재 고객도 이탈할 수 있다. 닐슨 코리안 클릭의 2020년 초 자료에 따르면 전체 은행 고객의 80퍼센트 정도는 모바일 뱅킹을 이용한다. 10대와 고령층을 제외하면 전 세대에 걸쳐 90퍼센트 가까운 고객이 모바일 뱅킹을 사용 중이었다.[90] 이후 발생한 코로나19 위기의 여파로 지금은 더 많은 고객이 모바일 뱅킹을 이용할 것이다. 이런 환경에서 플랫폼 뱅킹에 참여하지 않을 경우, 일부 주 고객의 이탈이 있다.

어느 정도의 이탈이 일어날지는 플랫폼 뱅킹이 어느 정도 성공할지에 달려 있다. 플랫폼 뱅킹이 금융 서비스를 이용하는 여러 방법 중의 하나에 그친다면 많은 고객은 여전히 개별 금융 앱을 이용할 것이다. 그렇지 않고 대부분의 사용자가 플랫폼 뱅킹을 우선적으로 이용한다면 상당 부분 거래를 잃어버린다. 특히 정보 기술 기업과 같은 비금융 기업이 플랫폼을 운영한다면 금융기관의 위상이 떨어지게 된다.

국내에서는 Paytm처럼 완성된 플랫폼 뱅킹이 없다. 오픈 뱅킹을 통하여 개인이 가지고 있는 모든 금융기관의 계좌를 하나의 금융 앱에서 볼 수는 있지만 대부분 잔고를 확인하거나 계좌 간 이체 등 간단한 거래만 한다. 여전히 주식 투자를 하거나 보험을 구매하려면 증권회사나 보험회사의 사이트나 앱을 이용한다. 앞으로 10년 후에도

---

90   닐슨 코리안클릭, 2020, "오픈 뱅킹 시행, Mobile 뱅킹 이용자에 미칠 영향은?"

[그림 8-9] G마켓의 메인 화면

이런 현상이 유지될까?

　잠시 금융업이 아닌 온라인 소매업을 생각해 보자. 온라인 소매상은 자신의 사이트에서 물건을 팔기도 하지만 온라인 시장에서 제3의 판매자로 동일한 물건을 팔기도 한다. 여기에서 온라인 소매상을 은행과 같은 개별 금융기관에 비유한다면 온라인 시장(오픈 마켓)은 플랫폼 뱅킹에 해당한다. 온라인 시장이 성장함에 따라 온라인 소매상의 위상에 어떤 변화가 생겼는지 돌이켜 보자. 그러면 플랫폼 뱅킹의 활성화가 금융시장에 가져올 변화를 어느 정도 예상할 수 있다. 한국의 대표적인 온라인 시장 중 하나인 G마켓의 주요 페이지 일부를 발췌하면 그림 8-9과 같다. 아랫부분에 G마켓 파트너스라고 하여 롯데 백화점, 롯데 온라인 쇼핑몰, CJ 온라인 쇼핑몰, AK 플라자, 홈플러스 등의 대형 온라인 소매 사이트 로고가 나열되어 있다. 대형 온라인 소매상은 자신의 사이트를 통하여 제품을 팔 수도 있는데 굳이 싸지도 않은 수수료를 내면서까지 G마켓을 통하여 제품을 팔려는 이유가 무엇일까? 많은 소비자가 온라인상에서 제품을 살 때 G마켓 같은 온라인 시장을 먼저 방문하기 때문이다. 그래서 수수료를 내면서도 온라인 시장을 하나의 판매 채널로 이용할 수밖에 없다.

대형 온라인 소매 사이트를 기존의 대형 금융기관으로 생각해 보자. 플랫폼 뱅킹이 활성화될 경우, 자체 앱이나 사이트를 통해서만 금융 상품을 판다면 매출 하락이 불가피할 것이다. 금융 상품을 사고 싶은 고객이 플랫폼 뱅킹을 주로 방문한다면 금융기관 앱에서만 상품을 파는 경우 고객을 접하기가 어려워진다. 그러므로 대형 금융기관을 포함한 대부분의 금융업체가 플랫폼 뱅킹에 참여할 것이다.

플랫폼 뱅킹을 이용하려는 소비자는 어느 정도일까? 2021년 12월 금융위원회의 발표에 따르면[91] 오픈 뱅킹 시행 2년 만에 순 가입자 수가 3,000만 명을 돌파하고, 순 등록 계좌 수는 1억 개에 이른다고 한다. 이는 국민의 반 정도는 오픈 뱅킹 서비스에 등록했다는 것을 의미한다. 플랫폼 뱅킹을 구현하는 방법이 오픈 뱅킹이라고 생각하면 소비자의 반 정도는 플랫폼 뱅킹을 이용할 것으로 보인다. 연령

---

91 금융위원회, 대한민국 정책브리핑, 2021, "[보도자료] 오픈 뱅킹 시행 2년이 만든 디지털 금융혁신 성과 - 오픈 뱅킹 전면 시행 2년, 순가입자 수 3,000만 명 돌파"

별로는 아무래도 MZ세대인 현재 10대 후반에서 30대 후반의 인구가 가장 흥미를 보일 것으로 예상된다. 딜로이트가 2019년에 미국 소비자를 대상으로 조사한 결과를 보더라도 MZ세대의 70퍼센트 정도가 슈퍼 앱에 관심을 보였다. 금융 소비자의 상당수가 플랫폼 뱅킹을 이용한다면 결국은 대다수의 금융기관이 플랫폼 뱅킹 속으로 들어갈 것이다.

○

플랫폼 뱅킹 전략

한국과 미국의 자료에서 보았던 것처럼 상당수의 금융 소비자는 플랫폼 뱅킹을 이용할 것이다. 정부가 추진하는 오픈 뱅킹과 마이데이터 사업 등의 정책으로 플랫폼 뱅킹이 성장할 수 있는 기틀이 마련되고 있다. 그렇다면 기존 금융기관은 플랫폼 뱅킹 도입에 따른 대응 전략을 마련해야 한다. 이런 전략은 최소한 아래 4가지 물음에 대한 답을 포함해야 한다. 플랫폼 뱅킹에 관심 있는 핀테크 업체나 빅테크 업체도 생각해야 할 문제다.

1. 플랫폼 뱅킹 생태계에서 어떤 역할을 할 것인가? 플랫폼을 직접 제공할 것인지 아니면 기존의 플랫폼에 참여할 것인지를 선택해야 한다.

2. 플랫폼 뱅킹에 언제 진출할 것인가? 초기에 진출할 것인지 아니면 시장 상황을 지켜보고 진출할 것인지를 선택해야 한다.

3. 플랫폼을 제공할 경우, 어떤 금융 및 비금융 서비스를 포함시킬 것인가? 다양한 서비스 중 어떤 것을 먼저 선보일 것인지 생각해야 한다.

4. 금융 및 비금융기관 중 어떤 참여자들과 함께 생태계를 만들어 갈 것인가? 수많은 금융기관과 비금융 업체 중 누구와 파트너를 이룰 것인지에 따라 해당 플랫폼 뱅킹 생태계의 힘이 달라진다.

먼저 두 번째 질문에 답하려면 플랫폼 경쟁에 대하여 익힌 지식 하나를 활용해야 한다. 만약 플랫폼 뱅킹의 경쟁 결과로 승자 독식이 예상된다면 초기에 진출해야 한다. 그런데 승자 독식이 되려면 사용자가 일반적으로 하나의 금융 플랫폼만 이용해야 한다. 그런데 대부분의 금융 소비자는 멀티호밍을 한다. 은행도 몇 군데, 카드도 몇 개 등 여러 회사를 이용한다. 닐슨 코리안클릭의 2019년 자료에 따르면 전체 은행 앱 사용자 중 대략 56퍼센트가 2개 이상의 은행 앱을 사용한다. 플랫폼 뱅킹 시장에서도 비슷한 멀티호밍 경향을 보인다면 지금 당장 진출하지 않는다고 해서 기회가 없어지는 것은 아니다.

하지만 금융기관은 정보 기술 기업이 플랫폼 뱅킹 시장에 발 빠르게 진입하는 것을 걱정한다. 늦게 진출할 경우, 나중에 차지할 수 있는 시장 자체의 크기가 심각하게 줄어들 수 있기 때문이다. 여기에 대한 답을 알기는 어렵다. 그렇지만 유사한 예를 통해서 어느 정도 실마리를 얻어 보자. 간편 송금 앱으로 시작한 토스는 카카오뱅크보다 4년이나 늦은 2021년부터 인터넷 은행 서비스인 토스뱅크를 시작했다. 이렇게 뒤늦게 서비스를 시작한 토스지만 2024년 4월에 1,000만 명이 넘는 가입자를 확보했다. 이렇게 많은 사용자를 확보할 수 있었던 요인 중 하나는 토스가 간편 송금을 이용하는 사용자를 확보하고 있었기 때문이다. 금융기관 역시 이미 많은 고객을 확보한 상태다. 그러므로 플랫폼 뱅킹 시장에 조금 늦게 진출한다고 해서 확보 가능한 사용자 수가 제한적이지는 않다. 차별화된 서비스를 보여준다면 늦게 진출하더라도 플랫폼 뱅킹을 이끌 수 있다.

늦은 진출이 플랫폼 뱅킹 시장에서의 기회를 없애 버리지는 않지만 금융기관은 새로운 시장을 선점하고 싶을 수 있다. 최근에 많은 금융 그룹이 슈퍼 앱을 통하여 다양한 기능을 모아서 제공하려는 이유도 여기에 있다. 그렇지만 플랫폼 뱅킹 시장에 먼저 진출할 경우 몇 가지 단점이 우려된다. 플랫폼을 직접 제공할 경우에는 마케팅이나 기술적 연결을 위한 초기 투자 비용이 높다. 실패에 대한 상당한 위험 부담을 진다. 고객을 끌어들이기 위한 킬러 서비스 파악이나 온라인상의 고객 특성 및 행동 파악에도 시행착오가 있다. 그렇지만 수익 배분의 주도적 설계를 할 수 있다는 장점이 있다. 플랫폼 뱅킹에 들어오려는 우수한 참여 기업과 서비스를 선점할 수 있다.

초기 투자나 위험을 어느 정도 회피하려면 플랫폼 참여자로 처음부터 참여하거나 나중에 플랫폼 제공자로서 새로운 플랫폼 뱅킹을 설계할 수 있다. 플랫폼 참여자로 초기에 참여할 경우에는 수익 배분 구조에 의견을 제시할 수 있고 초기 투자 비용 또한 줄어든다. 하지만 해당 플랫폼의 성공 여부를 알기 전이므로 실패에 따른 위험을 공유한다. 플랫폼 뱅킹 초기이기 때문에 사용자를 유치하기 위한 프로모션에 일정 부분 참여할 수 있고 초기 마케팅 투자 비용의 일정 부분을 부담할 수 있다. 가입한 플랫폼이 성공할 경우 어느 정도 시장 선점 효과를 공유하지만 플랫폼 제공자만큼의 기대 수익을 얻기는 어렵다.

플랫폼 제공자로 나중에 시장에 진입할 경우 선행 플랫폼 뱅킹의 문제점을 개선하여 실패 가능성을 줄일 수 있다. 그렇지만 고객의 멀티호밍을 유도해야 하는 부담을 가진다. 시장 주도권을 가져오는 것이 쉽지 않거나 시간이 오래 걸린다. 시장 주도권을 가져오려면 기존 플랫폼 뱅킹에서 제공하지 않은 서비스를 고객에게 제공하거나 플랫폼 뱅킹의 킬러 참여 기업들(핵심 서비스 제공자)을 모으는 것이 필요하다. 플랫폼 뱅킹의 킬러 참여 기업은 이미 기존 플랫폼 뱅킹에 가입되어 있어 그들의 참여를 이끌어 내기가 어렵다. 참여 기업이 선행 플랫폼과 독점 계약을 일정 기간 맺을 수도 있기 때문이다.

그러면 플랫폼 뱅킹에 참여하는 기업에는 어떤 종류가 있을까? 플랫폼 뱅킹의 핵심 서비스로는 우선 자산 관리, 대출, 보험, 외환 서비스 같은 금융 서비스를 생각할 수 있다. 일상생활에 필요한 각종 공과금 결제, 택시 호출 서비스, 버스나 비행기표 예약, 영화 및 콘서트 티켓 예약 등과 같은 비금융 서비스도 상당히 중요한 역할을 한다. 핵심 서비스 시장을 선도하는 기업이 기존 플랫폼 뱅킹 생태계에 속

[표 8-2] 플랫폼 뱅킹 역할과 진출 시기에 따른 장단점

		플랫폼 제공자	플랫폼 참여자
빠른 진입	장점	• 시장 선점 • 수익 배분 주도적 설계 • 우수 참여자 및 서비스 선점	• 플랫폼 뱅킹의 수익 배분 구조에 의견 제시 가능 • 실패에 대한 위험 부담 적음 • 초기 투자 비용 적음 • 시장 선점 효과를 부분적으로 얻음
	단점	• 킬러 서비스 파악의 어려움 • 실패에 대한 위험 부담 • 초기 투자 비용 부담	• 프로모션 등에 의한 초기 투자 비용 일정 부분 부담 • 실패에 대한 위험을 일정 부분 공유 • 기대 수익의 한계
느린 진입	장점	• 선행 플랫폼의 문제점 개선 • 소비자의 성향 파악 • 자리 잡은 수익 배분 활용	• 성공한 플랫폼과 조건 등을 보고 선택할 수 있음 • 실패에 대한 위험 부담 감소
	단점	• 시장의 주도권을 놓칠 수 있음 • 킬러 참여자들을 모으는 것이 어려움 • 고객이나 참여 기업의 멀티호밍 유도를 위한 부담	• 다른 기존 참여 기업들과의 경쟁 • 기대 수익의 한계 • 기존 수익 배분 구조를 따라야 함

해 있어 멀팅호밍을 유도하기 어렵다면 새로운 업체를 발견해야 한다. 플랫폼 뱅킹에서 제공할 각 서비스 분야에 어떤 참여자를 섭외할 것인지 사전에 계획하고 조율해야 한다. 이 부분이 원활하게 이루어져야 후발 플랫폼 제공자가 성공적인 생태계를 조성할 수 있다.

가장 비용이 적게 드는 방법은 플랫폼 참여자로 나중에 진입하는 것이다. 하지만 다른 기존 참여 기업과의 경쟁을 버틸 수 있어야 하며 기대 수익의 한계에 부딪힐 수 있다. 수익 배분 구조에 있어서도 기존

관행을 깨기는 어려울 수 있다. 하지만 이미 성공한 플랫폼에 가입함으로써 실패에 대한 위험 부담이 상당 부분 줄어든 상태에서 서비스를 시작한다는 장점이 있다. 지금까지 언급한 플랫폼 뱅킹 생태계에서의 역할과 진출 시기에 따른 장단점을 정리하면 표 8-2와 같다.

오픈 뱅킹

국내 신문이나 뉴스를 통해서 플랫폼 뱅킹보다는 오픈 뱅킹을 더 자주 듣는 것 같다. 오픈 뱅킹과 비슷한 뉘앙스를 주는 오픈 마켓을 떠올려 보자. 온라인 시장을 제3의 다른 판매자에게 열려 있다는 의미에서 오픈 마켓이라고 부른다. 처음 오픈 뱅킹을 들었을 때 오픈 마켓처럼 한국에서만 주로 사용하는 표현이 아닐까 하는 생각이 들었다. 하지만 오픈 뱅킹이라는 표현은 국내에서 만든 것이 아니다. 영국과 유럽 연합이 한국보다 먼저 오픈 뱅킹을 도입했다. 영국은 한국보다 1년 앞선 2018년부터 오픈 뱅킹을 대형 은행을 중심으로 시작했다.

오픈 뱅킹은 과연 어떤 의미일까? 단순히 생각하면 닫혀 있는 뱅킹(closed banking)의 반대라고 할 수 있다. 오픈 뱅킹은 은행이 확보한 고객 데이터를 다른 금융 또는 비금융기관과 공유하는 것이다. 이를 통하여 금융·비금융기관이 서로 데이터를 주고받으며 거래하는 것을 의미한다. 가령 하나은행과 카카오뱅크에 계좌를 가지고 있다면 오픈 뱅킹 이전에는 나의 계좌를 확인하기 위해서 각각의 앱을 열어야만 했다. 오픈 뱅킹이 가능해지면서 한 은행의 앱에서도 다른 은행 계좌에 있는 금액을 확인할 수 있고 계좌 이체 등도 쉽게 클릭 몇 번으로 할 수 있다. 오픈 뱅킹은 이렇게 소비자가 하나의 금융 앱에서 편리하게 다양한 금융 서비스를 이용할 수 있게 한다.

오픈 뱅킹은 금융 기업이 보유한 데이터 주인은 소비자라는 생각에서 출발한다. 지금까지는 각 은행이 자신이 보유한 고객 정보를 무형자산으로 간주하고 다른 은행이나 핀테크 업체에 정보를 줄 필요가 없었다. 이에 따라 금융 산업에서 새로운 서비스를 출시하는 것은 기존 금융기관만 할 수 있었다. 아무리 좋은 아이디어라도 은행을 비롯한 기존 금융권이 가지고 있는 막대한 정보를 이용할 수 없기 때문이다. 하지만 오픈 뱅킹하에서는 자신의 정보를 다른 회사와 공유할 권리를 개별 소비자가 행사할 수 있다. 이에 따라 소비자는 자신이 거래하는 금융기관의 계좌 정보를 핀테크 업체를 비롯한 다른 금융기관 등과 공유하도록 허가할 수 있다. 이를 바탕으로 소비자는 한 금융 앱에서 다양한 금융 서비스를 받을 수 있다.

가장 쉽게 떠올릴 오픈 뱅킹 서비스 중 하나는 자금 이체다. 지금까지는 자신의 주 거래 은행에 있는 여유 자금을 다른 은행이나 증권회사로 옮기려면 주 거래 은행의 앱이나 웹사이트에 접속해야만 했다. 하지만 다른 은행 앱에서 오픈 뱅킹을 신청하여 주 거래 은행의 계좌를 포함시키면 그 앱을 통해서도 주 거래 은행의 자금을 이체할 수 있다. 금융위원회 발표에 따르면 오픈 뱅킹을 시행한 지 2년 정도가 지난 시점에서 소비자가 오픈 뱅킹을 통하여 가장 많이 이용한 서비스는 잔액 조회였고 다음이 출금 이체였다.[92]

플랫폼 뱅킹과 오픈 뱅킹은 어떤 관련이 있을까? 플랫폼 뱅킹을 구현할 수 있는 기술적인 토대로 오픈 뱅킹에서 권장하는 API를 꼽을 수 있다. API는 한 회사의 정보 시스템에 있는 데이터를 가져오는 것을 돕는 프로그램이다. 가령 A은행에 접속한 후 오픈 뱅킹을 통해서 B은행의 잔액을 조회하려면 A은행에서 B은행의 자료를 수집할 수 있어야 한다. 이때 B은행이 제공하는 API를 통해서 A은행은 B은행의 시스템 관리 프로그램 코드를 모르더라도 필요한 정보를 쉽게 수집해서 잔액 조회를 처리한다. 이전에는 화면에 있는 데이터를 모아서 가져오는 screen scraping을 이용했는데, 이는 상대적으로 번거롭고 보안성이 떨어지는 단점이 있었다. 하지만 API는 보안상 큰 문제 없이 데이터를 신속하고 안전하게 다른 시스템으로 옮겨서 필요한 프로그래밍 작업을 할 수 있다. 쉽게 생각하면 필요한 데이터를 정식으로 가져갈 수 있도록 작은 문을 열어 둔 것이다. 플랫폼 뱅킹은 플랫폼을 통해서 금융과 비금융 서비스를 제공하는 비즈니스 모델을 이야기하는 것이고 이를 구현하는 철학이자 방법이 오픈 뱅킹이라고 할 수 있다.

오픈 뱅킹에 모든 소비자가 적극적인 것은 아니다. 2021년 미국 〈포브스〉에 따르면 48퍼센트의 소비자는 데이터 유출이나 보안 걱

---

92   금융위원회, 대한민국 정책브리핑, 2021, "[보도자료] 오픈 뱅킹 시행 2년이 만든 디지털 금융혁신 성과 - 오픈 뱅킹 전면 시행 2년, 순가입자 수 3,000만 명 돌파"

[표 8-3] 오픈 뱅킹에서 구현할 만한 서비스 리스트

금융	비금융
• 종합적인 개인 재정 관리 • 각종 공과금 결제 • 개인 정보 유출과 사기 방지 • 신용 정보 및 신용 등급 개선 • 대출 정보 및 알선 • 로열티 또는 리워드 프로그램 • 세금 관련 서비스 연계 • 보험 상품 연계	• 부동산 매물 중개 • 이사 관련 서비스 중개 • 건강 관련 서비스 제공 • 식당 및 쇼핑 정보 제공 • 자동차 구입 및 수리 서비스 연계 • 여행 관련 서비스 연계 • 교육 서비스 알선

정 때문에 오픈 뱅킹에 부정적이라고 한다.[93] 딜로이트의 2019년 오 픈 뱅킹 전략에 대한 리포트에 따르면, 자신의 정보를 이용하여 타인 이 계좌를 개설하는 등의 신분 도용(identity theft)에 대한 걱정이 제일 많았다. 다음으로는 자신의 데이터를 목적과 다르게 사용하거나 허 가되지 않은 다른 기관과 공유하는 것을 걱정했다. 이는 오픈 뱅킹을 실현함에 있어 데이터가 허가된 목적으로만 사용되도록 기술과 프 로세스 측면에서 특별히 신경 써야 한다는 것을 강조한다. 오픈 뱅킹 의 사용자가 아무리 많아도 잘못된 정보의 공유나 사용이 드러나면 소비자의 신뢰는 금방 사라진다.

보안상 우려에도 불구하고 한국에서는 이미 상당수의 소비자가 오픈 뱅킹을 이용하고 있다. 오픈 뱅킹을 이용한 거래가 2023년 기 준으로 1조 7,000억 원에 이른다고 한다. 아직은 소비자가 잔액 조

---

93   Forbes, 2021, "Security in Open Banking: Concerns and Solutions"

회나 출금 이체와 같은 기본 서비스만 이용하지만 점점 실생활에 유용한 여러 서비스를 사용하게 될 것이다. 오픈 뱅킹을 통하여 서비스가 가능한 일은 어떤 것이 있을까? 표 8-3은 금융과 비금융 분야에서 오픈 뱅킹이 사용될 만한 업무를 열거한 것이다. 현재는 오픈 뱅킹을 이용한 서비스가 금융에 초점이 맞추어져 있지만 곧 비금융 분야까지 확대될 것으로 예상한다.

플랫폼 뱅킹을 주도하려면

기존의 닫힌 금융 비즈니스 환경이 오픈 뱅킹을 이용한 플랫폼 뱅킹으로 변하고 있다. 이는 소비자가 금융 및 비금융 서비스를 하나의 플랫폼에서 이용한다는 것을 의미한다. 앞으로 소비자가 느끼는 편리함은 커질 것이다. 이런 변화 앞에서 금융기관이 가지는 장점은 무엇일까? 앞에서 이야기했던 것처럼 소비자가 재무적 정보를 공유하는 데 조금 더 호의적이라는 점을 잘 활용해야 한다. 그런 호의를 유지하려면 당연히 높은 보안 수준을 유지해야 한다. 한편 정보 기술 기업은 기술적인 측면에서는 앞서 있지만 소비자의 신뢰를 얻는 일에는 더욱 신경을 써야 한다. 오픈 뱅킹 시 데이터를 공유해도 정보 유출로 인한 피해는 없을 것이라는 점을 확실하게 인식시켜야 한다.

플랫폼 뱅킹으로 인하여 금융업의 경쟁은 심화될 것이다. 금융시장은 기본적으로 멀티호밍 하는 소비자가 많다. 소비자는 여러 다양한 금융기관을 이용해야 되기 때문이다. 하지만 플랫폼 뱅킹 도입으로 인하여 하나의 플랫폼 뱅킹 생태계 안에서 필요한 금융 업무를 거의 다 할 수 있다. 그러면 소비자는 하나의 플랫폼 뱅킹 앱을 주로 사용하게 될 것이다. 이는 소비자의 실질적인 멀티호밍이 줄어드는 것을 의미한다. 마치 여러 개의 카드를 가지고 있는 소비자가 주로 1, 2개의 카드만 사용하는 것과 비슷한 상황이다. 어느 하나의 플랫폼이 독점하지는 않지만 주도하는 플랫폼은 생긴다.

플랫폼 뱅킹을 주도하려면 기존 금융기관은 데이터에 기반한 개인화 서비스를 늘리는 데 주력해야 한다. 지금의 금융기관은 앱이나 사이트에서 메뉴를 제공하고, 소비자는 그중에서 필요한 서비스를 스스로 선택하여 업무를 본다. 이제는 데이터 분석 및 인공지능을 통하여 소비자의 재무 상황에 맞는 맞춤 서비스를 제시할 수 있어야 한다. 여유 자금이 충분한 고객에게는 투자 기회를 제공하고, 기존 대출이 여러 개인 고객에게는 이를 통합할 방법을 제시할 수 있어야 한다. 예전의 표준화된 서비스만을 제공하면서 소비자가 알아서 하기를 기다리는 시대는 지나갔다.

개인 맞춤 서비스는 금융과 비금융이 만날 수 있는 다양한 시나리오와 연결되어 개발될 때 더 큰 효용을 소비자에게 준다. 가령 소비자가 대출을 일으키는 목적에 따라 필요한 비금융 서비스를 연결할 수 있다. 집을 사려는 소비자에게는 신용도와 시세를 반영하여 대출이 가능한 아파트나 주택을 추천하는 부동산 중개 업무를 연계하여 제공한다. 대출을 통하여 자동차를 구입하려는 소비자에게는 장기 대여나 구매 가능 차량을 보여준다. 소비자는 집이나 차량 구매를 알아보는 과정에서 손쉽게 금융비용을 확인하면서 쇼핑을 한다. 소비자의 욕구가 다양해짐에 따라 그에 따라 개별화되고 세심한 서비스를 제공하는 기업이 플랫폼 뱅킹의 선두 주자로 부상할 것이다.

제

9

장

AI 시대의
플랫폼 비즈니스

오늘날 기업 경영자라면 관심을 가질 수밖에 없는 인공지능은 플랫폼 비즈니스에 어떤 변화를 가져올 수 있을까? 인공지능은 데이터를 이용하여 필요한 내용을 학습함으로써 사용자의 의사 결정을 도와준다. 플랫폼은 두 그룹의 사용자를 연결시켜 거래를 발생시킨다. 인공지능은 사용자 및 거래 환경에 대한 학습을 통하여 이런 매칭이 원활하게 이루어지도록 도움을 줄 수 있다. 나아가 인공지능이 제공하는 서비스를 통하여 새로운 사용자를 더 쉽게 모을 수도 있다. 일례로 구글의 검색엔진 상대로는 아쉬웠던 마이크로소프트의 빙(Bing)은 2023년 2월 자신의 검색엔진에 AI 기능을 추가했다. 마이크로소프트가 투자한 OpenAI의 생성형 AI인 ChatGPT 기능을 연동시킨 것이다. 그 후 1년 정도 지난 2024년 1월 기준으로 빙의 데스크톱 검색엔진 점유율이 처음으로 10퍼센트대에 진입했다.[94] 생성형 AI의 힘으로 더 많은 사용자를 모았던 것이다. 이처럼 인공지능은 플랫폼의 경쟁력을 강화시킨다. 기존 선도 플랫폼이 사용한다면 경쟁자를 따돌릴 힘을 얻을 수 있고, 후발 주자가 사용한다면 사용자를 모아 생존하는 데 도움을 얻을 수 있을 것이다.

인공지능이 촉진하는 플랫폼 경쟁력 강화를 통해 생길 변화는 어떤 것이 있을까? 앞에서 살펴본 플랫폼 비즈니스의 여러 특징과 연관 지어 다음 세 가지 질문에 대한 답을 찾아보려고 한다.

1. 플랫폼 비즈니스에 통용되는 생존과 경쟁 법칙에 어떤 영향을 미칠까? (신생 플랫폼이 닭과 달걀의 문제를 극복하는 것이 더 쉬워질까? 아니면 더 어려워질까? 인공지능은 기존 플랫폼과 신규 플랫폼 중 어느 편에 서게 될까?)
2. 플랫폼 간의 격차가 인공지능에 의해서 줄어들 수 있을까? 아니면 더 늘어나게 될까?
3. 플랫폼은 인공지능을 어떻게 활용할 수 있을까? 인공지능으로 인하여 큰 변화를 가져올 수 있는 산업 분야는 무엇일까?

인공지능이 플랫폼의 생존 법칙에 어떤 영향을 미칠 수 있는지 먼저 살펴보자. 신생 플랫폼이 닭과 달걀의 문제를 극복하기 위하여 어

---

94 Statista, 2024, "Market share of leading desktop search engines worldwide from January 2015 to January 2024"

떻게 인공지능을 활용할 수 있는지 살펴보아야 한다.

○

인공지능은 플랫폼 생존 법칙을
바꿀 수 있을까?

수학 문제를 풀다가 모르면 어떻게 할까? 계속해서 고민하며 끝까지 풀거나 답안지를 참조할 수 있다. 그런데 학교 숙제로 프린트물이 나왔다면 답안지가 없으니 누군가에게 물어보아야 한다. 이럴 때 사용할 수 있는 앱으로 콴다가 있다. 콴다는 문제를 사진 찍어서 올리면 풀이 방법을 알려 주는 수학 앱이다. 2016년 1월, 앱 출시 초기에는 학생들이 모르는 문제를 올리면 이를 대학생으로 이루어진 소규모의 선생님 그룹이 답을 해주었다. 잠깐 도움을 얻을 수 있는 일종의 비대면 과외 같은 것이었다.

콴다는 여기에서 그치지 않고 2017년 10월부터 인공지능을 이용한 문제 풀이 검색 서비스를 제공하기 시작했다. 선생님의 답변을 기다릴 필요 없이 문제에 대한 풀이를 인공지능이 제공했던 것이다. 이는 그동안 학생들이 올린 문제와 제공된 풀이를 인공지능이 학습했기에 가능했다. AI 서비스를 이용하여 콴다는 더 많은 사용자를 쉽게 모을 수 있었고 생존을 넘어 2018년부터 일본을 시작으로 글로벌화를 꾀할 수 있었다. 신생 플랫폼이 넘어야 하는 닭과 달걀의 문제를 AI 서비스를 활용하여 해결한 셈이다. 이렇게 모은 사용자가 2021년 12월에는 국내에서만 750만 명을 돌파했다. 콴다는 거대해진 학생 그룹을 바탕으로 학생과 과외 선생님을 매칭시켜 주는 콴다 과외 서비스를 시작하면서 플랫폼으로의 전환을 이루었다. 만약 AI 서비스를 통하여 문제에 대한 답을 빠르게 제공하지 않았다면 학생 그룹은 더디게 성장했을 것이다.

신생 플랫폼은 인공지능을 통하여 어느 한쪽 그룹에 속한 사용자의 수를 임계 수준(critical level)으로 끌어올릴 수 있다. 양질의 AI 서비스를 낮은 가격에 또는 무료로 제공하면 사람들의 관심을 끌 수 있다. 마치 이베이가 세상에 없던 중고 물품 온라인 경매를 제공하면서 사용자를 쉽게 모았던 것과 유사하다. 그렇지만 인공지능을 이용하더라도 플랫폼이 생존하려면 닭과 달걀의 문제를 극복해야 한다는 사실은 변하지 않는다. 단지 닭과 달걀의 문제를 극복할 수 있는 한 가지 방법이 새롭게 추가된 것뿐이다.

가령 신규 플랫폼은 생성형 AI처럼 기존에 없던 새로운 AI 서비스를 제공하여 기존 플랫폼 사용자의 멀티호밍을 유도할 수 있다. 마이크로소프트는 구글보다 먼저 자신의 검색엔진에 대규모 언어 모델에 바탕을 둔 생성형 AI 서비스를 연동하여 제공했다. 이를 통하여 구글의 검색엔진만을 사용하던 사용자들이 호기심에 마이크로소프트의 빙을 방문했다.[95] 호기심에 이용했지만 생성형 AI의 효용을 느낀

---

95 지금은 생성형 AI 서비스를 빙에서 분리하여 Copilot라는 이름으로 제공하고 있다.

사용자는 빙과 구글을 동시에 사용하는 멀티호밍을 하게 된다. 구글도 이에 질세라 유사한 서비스인 바드를 제공하기 시작했으나 선수를 뺏긴 셈이다.

구글이 마이크로소프트보다 생성형 AI 도입이 늦었던 이유는 무엇일까? 주된 이유로는 구글이 검색엔진에서 독보적인 1위 자리를 지키고 있었기 때문이다. 검색엔진 1위 자리를 지키고 있다는 느긋함과 그 위치를 유지하기 위한 노력으로 인하여 구글은 생성형 AI 서비스 출시가 급하지 않았을 것이다. 구글도 생성형 AI를 위한 연구를 진행하고 있었다. 2021년 바드의 대형 언어 모델인 LaMDA(Language Model for Dialogue Applications)를 소개했다. 하지만 구글의 인력 자원은 검색엔진 비즈니스를 지원하는 것에 더 초점이 맞추어져 있었을 것이다.

생성형 AI 서비스 자체는 플랫폼이 아니다. 하지만 플랫폼으로 진화할 가능성은 충분하다. 지금은 사람들이 기존 검색엔진이 제공하지 못하는 서비스를 이용하기 위하여 ChatGPT 같은 생성형 AI 서비스를 구독한다. 무엇인가 다른 그룹에 속해 있는 사용자를 만나기 위하여 가입하는 것은 아니다. 검색엔진과는 달리 생성형 AI는 광고를 보여주지도 않는다. 하지만 일정 수의 사용자를 확보한 다음에는 생성형 AI 서비스를 제공하는 사이트도 플랫폼으로 진화할 수 있다. 넷플릭스가 했던 것처럼 광고주를 모을 수도 있고 제공하는 답에 관련된 서비스 업체를 사용자와 연결할 수 있다.

예를 들어 미국 로스앤젤레스 지역을 5일간 여행할 때의 일정

[그림 9-1] 미국 로스앤젤레스 지역 5일간 여행 일정(ChatGPT 제공)

LA에서 가족과 함께 즐길 수 있는 5일 일정은 다음과 같습니다.

....

1일 차: 도착 & 할리우드 탐방
- **오전**: LA 공항 도착 후 호텔 체크인
- **오후**: 할리우드 명소 방문
  - **할리우드 명예의 거리(Walk of Fame)**에서 가족과 함께 산책
  - **그라우만 중국 극장(TCL Chinese Theatre)**과 **할리우드 사인** 보기
- **저녁**: 할리우드 인근 레스토랑에서 저녁 식사

2일 차: 유니버설 스튜디오
- **하루 종일**: **유니버설 스튜디오 할리우드**에서 즐거운 시간 보내기
  - 영화와 테마파크 놀이기구를 체험
  - 인기 있는 놀이기구: 해리 포터의 마법 세계, 트랜스포머즈 라이드 등
- **저녁**: 시티워크(CityWalk)에서 쇼핑과 저녁 식사

3일 차: 샌타모니카 & 베니스 비치
- **오전**: **샌타모니카 피어** 방문
  - 샌타모니카 해변과 피어에서 가족과 함께 즐기기
  - 피어의 놀이기구와 수족관, 자전거 타기
- **오후**: **베니스 비치**로 이동하여 산책과 쇼핑
  - 베니스 비치 보드워크를 따라 다양한 거리 공연과 기념품 가게 구경
- **저녁**: 해변가 레스토랑에서 저녁 식사

4일 차: 디즈니랜드(애너하임)
- **하루 종일**: **디즈니랜드 리조트**에서 다양한 놀이기구와 공연 관람
  - 디즈니 캐릭터와의 만남, 퍼레이드, 불꽃놀이 쇼 감상
- **저녁**: 디즈니랜드에서 다양한 음식을 즐기고 불꽃놀이 감상

5일 차: 게티 센터 & 그로브 쇼핑
- **오전**: **게티 센터(Getty Center)** 방문
  - 예술 작품 감상, 아름다운 정원 산책 및 도시 전망 보기
- **오후**: **그로브(The Grove)**로 이동하여 쇼핑과 식사
  - 팜스테이션 쇼핑, 팜스테이션 농산물 시장 구경
- **저녁**: 공항으로 이동하여 귀국 준비

....

이 일정을 통해 가족과 함께 LA의 다양한 매력을 경험할 수 있을 것입니다!

을 생성형 AI 서비스에게 물어보았다고 하자. 그림 9-1은 실제로 ChatGPT를 통하여 얻은 첫 결과다. 기존에는 검색 결과를 토대로 사람들이 스스로 여행 계획을 짜고 방문할 곳을 정했지만 이제는 바로 사용할 수 있는 일정을 제공받는다. 2일 차와 4일 차를 보면 유니버설 스튜디오와 디즈니랜드 방문 일정이 있다. ChatGPT가 해당 놀이공원의 입장료나 근처 숙박을 알아봐 주고 사용자의 취향에 맞는 상품을 제공하는 것은 그리 어렵지 않다. 온라인 여행 에이전시와 연계하여 사용자의 일정이나 예산에 맞춘 상품도 제공할 수 있다. 그러면 여행 플랫폼과 사용자를 연결하는 플랫폼의 플랫폼 역할도 할 수 있게 된다.

신규 플랫폼이 닭과 달걀의 문제를 해결하기 위하여 생성형 AI와 같은 AI 서비스를 이용할 수 있다. AI 서비스를 도입함으로써 기존 플랫폼 사용자들의 멀티호밍을 유도할 수 있기 때문이다. 예를 들어 직방이나 네이버 부동산과 같은 매물을 파는 사람과 사는 사람을 연결하는 플랫폼을 생각해 보자. 굳이 해당 지역의 부동산에 가지 않더라도 현재 나와 있는 매물 중 적당한 것을 찾아보고 해당 매물을 중개하는 부동산에 전화해서 거래를 시작할 수 있다. 이런 부동산 플랫폼이 매수자와 매도자 또는 임대인과 임차인을 쉽게 연결시켜 주긴 하지만 여전히 어떤 물건이 괜찮은지를 찾는 과정은 매수자나 임차인의 몫이다. 매물 리스트를 통해서 여러 후보를 고르고 난 후에는 직접 부동산을 방문해서 매물을 확인해야 한다. 또는 매물을 찾는 지역이 어느 한 동네로 특정되어 있지 않고 직장과 1시간 이내에 있는 특정 조건을 만족하는 매물을 찾는다면 긴 시간을 들여 일일이 검색해서 찾아야 한다. 모 방송국의 프로그램처럼 매물을 직접 살펴보고 적당한 집을 소개해 주지는 못한다. 이런 점을 보완하기 위해서 생성형 AI나 머신러닝과 같은 AI 기술을 이용하여 매물을 찾는 신규 부동산 플랫폼 앱을 시작할 수 있다. 그러면 기존 부동산 매물 플랫폼을 사용하던 고객들이 인공지능을 이용한 매물 검색이 무엇인지 궁금해서라도 앱을 다운로드 받아 사용할 것이다. 이렇게 멀티호밍을 유도할 수 있는 인공지능은 신규 플랫폼의 생존을 돕는 유용한 도구가 될 수 있다.

AI 기술을 이용한 신규 플랫폼이 닭과 달걀의 문제를 마냥 쉽게 극복할 수 있는 것은 아니다. 실제로 서울대학교 한 연구실에서 만든 중개 앱인 제로중개가 이런 머신러닝 기술을 이용하여 서비스를 시작했다는 기사가 나왔다.[96] 해당 앱은 시도는 좋았지만 시장에서 성공을 거두지는 못한 것으로 보인다. 기존 부동산 앱이 가지고 있는 네트워크 효과를 이길 정도의 힘을 인공지능이 발휘하지 못했던 것으로 보인다. 아무리 좋은 기술을 확보해도 매물의 수가 적다면 집을 사고 싶어 하는 매수인이나 빌리려는 임차인을 확보하는 것이 어렵기 때문이다. AI 기술만으로는 매물을 제공할 수 있는 부동산 중개업자나 집주인을 확보하기가 힘들다.

---

96 고재원, 동아사이언스, 2022, "사용자 맞춤 부동산 매물 추천하는 AI 나왔다"

인공지능과 멀티호밍

신규 플랫폼은 인공지능을 이용한 새로운 서비스를 제공함으로써 직접 경쟁 플랫폼 사용자의 멀티호밍을 유도할 수 있다. 이를 통하여 충분한 사용자 수를 확보하고 닭과 달걀의 문제를 해결할 수도 있다. 이렇게 직접적으로 신규 플랫폼이 나서서 멀티호밍을 유도할 수도 있지만, 간접적으로 사용자의 멀티호밍이 높아질 수도 있다.

사람들이 생성형 AI 서비스를 신뢰하고 자주 이용한다면 신규 플랫폼을 찾는 사용자가 늘어날 수 있다. 예를 들어 ChatGPT와 같은 생성형 AI가 여행업에 진출했다고 가정해 보자. 그러면 사용자는 원하는 비행기표나 호텔 숙박을 마치 채팅 하듯이 문답을 통하여 예약할 수 있다. 생성형 AI 서비스는 여러 온라인 여행 에이전시나 항공사 또는 호텔 숙박 예약 플랫폼을 통하여 얻은 비행기표나 숙박 정보를 바탕으로 사용자에게 가장 잘 맞는 상품을 제공할 것이다. 그러면 기존에는 한 가지 온라인 여행 플랫폼을 이용하던 사용자일지라도 자기도 모르게 다른 여행 플랫폼이나 여행 관련 예약 플랫폼의 상품을 구매할 수 있다. 생성형 AI가 여행과 관련된 온라인 플랫폼과 사용자를 간접적으로 연결시켜 주면서 사용자의 멀티호밍 정도가 증가하는 것이다. 이것은 마치 스마트폰의 등장으로 인터넷 익스플로러를 PC에서 쓰던 사용자가 자연스럽게 크롬이나 사파리를 쓰게 된 것과 유사하다.

그렇다면 이렇게 멀티호밍이 증가하면 신규 플랫폼의 생존 가능성이 높아질까? 그래서 여러 플랫폼이 공존하게 될까? 일반적으로 사용자의 멀티호밍 정도가 높으면 다수의 플랫폼이 공존할 수 있다. 웹 브라우저가 다양해진 주요 원인이 바로 스마트폰을 비롯한 모바일 기기의 증가로 인한 사용자의 멀티호밍이었다. 그러므로 신규 플랫폼이 AI 서비스를 도입하거나 생성형 AI와 같은 서비스로 인하여 간접적으로 사용자의 멀티호밍이 증가한다면 신규 플랫폼의 생존 가능성은 높아질 것이다. 덧붙이자면, 생성형 AI의 도출 결과에 자신의 서비스가 포함되도록 신규 플랫폼은 다각적인 노력을 기울여야 할 것이다.

그런데 이런 생존 가능성이 높아지려면 공정한 선택이 인공지능을 통해서 이루어져야 한다. 인공지능이 시장을 선도하는 플랫폼만을 주로 고려한다면 신규 플랫폼의 생존 가능성이 높아지기 어렵다. AI 알고리즘이 여러 플랫폼의 제품이나 서비스를 비교할 때, 특정 플랫폼에게 유리한 자료를 많이 사용하거나 기준 등을 제시하면 사용자에게 편향된 결과를 제공할 수 있다. 알고리즘 설계 시 적합성, 효율성과 더불어 공정성이 고려되어야 신규 플랫폼의 생존 가능성이 높아진다.

한편 선도 플랫폼이 인공지능을 도입하여 그룹 간 네트워크 효과를 강화시킨다면 사용자의 멀티호밍이 줄어들 수도 있다. 이미 온라인 시장을 운영 중인 많은 주요 플랫폼은 사용자가 관심을 가질 만한 제품을 추천하는 AI 기법을 사용하고 있다. 미국의 아마존이나 중국의 알리바바는 이미 10년 넘게 기존 쇼핑 목록과 검색어를 기반으로 사용자가 관심을 가질 만한 제품을 추천한다. 동영상 공유 플랫폼의 선두 주자인 YouTube는 사용자가 즐겨 보는 동영상이나 음악을 바탕으로 관련된 동영상이나 음악을 추천한다. 이런 추천 서비스를 통하여 끊임없이 관련 동영상을 제공함으로써 YouTube 사용자의 체류 시간을 늘려 싱글호밍 경향을 더 강하게 만들고 있다.

○

인공지능은 플랫폼 간 격차를 더 가속화시킨다

선도 플랫폼이 AI 서비스를 통하여 그룹 간 네트워크 효과를 더 증가시킨다면 후발 플랫폼과의 격차를 더 벌릴 수 있다. 동영상 공유 서비스를 주도하는 YouTube나 온라인 시장을 선도하는 아마존을 보면 다른 경쟁 플랫폼에 비하여 엄청난 사용자 수와 압도적인 거래량을 가지고 있다. YouTube는 이런 거대한 사용자 그룹과 콘텐츠 제공자 그룹을 효과적으로 연결할 수 있는 추천 서비스를 2008년부터 제공했다. 아마존 역시 소비자가 살 만한 제품을 추천해 주는 서비스를 무려 20년 넘게 제공했다. 이렇게 선도 플랫폼이 AI 서비스를 성공적으로 도입하면 후발 플랫폼이 이들과 경쟁하는 것은 갈수록 힘들어진다.

[표 9-1] 플랫폼이 제공하는 AI 서비스의 예

사업 영역	플랫폼	AI 서비스(출시 연도)
검색엔진, 운영체제	Google, Android	번역 서비스(2006년), 생성형 AI 서비스(Bard, Gemini, 2023년)
	Microsoft Bing, Windows	생성형 AI 서비스(Copilot, 2023년), 가상 비서 서비스(Cortana, 2014년)
운영체제	Apple macOS, iOS	음성인식 가상 비서 서비스(Siri, 2014년), 개발자를 위한 머신러닝 프레임워크(Core ML, 2017년)
교육	Coursera	수강 강좌 추천(2018년)
	Udemy	AI 조수, AI 기반 학습 경로 추천(2024년)
소셜미디어	Meta(Facebook, Instagram)	생성형 AI 서비스(Llama 2, 2023년), 콘텐츠 추천 및 개인화 서비스(2020년), AI Chatbot 및 조수(2023년), AI를 이용한 콘텐츠 관리(2020년)
	TikTok	비디오 추천(2016년)
	Snapchat	AI Chatbot(2023년)
엔터테인먼트	Netflix	콘텐츠 추천(2007년)
	Spotify	음악 추천(2015년)
	Epic Games	AI 게임 개발 도구(2023년)
	YouTube	비디오 추천(2008년)
전자상거래	Amazon	상품 추천(2003년)
	Alibaba	상품 추천, AI Chatbot(2010년)
금융	MasterCard	위험 및 부정 거래 적발(2016년), 개인화된 추천 서비스(2018년), 고객을 위한 실시간 사기 적발 서비스(2024년)
	Visa	위험 및 부정 거래 적발(1993년), 딥러닝을 이용한 비상 시 거래 허용 서비스(Smarter Stand-In Processing, 2020년)
	Bloomberg	금융 특화 생성형 AI 서비스(BloombergGPT, 2023년)

많은 선도 플랫폼은 충분한 자본과 기술력을 바탕으로 다양한 인공지능 관련 서비스를 제공해 왔다(표 9-1). 심지어 신용카드 플랫폼 기업인 비자는 1993년부터 인공지능을 이용한 부정 거래 적발 서비스를 제공했다고 한다. 인공지능의 일종인 머신러닝은 1990년대에 이미 사용되고 있었다. 온라인 음악 스트리밍 시장의 30퍼센트 이상을 차지하는 스포티파이는 10년 가까이 음악 추천 서비스를 제공하고 있다. 이와 경쟁하는 플랫폼으로는 애플, 텐센트, 아마존 및 YouTube의 음악 서비스를 들 수 있다. 모두 기술과 자본이 충분한 플랫폼으로 스포티파이처럼 음악 추천 서비스를 제공 중이다. 이렇게 기존 플랫폼이 막강한 사용자 그룹과 AI 서비스를 바탕으로 사용자의 싱글호밍을 유도하고 있기 때문에 신규 플랫폼이 새로운 AI 서비스만으로는 관심을 끌기가 어렵다.

특히 대규모 자본이 필요한 범용 생성형 AI 서비스는 검색엔진과 운영체제로 각각 시장을 주도하는 구글과 마이크로소프트가 앞서 나가고 있다. 구글은 바드로 시작했다가 제미나이로 이름을 바꾸어 서비스를 제공 중이며, 마이크로소프트는 ChatGPT로 유명한 OpenAI의 최대 주주로 50퍼센트에 가까운 지분을 가지고 있다. 마이크로소프트가 제공하는 Copilot은 OpenAI의 언어 모델에 기반을 두고 있다. 엄청난 자본과 연구 인력을 가진 선도 플랫폼이 이미 생성형 AI 서비스까지 출시했기 때문에 검색엔진과 운영체제 시장에 새롭게 진출하는 신규 플랫폼의 등장은 어려울 것이다.

스타트업이 새로운 범용 생성형 AI 서비스를 개발하는 것은 현실적으로 매우 어렵다. 마이크로소프트가 투자한 OpenAI의 운영비가 하루에만 10억 원 가까이 들고 개발을 위한 비용만 한 해 10조 원에 육박하는 것으로 알려져 있다. 국내에서도 생성형 AI 서비스를 위한 언어 모델을 개발하거나 공개한 회사는 대기업이거나 네이버와 같은 빅테크 플랫폼이다. 삼성전자는 삼성 가우스라는 자체 생성형 AI 모델을 갤럭시 S24 등에 탑재하여 실시간 통역이나 번역을 제공한다. 네이버는 2023년 초거대 언어 모델인 하이퍼클로바X를 공개했다. LG는 이와 달리 인공지능 연구원이 개발한 엑사원(EXAONE)을 통하여 각 계열사에 맞는 특화된 생성형 AI 서비스를 제공 중이다. LG 전자는 코딩을 도와주는 생성형 AI 서비스를 사용하고 있으며, LG 화학은 새로운 물질을 발견하기 위한 분자 구조 시뮬레이션 등에 생성형 AI 서비스를 사용하고 있다. 구글, 마이크로소프트나 네이버와는 달리 특화된 소규모 생성형 AI 서비스에 집중하는 듯하다. LG와 같은 대기업도 범용 생성형 AI 서비스 시장에서 경쟁하기는 어려운 것이다.

　물론 특화된 생성형 AI 서비스는 LG와 같은 대기업뿐만 아니라 스타트업도 도전할 수는 있다. 직접 생성형 AI 서비스를 개발하기보다는 ChatGPT나 라마와 같은 기존의 언어 모델을 이용하면 천문학적인 개발 및 유지 비용을 아낄 수 있기 때문이다. 가령 라이너는 GPT와 같은 대규모 언어 모델을 이용하여 검색 결과를 출처와 함께 글로 표현해 주는 서비스를 제공한다. 업스테이지는 메타가 공개한 라마 2를 이용한 생성형 AI 서비스를 개발하여 2023년 7월

ChatGPT의 3.5버전보다 나은 성능을 보여주기도 했다. 지금은 기업에 특화된 AI 서비스를 제공하고 있다. 이와 같은 생성형 AI 서비스를 제공하는 스타트업은 아직 플랫폼으로의 진화를 꾀하기에는 부족함이 있는 초기 단계다. 초기 단계를 거쳐 더 성장할 수 있을지도 미지수다. 생성형 AI 서비스를 개발하는 대형 플랫폼 기업인 구글, 마이크로소프트나 네이버 등이 이미 유사한 서비스를 제공하고 있을 수도 있기 때문이다.

스타트업이 성공하기 위해서는 대형 플랫폼이 제공할 수 없는 특화된 서비스를 빠른 시간 내에 제공하면서 동시에 학습할 자료를 확보하는 것이 중요하다. 앞에서 예로 든 콴다 앱을 만든 매스프레소는 문제를 올리면 자동으로 해법을 알려 주는 AI 서비스를 통하여 임계량을 넘는 사용자 그룹을 확보할 수 있었다. 이를 바탕으로 학생과 과외 선생님을 매칭해 주는 플랫폼도 될 수 있었다. 매스프레소는 콴다 앱을 출시하고 1년 10개월 정도 지났을 때 인공지능에 의한 풀이 검색 서비스를 도입할 수 있었다. 이때는 아직 인공지능에 대한 관심이 크지 않았던 시기였기에 사용자들이 2년 정도의 시간을 기다렸다. 하지만 앞으로는 상대적으로 짧은 시간에 완성도 높은 AI 서비스를 제공하는 스타트업만 살아남을 수 있을 것이다.

인공지능이 플랫폼 간 격차를 줄일 수 있으려면 선도 플랫폼의 AI 서비스 도입이 느려야 한다. 선도 플랫폼의 인공지능 도입이 느린 비즈니스 영역으로 국내 부동산 매칭 서비스를 생각해 볼 수 있다. Forbes Korea 기사에 따르면 2024년 1월 기준으로 직방, 호갱노노, 네이버 부동산과 다방 등 4개의 플랫폼이 각각 100만 명이 넘는 사용자 수를 확보한 상태로 시장을 이끌고 있다.[97] 이렇게 여러 플랫폼이 공존하려면 사용자가 멀티호밍을 해야 한다. 실제로 사용자들의 상당수는 2개 이상의 앱을 동시에 사용 중이다. 점유율 2위 업체인 호갱노노 사용자의 40퍼센트는 1위 업체인 직방을 동시에 사용하고 있으며 3위 업체인 네이버 부동산 사용자의 25퍼센트는 호갱노노를 동시에 이용하고 있다. 심지어 1위 업체인 직방 사용자의 18퍼센트도 4위 업체인 다방을 중복해서 사용한다. 이렇게 멀티호밍하는 사용자의 특성으로 후발 플랫폼이 생존하고 경쟁할 가능성은 얼마든지 열려 있다. 나아가 상위 4개의 앱은 아직까지 AI 서비스를 적극적으로 도입하고 있지 않다. 한편 6위를 기록한 KB부동산은 2023년부터 인공지능을 이용한 시세 예측 서비스를 제공하고 있다. 아직 초기 단계지만 이 서비스가 호응을 얻게 된다면 상위 부동산 앱으로 도약할 여지는 충분하다. 적정 가격을 알고 싶은 사용자의 멀티호밍을 유도함으로써 KB부동산의 시장점유율이 높아질 수 있기 때문이다.

---

97   장진원, Forbes Korea, 2024, "충성도는 호갱노노, 사용자 수는 직방"

○

인공지능을 이용한 플랫폼 진화는
이미 시작되었다

인공지능을 이용한 플랫폼 진화는 이미 시작되었다. 앞에서 살펴본 것처럼 많은 주요 플랫폼이 인공지능을 이용한 서비스를 제공한다. 스포티파이가 제공하는 음악 추천이나 아마존이 제공하는 추천 상품 서비스는 연결하는 두 그룹 간 네트워크 효과를 더 크게 만든다. 7장에서 설명한 것처럼 플랫폼의 진화라는 것은 단면 기업이 플랫폼으로 전환되는 것만을 의미하지 않는다. 이미 플랫폼이거나 플랫폼이 되고자 하는 단면 기업이 어느 한 사용자 그룹에게 제공하던 서비스 영역을 확장하여 더 큰 사용자 그룹을 만드는 것도 포함한다. 블룸버그가 제공하는 생성형 AI 서비스는 사용자가 금융 관련 정보나 뉴스를 취향에 맞게 살펴볼 수 있도록 도와준다.

어느 한쪽 그룹의 편의를 위하여 인공지능 관련 서비스를 제공하는 다른 예로는 애플이 개발자를 위하여 제공하는 머신러닝 프레임워크를 들 수 있다. Core ML이라는 도구를 통하여 개발자는 애플의 다양한 운영체제 iOS, macOS, watchOS 위에서 사용 가능한 AI 모델을 앱에 적용하고 실행시킬 수 있다. 나아가 코딩 없이 이런 AI 모델을 생성하고 학습시킬 수 있는 Create ML도 제공한다. 이 두 가지 도구는 AI 모델을 자신의 앱에 사용하고자 하는 개발자의 효용을 높인다. 1991년 설립된 비디오 게임 개발사이자 PC 게임 스토어를 운영 중인 Epic Games도 개발자를 위한 인공지능 기반 도구를 제공하고 있다. Epic Games는 2023년 상반기에 메타휴먼 애니메이터를 출시했다. 개발자는 이 프로그램을 이용하여 아이폰으로 찍은 배우의 얼굴 연기를 애니매이션으로 옮길 수 있다. 구글이 오래전부터 제공하던 번역 서비스는 검색엔진 사용자의 효용을 높이는 데 쓴다. 잘 알지 못하는 언어로 된 웹사이트의 내용도 이제 살펴볼 수 있다.

금융권도 예전부터 이미 인공지능을 도입했다. 마스터카드는 매년 1,000억 건이 넘는 거래 데이터를 토대로 개발한 AI 모델을 통하여 의심 가는 거래를 탐지할 수 있다고 한다.[98] 사용자에게 평소에 보이지 않던 패턴의 거래가 발생하면 이를 파악하여 부정 거래의 위험을 낮춘다. 위험 거래 방지 서비스는 카드 사용자와 카드를 받는 가맹점을 모두 보호할 수 있는 서비스다. 이를 통하여 두 그룹 간의 안전한 거래를 가능하게 한다. 비자는 2020년부터 Smarter Stand-In Processing(Smarter STIP, 딥러닝을 이용한 비상 시 거래 허용 서비스)이라는 AI 서비스를 이용하여 정전 등의 이유로 은행 시스템이 작동하지 않을 경우 과거 데이터를 학습하여 자동으로 거래 승인이나 거절을 한다. 기존의 STIP은 일반적인 승인 규칙이나 거래 한도 또는 카드 상태를 확인하여 거래를 평가했다. 비자의 Smarter STIP은 이런 정보 이외에도 과거의 거래 데이터나 승인 패턴 및 상점의 유형과 위치 등의 정보를 실시간으로 평가하여 거래를 승인한다. 모든 고객에게 일

---

98   AI리포터, 디지털투데이, 2024, "마스터카드, AI 모델 활용해 사기 거래 방지한다…효과는?"

관된 규칙을 적용하기보다는 개별화된 평가를 적용하는 것이다.

플랫폼으로의 전환을 꿈꾸는 단면 기업 역시 인공지능을 통해서 사용자 그룹을 확대하거나 다른 사용자 그룹을 모을 수 있다. 7장에서 소개한 티맵은 2016년 모든 통신사 이용자에게 무료로 개방되었다. 이에 확장된 사용자 그룹을 토대로 사용자와 보험회사 그룹을 연결하는 플랫폼 서비스를 하게 된다. 사용자의 티맵 운전 점수가 일정 수준 이상이면 자동차 보험 가입 시 할인을 제공한다. 이런 연결을 통해서 티맵은 보험회사와 협력하여 사용자의 운전 경향과 사고 빈도 및 손실 금액 등과의 관계를 분석할 수 있다. 다양한 AI 기법 중 사고 예측 정확도가 높은 모델을 찾아 개인별 자동차 보험 상품도 개발할 수 있을 것이다. 맞춤 보험 상품을 통하여 사용자 그룹과 보험회사 그룹 간의 더 나은 매칭을 꾀할 수 있다. 또한 이런 맞춤형 보험 상품에 가입하려는 사용자가 늘어나면서 사용자 그룹이 더 성장할 수 있게 된다.

티맵은 내비게이션 기능과 밀접한 AI 서비스를 제공하여 사용자의 효용을 증가시킬 수 있다. 보통 내비게이션을 사용할 때 목적지를 사용자가 정하지만 티맵이 맛집이나 관광 명소를 현재 사용자의 위치나 취향을 고려하여 추천할 수 있다. 실제로 티맵은 사용자가 목적지를 정할 수 있도록 도와주는 '어디갈까'라는 AI 서비스를 2024년 9월에 출시했다. 이는 티맵 사용자 그룹의 확대뿐만 아니라 추후 광고를 통하여 음식점이나 카페를 연결하는 플랫폼 서비스로 연결될 수도 있다. 관건은 티맵이 제공하는 AI 서비스의 질이 기존의 검색 서비스나 범용 생성형 AI 서비스 수준을 뛰어넘을 수 있는지의 여부다.

인바디도 AI 서비스를 통하여 사용자 그룹을 확대할 수 있다. 예를 들어 런바디챌린지에 참여한 사용자의 식단과 운동 기록이 몸 상태 변화에 미치는 영향을 인공지능을 이용하여 분석할 수 있다. 분석 결과를 토대로 개인의 상황에 맞춘 식단이나 운동 프로그램을 사용자 모두에게 제공한다면 인바디 앱 사용자 수를 늘릴 수 있을 것이다. 물론 이미 연결한 사용자와 다이어트 식품 판매자 그룹 간 네트워크 효과를 증가시키는 AI 서비스를 출시할 수도 있다. 가장 쉽게 생각할 수 있는 AI 서비스는 축적된 판매 데이터를 이용하여 관심이 갈 만한 식품을 추천하는 것이다. 사용자의 인바디 앱을 통하여 얻은 개인 정보(나이, 성별, 체지방률, 음식 취향, 인바디 점수 등) 및 그동안의 구매 이력 등을 이용하여 적절한 제품을 추천한다. 우선적으로 인공지능을 이용하여 분석할 만한 충분한 데이터를 모으기 위해 적절한 이벤트 등을 통하여 AI 서비스 도입에 필요한 개인 자료를 모으는 노력이 수반되어야 한다.

○

인공지능을 이용한
교육 플랫폼과 플랫폼 뱅킹

인공지능은 기본적으로 데이터를 이용한 학습을 통하여 개별화된 서비스를 가능하게 한다. 개인이 필요로 하는 제품이나 보고 싶은 영화를 추천해 주는 서비스는 온라인 시장과 콘텐츠 플랫폼에 의하여 이미 시작되었다. 인공지능을 적용할 만한 충분한 자료와 이미 개발된 AI 기술을 바탕으로 하는 제품이나 콘텐츠 추천 서비스는 일찍 자리를 잡았다. 시간이 지날수록 추천 알고리즘은 점점 정교해질 것이다.

많은 플랫폼 비즈니스 분야 중 개인화된 서비스가 필요한 중요 분야 중 하나는 교육이다. 전통적인 학교는 다수의 학생을 대상으로 평균적인 능력을 가진 학생이 이해할 만한 속도로 내용을 가르친다. 역설적으로 학생의 능력이 평균을 벗어날수록 그 교육의 효과는 희미해진다. 이런 문제점을 해결하기 위해서 많은 학생들이 학원을 다니거나 인터넷으로 강의를 듣지만 역시 개인화된 학습을 제공받지 못한다. 과외 또한 어떤 선생님을 만나는지에 따라서 그 질이 매우 달라질 수 있다. 학생의 능력에 따라 내용이나 방법을 다르게 하여 가르치지 않는다면 여전히 평균적인 교육 환경에 처하게 된다. 이런 상황을 타개할 방법으로 인공지능을 이용한 교육 플랫폼을 고려할 수 있다.

인공지능을 이용한 온라인 교육 플랫폼의 미래는 어떤 모습일까? 이미 Coursera와 Udemy 같은 대학교수나 전문가의 강좌를 들을 수 있는 온라인 교육 동영상 플랫폼은 있다. 수학 문제를 올리면 풀이 방법을 알려 주는 콴다라는 앱도 있고 무료로 아이들의 학습을 위한 콘텐츠를 세분화하여 제공하는 Khan Academy도 있다. 이런 교육 플랫폼이 다양한 강좌를 제공하지만 사용자의 교육 수준을 고려한 맞춤형 학습을 제공하지는 못한다. 나 역시 이런 플랫폼에서 몇 가지 강좌를 들어 보았지만 강좌 내용이 원하는 것이 아닌 경우가 제법 있었다. 기초 내용만 알려 주거나 따라가기 어려운 수업을 하는 경우도 있었다. 인공지능이 이런 교육 플랫폼에 적용된다면 내가 원하는 콘텐츠와 현재의 지식 상태를 고려하여 가장 큰 효과를 볼 수 있는 교육 프로그램을 제공해 줄 수 있을 것이다. 실제로 Udemy는 2024년 말부터 기업 사용자를 대상으로 원하는 기술을 지정하면 이에 맞는 강의를 다양한 강의 자료에서 찾아 제공하는 AI 기반 맞춤형 학습을 제공하기 시작했다. 이는 일방적으로 동영상이 제공되는 일련의 교육과정을 사용자가 따라가는 것이 아니라 부분적으로 자기에게 가장 잘 맞는 교육 콘텐츠를 원하는 기술과 수준에 따라 구성한 개별적인 프로그램을 제공받는 것이다. 한 명의 강사가 아닌 여러 명의 강사가 만든 동영상 자료의 일부분을 떼어 내서 나만의 학습을 위한 동영상이 만들어지는 것이다.

예를 들어 통계 기법 중 엑셀을 이용한 회귀분석을 배우고 싶은 학생이 있다고 하자. 기존에는 가장 인기 있는 강사의 강의 자료를 찾아서 듣거나 여러 강사의 수업을 비교한 후에 특정 강의를 들었을 것이다. 그런데 인공지능이 개입하면 사용자의 통계 지식을 평가하여 적당한 수준의 회귀분석 이론을 가장 잘 가르치는 동영상, 회귀분석 이론을 배우기에 필요한 사전 지식을 알려 주는 동영상 및 실제 엑셀을 이용한 실습을 가르치는 동영상 등을 적절하게 나열하여 제공한다. 한 명의 전문가로부터만 수업을 듣는 것이 아니라 여러 전문가의 가장 적절한 콘텐츠만 택하여 배울 수 있다. 한국의 많은 고등학생들이 수능 준비를 위하여 특정 인터넷 강사의 교육과정을 따라서 강의를 듣는다. 여기에도 인공지능이 적용된다면 학생들에게 각과목의 세부 내용 중 가장 잘 맞는 동영상을 여러 강사로부터 들을 수 있는 개별 프로그램을 제공할 수 있다. Khan Academy도 최근 OpenAI의 GPT 기술을 이용한 AI 개인 교사인 Khanmigo를 영어권 학교 선생님들에게 무료로 제공하기 시작했다.

금융도 교육과 비슷하게 개별화된 서비스를 제공하는 기관이 없다. 제공하는 상품은 정해져 있고 그 상품 중에서 자신이 필요한 것과 가장 잘 맞는 것을 사용자 스스로 찾아야 한다. 온라인에서 취급하지 않는 경우에는 발품을 팔아 금융기관을 방문해야 한다. 자신이 고른 상품이 최적인지를 알 방법은 없다. 어느 정도 기준에 맞으면 사용자는 해당 상품을 구매하고 쇼핑을 끝낸다. 새로운 상품을 찾는데 쏟는 시간과 노력이 아까울 수도 있고 탐색 그 자체가 쉽지 않거나 번거롭기 때문이다. 이런 상황을 사용자 중심으로 바꿀 수 있는 것이 바로 플랫폼 뱅킹이다. 8장에서 소개한 것처럼 플랫폼 뱅킹은 다양한 금융과 비금융 서비스를 한 곳의 플랫폼을 통하여 제공하는 것을 의미한다.

플랫폼 뱅킹에서 플랫폼 역할을 하려는 금융기관이나 빅테크 기업은 인공지능을 이용하여 사용자가 필요로 하는 서비스를 추천할 수 있다. 지금도 여러 금융 앱에서 챗봇 등이 쓰이기는 하지만 여전히 사용자가 금융 상품을 찾아서 가입하거나 이용하고 있다. 이미 많은 금융 앱은 오픈 뱅킹 등을 통하여 사용자의 현재 재정 상태를 어느 정도 파악하고 있다. 이를 바탕으로 플랫폼 뱅킹 생태계에 들어와 있는 다양한 금융기관의 상품 중에서 가장 잘 맞는 상품을 추천할 수 있다. 또한 금융 상품의 조건 또한 개별화될 수 있다. 금융 상품 제공자 중심이 아니라 금융 상품 사용자 중심의 시장이 만들어지는 것이다. 금융 상품뿐만 아니라 비금융 상품도 유사하게 추천될 수 있다. 새 아파트로 입주하려는 계획이 있는 고객이라면 잔금에 대한 금융 서비스를 포함하여 이사, 입주 청소, 새집 증후군 예방 서비스, 인테리어 서비스 등을 예산이나 각자가 원하는 조건에 맞추어 추천받을 수 있는 것이다.

특히 생성형 AI는 사용자와 플랫폼 뱅킹 생태계에 들어와 있는 서비스를 연결하는 통로와 같은 역할을 한다. 플랫폼 생태계에 존재하는 다양한 서비스 제공자를 잘 알지 못해도 생성형 AI에서 문답을 통하여 원하는 서비스를 파악하고 이를 제공하는 기업과 연결될 수 있다. 오픈 뱅킹이 활성화되면서 인터넷 은행과 핀테크 앱은 받을 수 있는 대출 서비스를 찾아 주고 연결하는 서비스를 제공한다. 기존에는 은행 등의 금융기관 앱이나 지점을 일일이 방문해서 대출 조건을 알아보았지만 이제는 가능한 대출 서비스를 손쉽게 찾을 수 있다. 지금은 단순히 대출 가능한 금액과 금리 등을 알려 주는 수준이지만 좀 더 복잡한 요구 사항을 맞출 수 있는 매칭도 가능해질 것이다. 마치 개인 비서를 둔 듯한 착각이 들 정도로 생성형 AI를 통해서 사용자가 원하는 조건에 맞는 금융 상품을 쉽게 찾을 수 있을 것이다.

이 장을 시작하기 전에 던진 질문에 대한 답을 간략하게 정리해보자. 첫째, 인공지능은 사용자의 멀티호밍을 증가시켜 신규 플랫폼의 생존 가능성을 높이지만 충분한 사용자 수를 확보하는 것을 보장하지는 못한다. 둘째, 기존 플랫폼이 인공지능을 적용하여 앞서 나간다면 후발 주자가 따라잡기는 더 어려워질 수 있다. 그러므로 신규 플랫폼이 진출할 시장을 고려할 때 사용자의 멀티호밍 여부와 동시에 기존 플랫폼의 인공지능 사용 여부를 점검해야 할 것이다. 셋째, 플랫폼은 인공지능을 활용하여 더 개인화된 서비스를 제공할 수 있게 된다. 플랫폼 비즈니스가 인공지능 도입을 통하여 새로운 차원의 개별적인 서비스를 제공할 수 있는 대표적인 분야로 교육과 금융을 꼽을 수 있다.

AI 시대의 플랫폼 비즈니스

초판 1쇄 발행 2025년 3월 31일

지은이 김기훈
펴낸이 김영범

펴낸곳 ㈜북새통 · 토트출판사
주소 (03938)서울특별시 마포구 월드컵로36길 18 902호
대표전화 02-338-0117
팩스 02-338-7160
출판등록 2009년 3월 19일 제315-2009-000018호
이메일 thothbook@naver.com

잘못된 책은 구입한 서점에서 교환해 드립니다.